本书为江西省教育科学“十三五”规划2018年度重点课题“改革开放40年江西省教育学术影响力研究：基于CSSCI的大数据实证”（18ZD009）的最终研究成果。

中国教育学术发展研究

多学科比较的视野

赵志纯 安静 伏衡一 著

中国社会科学出版社

图书在版编目（CIP）数据

中国教育学术发展研究：多学科比较的视野／赵志纯，安静，伏衡著.
—北京：中国社会科学出版社，2023.5
ISBN 978－7－5227－1737－1

Ⅰ.①中…　Ⅱ.①赵…　②安…　③伏…　Ⅲ.①教育—学术研究—中国
Ⅳ.①G4

中国国家版本馆CIP数据核字（2023）第060753号

出 版 人　赵剑英
责任编辑　高　歌
责任校对　李　琳
责任印制　戴　宽

出　　版　中国社会科学出版社
社　　址　北京鼓楼西大街甲158号
邮　　编　100720
网　　址　http://www.csspw.cn
发 行 部　010－84083685
门 市 部　010－84029450
经　　销　新华书店及其他书店

印　　刷　北京明恒达印务有限公司
装　　订　廊坊市广阳区广增装订厂
版　　次　2023年5月第1版
印　　次　2023年5月第1次印刷

开　　本　710×1000　1/16
印　　张　15.5
插　　页　2
字　　数　225千字
定　　价　86.00元

目　录

第一章 导论

学术研究是一种具有创造性及系统性的工作（劳动），以增加知识存量或者把现有知识创造性地应用于解决实际问题为目的，包括人类知识、文化知识以及社会知识。[①] 文本形式的学术研究成果主要有学术专著、期刊论文、学位论文等，学术期刊是传播知识、进行学术交流的窗口，[②] 期刊论文则是科研成果输出和呈现的主要载体。[③] 以期刊论文为切口与抓手，就某一学科领域的学术研究发展历程进行整体性的回顾与分析，对该学科学术研究加强科学的自我认知，进一步朝向高质量内涵式发展具有十分重要的意义。

更进一步讲，本书在实质上属于“元研究”理论范畴。“元研究”译自英文 Meta-research，其中的“meta”一词最早出自于古希腊的亚里士多德，他在著作 *Metaphysics* 中提出，这是“关于作为是者（being）的是者的研究”，具有后（after）、超越（beyond）的意蕴。[④] 20 世纪 70 年代，外国教育领域“meta -”研究逐渐兴起，我国学界对此进行了引介与传播，中文译为“元”，表示更高水平的认识层

---

① OECD, *Frascati Manual* 2015: *Guidelinesfor Collecting and Reporting Data on Researchand Experimental Development*, *The Measurement of Scientific*, *Technological and Innovation Activities*, Paris: OECDPublishing, 2015, p. 44.

② 钟文娟:《〈教育与经济〉1985—2009 年核心作者测定与分析》,《教育与经济》2011 年第 1 期。

③ 张军、慕慧鸽:《中德国立科研机构高被引论文核心作者特征状况研究》,《情报杂志》2016 年第 2 期。

④ Samuel Enoch Stumpf, James Fieser, *Socrates to Sartre and Beyond*: *AHistory of Philosophy 8th*, New York: McGraw Hill, 2007, p. 73.

次，强调反思。[1]

总之，元研究是指基于现有研究成果和研究活动而进行的再研究，也即对已有研究的再研究，[2] 是一种更高层次的、具有反思意义的学术研究。[3] 随着某一学科领域学术成果的日益增多，需要适时地开展元研究，通过对已有学术成果的分析梳理，总结该学科领域学术研究发展现状，审视、反思研究中存在的问题。本书即是循着元研究的总体思路而展开。

第一节　大数据取样

本书主要以大数据为基础进行科学计量分析。大数据是一切可以通过现代信息技术记录和量化的数据，不仅所蕴含的信息量巨大，而且不受各种框框的限制。

与传统抽样方法获得的局部数据相比，由于大数据的大体量与多样性，样本不足以呈现的某些规律，大数据可以体现；样本不足以捕捉的某些弱小信息，大数据可以覆盖；样本中被认为异常的值，大数据得以认可。这将极大地提高我们认识现象的能力。[4]

本书分析所使用的研究对象——学术论文的多维计量指标通过中国知网（CNKI）获取。收集到的计量指标数据时间跨度长，达到40余年（1978年至2020年），用于分析比对研究的有效论文总量大，共计60万3664篇，具备大数据的特征。另外，需要指出的是，有效论文是指在剔除了广告、简介、启事等各种非学术文章之后的期刊中的论文。

---

① 侯怀银、时益之：《中国教育学元研究的探索：历程、进展和趋势》，《中国教育学刊》2019年第12期。

② 张道民：《元研究与反思方法及其在软科学研究中的地位和作用》，《中国软科学》1991年第3期。

③ 彭知辉：《关于元研究的探索与思考》，《图书馆》2016年第11期。

④ 李金昌：《大数据与统计新思维》，《统计研究》2014年第1期。

第二节 统计口径与大数据样本分布情况

首先需要说明的是，本书中的中国学术论文，在统计口径上，主要是指中国大陆地区发表的学术论文，也即包括中国香港特别行政区、中国澳门特别行政区、中国台湾的学者在中国大陆 CSSCI 刊物中发表的论文，但不包括中国香港特别行政区、中国澳门特别行政区、中国台湾在当地公开发表的学术论文。

第二，关于 CSSCI 刊物的界定问题。为了保障研究对象（学术论文）的代表性与高质量性，本书把学术论文的范围聚焦于“中文社会科学引文索引”（Chinese Social Sciences Citation Index，CSSCI）。CSSCI 每两年更新一次，也即它是动态更新的，本书所使用的 CSSCI 目录清单版本为 2019—2020 年，且仅包括核心库目录清单，不包括扩展库目录清单。

第三，为了加强学科间的横向比对性，本书不仅全面收集了教育学科的有效学术论文数据，同时还收集了中国社会科学各个学科的 CSSCI 有效论文，具体的学科取样分布情况详见表 1－1。

第四，为了加强学科内的比对性，本书将教育学科划分为九大子领域（具体的子领域有效论文分布情况详见表 1－2）：教育经济、研究生教育、电化教育、高等教育、学前教育、比较教育、综合类（基础教育为主）、特殊教育、教师教育。此处有两点需要说明：其一，这种划分并不完全，不能说已经涵盖了教育学科的所有子领域；其二，这些划分的类别之间也并非严格互斥，也即可能存在着逻辑上的重叠与交叉。

表 1－1　　**本书中各学科的有效论文大数据样本概况**

学科	有效论文（篇）	占比（%）
马克思主义·科学社会主义	28615	4.7
管理学	19884	3.3

续表

学科	有效论文（篇）	占比（%）
哲学	30227	5.0
宗教学	9060	1.5
外语学	15787	2.6
外国文学	18263	3.0
中国文学	26213	4.3
艺术学	30120	5.0
历史学	13449	2.2
考古学	17657	2.9
经济学	26376	4.4
政治学	13191	2.2
法学	14326	2.4
社会学	17306	2.9
民族学	14156	2.3
新闻学	26005	4.3
图书与情报学	24763	4.1
体育学	31051	5.1
心理学	23673	3.9
人文地理学	25596	4.2
教育学	177946	29.5
总计	603664	100

表 1－2　**本书中教育学科各子领域的有效论文大数据样本概况**

学科	有效论文（篇）	占比（%）
教育经济	2125	1.2
研究生教育	8705	4.9
电化教育	31162	17.5
高等教育	57736	32.4
学前教育	4110	2.3
比较教育	16097	9.0
综合类	50981	28.6
特殊教育	3956	2.2
教师教育	3074	1.7
总　计	177946	100

第三节 各学科学术期刊有效论文大数据样本概况

对于很多数据指标而言，不仅需要看其绝对数值，更要看其相对位置，如此才能更加理解该数据指标的意义。为了充分进行多学科间的横向比较，本研究不仅全面收集了教育学科的所有 CSSCI 学术期刊共计 37 个，同时还收集了整个社会学科中的不同学科的 CSSCI 学术期刊。

但是，由于本研究的侧重点是放在教育学科上面，并且研究团队的精力也相对有限，对于社会科学中的不同学科并未采用全面收集的方式，而是每个学科按照影响因子由高到低排序，选取了影响因子排在前五位的学术期刊作为聚焦分析的对象。

除教育学科之外，本研究用于对比分析的其他社会科学共计 20 个，主要包括：马克思主义・科学社会主义、管理学、哲学、宗教学、外语学、外国文学、中国文学、艺术学、历史学、考古学、经济学、政治学、法学、社会学、民族学、新闻学、图书与情报学、体育学、心理学、人文地理学。[①] 各个学科（不含教育学科）具体的学术期刊有效论文大数据样本概况详见表 1－3，共计 42 万 5718 篇学术论文。

表 1－3 各学科学术期刊有效论文大数据样本概况（不含教育学）

学科	学术期刊	有效论文（篇）	占比（%）
马克思主义・科学社会主义	中国特色社会主义研究	2932	0.5
	社会主义研究	5452	0.9
	思想理论教育	8380	1.4
	马克思主义研究	5069	0.8
	思想教育研究	6782	1.1

① 注：统计学虽然也列入在 CSSCI 的学科门类当中，但是由于其定量化、理科化取向非常明显，本研究认为其不符合社会科学的性质特征，因此，将其排除在分析对象之外。

续表

学科	学术期刊	有效论文（篇）	占比（%）
管理学	会计研究	5386	0.9
	审计与经济研究	2915	0.5
	管理世界	7778	1.3
	公共管理学报	916	0.2
	审计研究	2889	0.5
哲学	哲学研究	7444	1.2
	自然辩证法研究	7664	1.3
	伦理学研究	2594	0.4
	哲学动态	7720	1.3
	道德与文明	4805	0.8
宗教学	世界宗教研究	2781	0.5
	世界宗教文化	2623	0.4
	宗教学研究	3656	0.6
外语学	外语界	2673	0.4
	现代外语	2537	0.4
	外语与外语教学	4432	0.7
	外语电化教学	3073	0.5
	外语教学与研究	3072	0.5
外国文学	当代外国文学	3008	0.5
	外国文学研究	4962	0.8
	外国文学评论	2670	0.4
	外国文学	4824	0.8
	国外文学	2799	0.5
中国文学	文学评论	6033	1.0
	文学遗产	4490	0.7
	中国现代文学研究丛刊	6023	1.0
	当代作家评论	5278	0.9
	文艺理论研究	4389	0.7
艺术学	建筑学报	9382	1.6
	民族艺术	3648	0.6
	文艺研究	7533	1.2
	电影艺术	6508	1.1
	北京电影学院学报	3049	0.5

续表

学科	学术期刊	有效论文（篇）	占比（%）
历史学	近代史研究	3529	0.6
	历史研究	3931	0.7
	清史研究	1768	0.3
	中国史研究	1641	0.3
	中国经济史研究	2580	0.4
考古学	考古	5707	0.9
	考古学报	802	0.1
	文物	6099	1.0
	考古与文物	2362	0.4
	江汉考古	2687	0.4
经济学	经济研究	6604	1.1
	中国工业经济	5298	0.9
	金融研究	7935	1.3
	经济学（季刊）	1264	0.2
	中国农村经济	5275	0.9
政治学	世界经济与政治	5347	0.9
	外交评论（外交学院学报）	2487	0.4
	政治学研究	2172	0.4
	国际问题研究	2260	0.4
	公共行政评论	925	0.2
法学	中国法学	3846	0.6
	法学研究	3528	0.6
	行政法学研究	2109	0.3
	法学家	3765	0.6
	清华法学	1078	0.2
社会学	人口研究	3114	0.5
	社会学研究	2744	0.5
	人口学刊	3061	0.5
	社会	4980	0.8
	人口与经济	3407	0.6
民族学	民族研究	3211	0.5
	民俗研究	3218	0.5
	西北民族研究	2732	0.5
	广西民族研究	3632	0.6
	文化遗产	1363	0.2

续表

学科	学术期刊	有效论文（篇）	占比（%）
新闻学	国际新闻界	4819	0.8
	新闻记者	8419	1.4
	新闻与传播研究	3094	0.5
	中国科技期刊研究	6143	1.0
	新闻大学	3530	0.6
图书与情报学	中国图书馆学报	3729	0.6
	图书情报知识	4217	0.7
	图书与情报	4771	0.8
	大学图书馆学报	4474	0.7
	情报理论与实践	7572	1.3
体育学	体育科学	5219	0.9
	上海体育学院学报	4336	0.7
	武汉体育学院学报	7304	1.2
	北京体育大学学报	9302	1.5
	体育与科学	4890	0.8
心理学	心理学报	3817	0.6
	心理发展与教育	2469	0.4
	心理科学进展	4169	0.7
	中国临床心理学杂志	5079	0.8
	心理科学	8139	1.3
人文地理学	经济地理	7359	1.2
	旅游学刊	5052	0.8
	城市规划学刊	2906	0.5
	人文地理	3815	0.6
	城市规划	6464	1.1

第四节　教育学科学术期刊有效论文大数据样本概况

教育学科所有 37 个学术刊物的有效论文大数据样本概况如表 1－4所示，共计 177946 篇。

表 1-4 教育学科所有 37 个学术刊物的有效论文大数据样本概况

学术期刊	有效论文（篇）	占比（%）	学术期刊	有效论文（篇）	占比（%）
电化教育研究	6279	1.0	高等工程教育研究	5196	0.9
清华大学教育研究	3166	0.5	外国教育研究	4513	0.7
学前教育研究	4110	0.7	全球教育展望	5334	0.9
高等教育研究	6498	1.1	教育研究与实验	3044	0.5
比较教育研究	6250	1.0	教育与经济	2125	0.4
北大教育评论	980	0.2	开放教育研究	2245	0.4
华东师大学报	2157	0.4	学位与研究生教育	6001	1.0
中国特殊教育	3956	0.7	中国高等教育	11710	1.9
教育科学	3087	0.5	湖南师大学报教科版	3006	0.5
教师教育研究	3074	0.5	江苏高教	8592	1.4
课程教材教法	8490	1.4	复旦教育论坛	1945	0.3
教育研究	6089	1.0	国家教育行政学院学报	4671	0.8
教育学报	3537	0.6	中国高教研究	9309	1.5
高校教育管理	1567	0.3	远程教育杂志	1607	0.3
现代远程教育研究	1633	0.3	教育发展研究	9324	1.5
中国电化教育	7587	1.3	高教探索	5218	0.9
中国远程教育	6801	1.1	现代大学教育	4535	0.8
研究生教育研究	2704	0.4	中国教育学刊	6596	1.1
现代教育技术	5010	0.8			

第五节 不同年代的有效论文大数据样本概况

本书中不同年代的有效论文大数据样本分布概况如表 1-5 所示。其中，21 世纪第二个十年（含 2020 年）的有效论文篇数最多（21 万 2951 篇），占比最大（35.3%）。

表 1－5　　不同年代有效论文大数据样本分布概况

年代	有效论文（篇）	占比（%）
20 世纪 80 年代（含 1978、1979）	76027	12.6
20 世纪 90 年代	119936	19.9
21 世纪头十年	194750	32.3
21 世纪第二个十年（含 2020）	212951	35.3
总　计	603664	100.0

第六节　不同地区的有效论文大数据样本概况

本书中不同地区的有效论文大数据样本分布概况如表 1－6 所示。中国学者是发文主体，其中包括香港特别行政区、澳门特别行政区、中国台湾的学者，共计占比 90% 以上；国外学者（其他）发文占比为 9.4%。

表 1－6　　不同地区有效论文大数据样本分布概况

地区	有效论文（篇）	占比（%）	地区	有效论文（篇）	占比（%）
安徽	8380	1.4	内蒙古	1155	0.2
澳门	265	0.04	宁夏	617	0.1
北京	169466	28.1	青海	308	0.1
福建	10732	1.8	山东	15732	2.6
甘肃	7648	1.3	山西	4395	0.7
广东	31390	5.2	陕西	12065	2.0
广西	6015	1.0	上海	63024	10.4
贵州	1481	0.2	四川	11723	1.9
海南	787	0.1	台湾	571	0.1
河北	4896	0.8	天津	11109	1.8
河南	8831	1.5	西藏	179	0.03
黑龙江	4929	0.8	香港	1941	0.3

续表

地区	有效论文（篇）	占比（%）	地区	有效论文（篇）	占比（%）
湖北	37334	6.2	新疆	1342	0.2
湖南	17543	2.9	云南	3269	0.5
吉林	10385	1.7	浙江	25696	4.3
江苏	45975	7.6	重庆	9553	1.6
江西	4594	0.8	其他	56954	9.4
辽宁	13380	2.2	总计	603664	100

第二章　中国教育学术研究的规模发展

自1978年改革开放以来，中国的教育学术研究不断发生质变与飞跃，经历了“万丈高楼平地起”的规模化发展。本章内容主要探寻中国教育学术研究的规模发展曲线与足迹，并对中国教育学术研究的成长轨迹做出总结、反思与展望。

第一节　中国教育学术研究的总体规模发展

对于中国教育学术研究的规模发展主要采用两个指标衡量，其一是学术论文的总数量，其二是年度刊均发文量。首先来考察中国学术论文的总发文量。如图2－1所示，总体而言，中国教育学术论文的规模呈现先上升后下降的趋势。

从1978年至21世纪头十年，这一时期主要是亟须解决论文“量”的问题，因为要与中国庞大的教育实践相匹配，因此，这一时期属于飞速发展的时期，论文发文规模逐年急剧增长，从最初的年度不足百篇，发展为年度逾7000篇，特别是2008年、2009年达至最高峰。2010年起，从需求上讲，论文数量已经不再缺乏，矛盾的重心更多地转向论文质量，此一时期绝大多数教育学术刊物都大大提升了发文标准，显著缩减了每期刊物的论文数量，转而代之的是大幅提升了论文长度篇幅，因而这一时期的发文量逐渐开始回落，至2020年，已经降至5329篇。

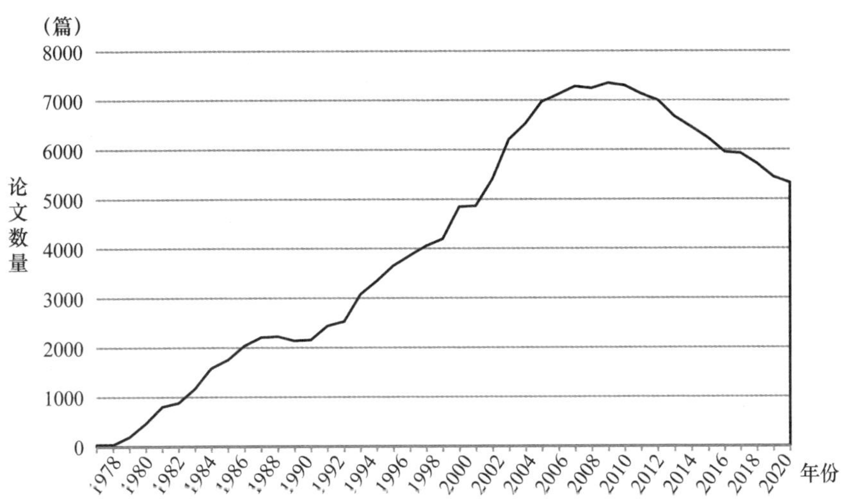

图2-1　中国教育学术论文年度载文量规模发展（1978—2020）

在本书中，年度刊均发文量的操作性定义是指：一年内一个学科的若干CSSCI期刊发表的学术论文篇数的平均值。该指标在笔者的已有研究中已经有所使用①，反映一定时期学术规模的发展状况，能够较好地体现一个学科领域的学术研究发展走势。如图2-2所示，我国教育研究的年度刊均发文量从最初1978年的40篇发展为2020年的175.9篇，是最初的4.4倍，规模体量显著增大。年度刊均发文量和年度发文量的曲线走势大致具有相同的特征。

从整体的发展曲线来看，年度刊均发文量呈现先平缓上升、后快速激增、再显著下降的阶段性特征，据此可以把我国教育研究大致划分为三个发展阶段。第一阶段为初创期，大致贯穿20世纪70年代末和整个80年代，这一阶段的上升曲线相对较为平缓，并且呈现上下

① 赵志纯、何齐宗、安静、陈富：《中国高等教育学术研究的演变与发展趋势（1980—2019）：基于对六个CSSCI高等教育源刊的大数据分析》，《高等教育研究》2020年第4期。

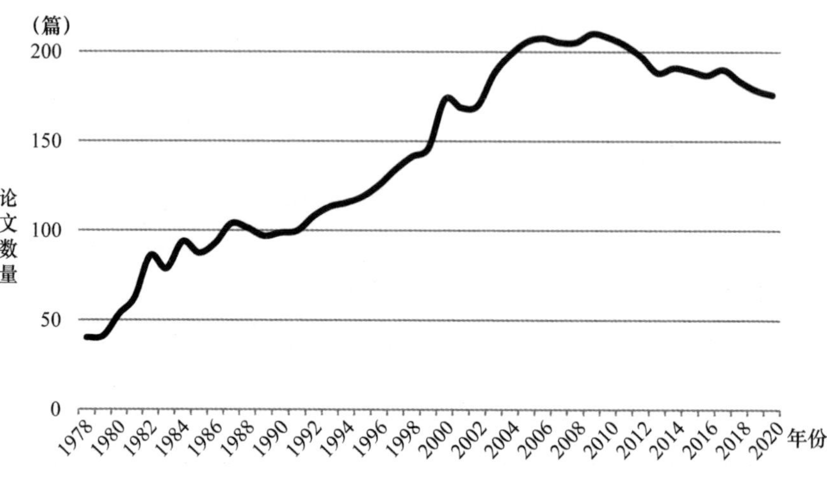

图 2－2　中国教育学术论文年度刊均发文量规模发展（1978—2020）

波动、迂回曲折的特点。第二阶段为激增期，包括 20 世纪 90 年代和 21 世纪头十年。这一阶段的突出特征在于体量上的急剧扩张与膨胀，曲线陡然上升，年度刊均发文量大幅激增。第三阶段为重质期，从 21 世纪第二个十年持续至今。本阶段的突出特征是年度刊均发文量呈现显著的收缩递减。

第二节　中国教育学术研究总体规模发展的多学科比较

将教育学科置于中国社会科学的整体家族中进行比较。对中国社会科学的年度刊均发文量进行了计算，与教育学科的同样指标进行了比较，结果如图 2－3 所示。中国社会科学学术研究的年度刊均发文量从最初 1978 年的 50 篇，发展为 2020 年的 126. 51 篇，增加了 2. 53 倍，规模显著增大。

比较来看，在 20 世纪 90 年代之前，教育学的年度刊均发文量一直低于社会科学整体的年度刊均发文量；90 年代之后，教育学的年度刊均发文量逐渐“赶超”了社会科学整体的年度刊均发文量，

2020 年为 166.95 篇。

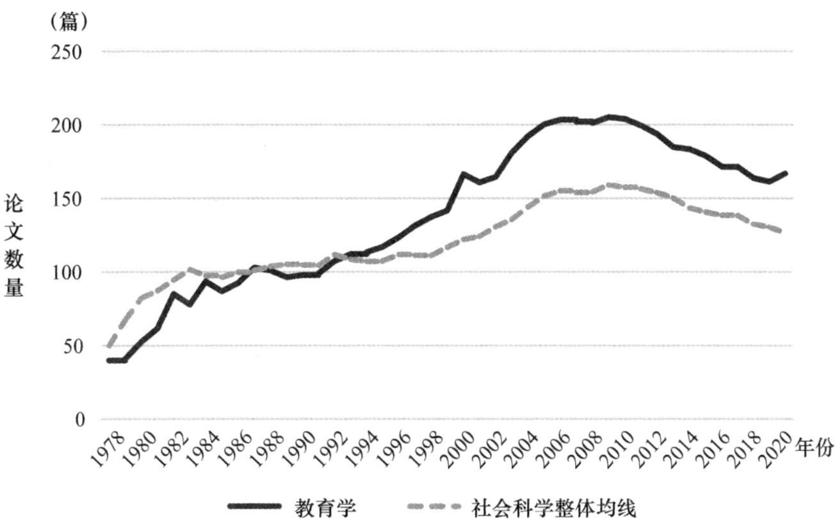

图 2－3　教育学与中国社会科学年度刊均发文比较（1978—2020）

在年度刊均发文量的指标上，除了对比教育学术论文与社会科学整体均值之外，本研究还整理了自 1978 年至 2020 年之间中国社会科学各学科的发展情况，结果如表 2－1、表 2－2、表 2－3、表 2－4 所示。表格中，斜纹为每年的年度刊均发文量居于前 30% 的学科，竖纹为每年的年度刊均发文量居于后 30% 的学科，无标记为每年的年度刊均发文量居于中间的 40% 学科。

可以发现，教育学术论文的刊均发文量在多学科比较中，起初相对较低，后来逐渐居中，近些年则较高。2020 年，刊均发文量较高的学科主要是：马克思主义、哲学、外国文学、中国文学、心理学、人文地理、教育学。

笔者认为，我国教育学的年度刊均发文量长期远高于社会科学的整体平均水平，此种现象可能并不正常，这在一定程度上折射出教育学术的发文需求量长期高于社会科学的整体平均水平。针对此问题，建议从两方面入手解决。其一是适量开办增创新的 CSSCI 高水平教育学术刊物，以进一步满足教育学术研究的高水平发文需求；其二是在第一条的基础上，教育学术刊物有序缩减年度刊均发文量，着力提高单篇论文的长度篇幅与质量。

表2-1　中国社会科学各学科年度刊均发文量（1978—1989）　单位：篇

学科＼年度	1978	1979	1980	1981	1982	1983	1984	1985	1986	1987	1988	1989
马克思主义		19	41	55	74	55	63	87	102	90	107	100
管理学			65	64	93	101	112	71	106	108	102	113
哲学	100	147	141	150	106	147	143	138	138	146	151	142
宗教学					10	76	16	15	18	19	28	
语言学	30	56	50	51	55	65	63	52	74	72	66	66
外国文学	44	116	72	97	95	106	91	88	98	99	86	83
中国文学	80	46	89	106	110	112	119	122	127	138	137	133
艺术学		92	135	170	180	180	132	124	133	126	128	128
历史学	119	73	84	87	99	90	104	102	85	89	94	100
考古学	21	124	105	121	105	136	127	120	130	127	118	110
经济学		165	178	204	214	221	223	239	224	180	161	148
政治学				18	41	41	35	56	64	66	92	101
法学	11		89	81	79	92	87	90	91	121	129	129
社会学	18	15	40	66	117	112	114	111	108	103	128	114
民族学		21	64	62	69	69	68	46	57	70	88	92
新闻学		46	98	75	126	111	110	136	130	138	92	98
图情学		53	59	78	93	99	106	100	94	91	98	97
体育学	40	36	59	76	82	91	91	98	94	101	112	104
心理学		50	68	80	80	74	74	66	65	70	74	62
人文地理	47	46	73	43	69	77	75	75	65	66	85	85
教育学	40	41	53	62	85	78	93	87	92	103	101	96

注：斜纹为年度刊均发文量居于前30%，竖纹为年度刊均发文量居于后30%，无标记为年度刊均发文量居于中间的40%。

表 2-2　　中国社会科学各学科年度刊均发文量（1990—1999）　　单位：篇

学科＼年度	1990	1991	1992	1993	1994	1995	1996	1997	1998	1999
马克思主义	90	86	97	108	123	113	130	106	111	135
管理学	127	113	122	111	117	127	136	128	123	138
哲学	121	160	162	170	179	174	166	167	168	159
宗教学					54	60	77	71	81	84
语言学	66	70	73	73	72	78	74	77	91	88
外国文学	85	89	85	89	88	87	90	94	92	97
中国文学	120	123	124	117	106	105	118	119	102	108
艺术学	119	116	131	109	98	100	112	120	136	135
历史学	98	86	93	95	93	89	92	81	79	82
考古学	118	113	113	110	107	104	97	100	92	95
经济学	154	174	186	184	198	211	212	188	179	177
政治学	108	121	114	125	135	112	123	119	105	96
法学	141	94	133	101	102	97	101	94	94	90
社会学	120	119	111	95	113	114	106	117	108	108
民族学	86	83	83	82	73	84	81	81	80	80
新闻学	97	104	131	113	117	115	122	135	130	148
图情学	94	92	106	100	118	118	122	123	129	123
体育学	103	104	106	123	92	92	104	107	115	149
心理学	62	59	61	62	64	69	71	84	87	88
人文地理	86	82	94	87	85	88	88	93	94	128
教育学	98	99	107	112	113	117	123	132	137	142

注：斜纹为年度刊均发文量居于前 30%，竖纹为年度刊均发文量居于后 30%，无标记为年度刊均发文量居于中间的 40%。

表 2-3　　中国社会科学各学科年度刊均发文量（2000—2009）　　单位：篇

学科＼年度	2000	2001	2002	2003	2004	2005	2006	2007	2008	2009
马克思主义	134	161	176	182	188	234	268	287	299	303
管理学	142	140	155	157	155	165	160	154	152	147
哲学	159	160	154	180	190	210	210	208	210	208
宗教学	88	84	85	94	107	110	111	105	114	103

续表

年度 学科	2000	2001	2002	2003	2004	2005	2006	2007	2008	2009
语言学	99	106	106	100	105	105	102	101	98	102
外国文学	98	93	97	116	114	111	102	100	104	104
中国文学	112	127	127	117	128	138	144	149	165	165
艺术学	150	148	166	156	175	202	193	205	203	224
历史学	79	72	70	70	71	70	72	76	74	73
考古学	82	85	84	86	85	83	86	84	86	84
经济学	176	135	142	129	149	154	157	148	148	147
政治学	93	98	90	106	106	105	100	94	94	91
法学	101	99	96	90	97	91	91	89	95	89
社会学	106	101	101	111	107	81	79	78	75	74
民族学	85	95	102	87	89	98	99	83	99	97
新闻学	161	151	152	164	144	183	211	223	209	236
图情学	127	134	158	174	174	162	173	177	172	197
体育学	160	185	233	235	309	322	292	267	251	238
心理学	100	121	126	159	179	183	201	201	196	221
人文地理	141	148	158	156	164	176	203	202	197	232
教育学	166	161	165	181	192	200	203	202	201	205

注：斜纹为年度刊均发文量居于前30%，竖纹为年度刊均发文量居于后30%，无标记为年度刊均发文量居于中间的40%。

表2－4　**中国社会科学各学科年度刊均发文量（2010—2020）**　单位：篇

年度 学科	2010	2011	2012	2013	2014	2015	2016	2017	2018	2019	2020
马克思主义	312	307	304	295	220	222	221	217	213	210	201
管理学	140	136	133	127	126	127	123	125	124	110	116
哲学	219	219	219	211	205	204	200	193	182	173	165
宗教学	136	156	158	150	157	153	152	148	149	150	142
语言学	87	89	88	86	79	88	91	91	87	88	84
外国文学	108	109	102	102	98	95	94	93	84	83	81
中国文学	166	180	166	166	170	175	168	170	159	165	162
艺术学	212	214	243	229	220	229	234	243	215	237	235
历史学	75	74	73	70	68	71	74	72	71	72	73

续表

学科＼年度	2010	2011	2012	2013	2014	2015	2016	2017	2018	2019	2020
考古学	87	89	83	76	87	86	85	84	82	83	79
经济学	142	141	133	137	137	131	130	131	127	124	118
政治学	89	82	84	82	73	71	69	71	69	69	65
法学	85	87	89	83	79	76	77	78	78	78	75
社会学	72	73	71	66	66	63	62	60	57	57	53
民族学	103	100	100	112	119	112	109	115	106	100	96
新闻学	201	208	209	205	189	163	160	142	135	130	130
图情学	191	186	168	166	165	145	146	151	138	147	122
体育学	228	227	204	194	181	166	157	152	152	134	136
心理学	223	192	194	200	182	188	182	193	189	175	162
人文地理	229	217	218	214	208	209	205	207	203	198	192
教育学	204	199	194	185	183	179	171	171	164	161	167

注：斜纹为年度刊均发文量居于前 30%，竖纹为年度刊均发文量居于后 30%，无标记为年度刊均发文量居于中间的 40%。

第三节　中国教育学术研究总体规模发展的地区比较

本书对中国教育学术研究总体规模发展状况还进行了地区比较，地区包括中国 34 个省级行政区域，含香港特别行政区、澳门特别行政区以及台湾，结果如图 2－4 所示。

从各地区的教育学术发文量来看，排在前 10 位的依次是北京、上海、江苏、浙江、湖北、广东、湖南、山东、吉林、重庆。排在后 10 位的依次是西藏、青海、澳门、台湾、宁夏、海南、内蒙古、新疆、贵州、香港。详细的具体排位情况在表 2－5、表 2－6、表 2－7、表 2－8 中全部列出。

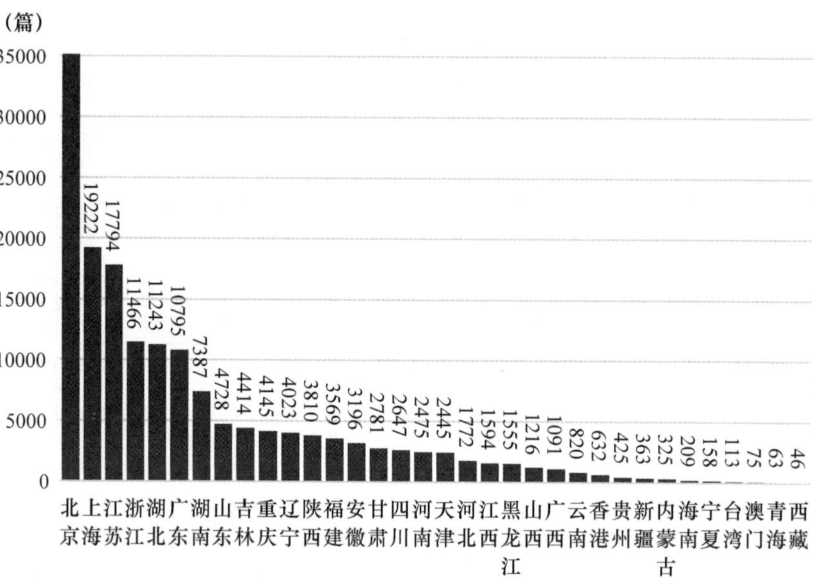

图 2－4　中国教育学术研究地区发文总量比较（1978—2020）

表 2－5　中国教育学术研究总体规模发展的地区比较（1978—1989）　单位：篇

地区＼年度	1978	1979	1980	1981	1982	1983	1984	1985	1986	1987	1988	1989
安徽	0	0	0	0	2	5	6	8	13	25	26	25
澳门	0	0	0	0	0	0	0	0	0	0	0	0
北京	0	0	80	222	311	323	402	458	417	517	572	548
福建	0	0	0	1	3	10	19	13	12	29	41	47
甘肃	0	0	0	15	34	46	41	30	36	39	26	20
广东	0	0	0	1	11	14	16	87	89	113	119	110
广西	0	0	0	2	1	3	6	9	4	5	13	11
贵州	0	0	0	0	0	0	2	0	0	0	4	3
海南	0	0	0	0	0	0	0	0	0	1	0	1
河北	0	0	0	0	3	2	5	8	12	8	21	17
河南	0	0	0	0	1	2	3	4	8	17	10	17
黑龙江	0	0	0	0	9	9	6	12	14	22	26	16
湖北	0	0	56	41	96	69	119	174	195	216	216	205
湖南	0	0	0	1	9	12	14	51	45	77	86	77

续表

年度 地区	1978	1979	1980	1981	1982	1983	1984	1985	1986	1987	1988	1989
吉林	0	0	0	1	6	36	58	72	77	78	57	57
江苏	0	0	0	1	11	27	33	141	166	172	187	204
江西	0	0	0	1	3	4	2	12	14	12	15	21
辽宁	0	0	0	0	11	8	16	38	52	51	49	48
内蒙古	0	0	0	0	0	0	1	0	2	4	4	6
宁夏	0	0	0	0	0	0	1	0	1	0	0	1
青海	0	0	0	0	0	0	0	2	1	0	0	1
山东	0	0	1	2	9	4	14	12	11	15	19	21
山西	0	0	0	1	4	2	6	2	5	5	2	11
陕西	0	0	0	2	8	13	22	32	49	45	38	37
上海	27	32	37	136	183	216	222	248	249	259	275	277
四川	0	0	0	0	2	5	15	21	17	23	28	43
台湾	0	0	0	0	0	0	0	0	0	0	0	0
天津	0	0	0	0	8	7	10	13	23	20	13	19
西藏	0	0	0	0	0	0	0	1	0	0	0	0
香港	0	0	0	0	1	0	0	1	0	0	2	0
新疆	0	0	0	0	1	0	4	3	2	3	3	4
云南	0	0	0	0	1	0	3	6	3	11	13	11
浙江	0	0	0	2	8	12	20	25	28	36	54	58
重庆	0	0	0	0	4	3	10	8	14	12	19	15

表 2－6　**中国教育学术研究总体规模发展的地区比较（1990—1999）**　单位：篇

年度 地区	1990	1991	1992	1993	1994	1995	1996	1997	1998	1999
安徽	21	17	32	25	46	55	98	108	114	116
澳门	0	0	0	0	0	0	0	0	0	1
北京	598	501	542	570	682	740	1091	867	802	781
福建	35	57	59	49	60	66	75	79	84	103
甘肃	8	12	31	35	39	44	45	41	56	52
广东	96	89	124	147	148	167	185	271	309	338
广西	16	16	14	13	19	12	20	32	31	32
贵州	2	4	5	3	9	7	6	7	3	0

续表

地区 \ 年度	1990	1991	1992	1993	1994	1995	1996	1997	1998	1999
海南	0	1	1	3	1	3	1	6	6	6
河北	18	21	20	27	32	31	39	31	53	47
河南	9	12	11	22	15	18	27	44	48	27
黑龙江	18	14	22	19	35	46	43	71	63	48
湖北	174	171	176	179	191	191	200	291	305	297
湖南	73	89	117	104	166	142	127	134	162	184
吉林	39	58	73	65	95	93	81	69	115	80
江苏	213	199	211	202	276	298	288	318	285	369
江西	25	18	21	21	25	21	22	19	25	25
辽宁	49	55	47	75	178	176	132	115	121	96
内蒙古	2	5	5	4	5	7	10	6	10	5
宁夏	1	1	2	2	1	1	5	1	10	3
青海	1	0	0	0	4	1	4	2	3	2
山东	35	38	31	35	71	80	87	97	135	112
山西	5	7	13	15	16	17	25	35	36	50
陕西	38	28	43	42	46	44	47	56	64	66
上海	262	265	289	306	313	370	387	413	393	499
四川	27	14	49	30	55	46	50	41	60	46
台湾	0	0	0	2	0	1	2	7	1	1
天津	17	17	17	19	42	65	34	56	54	60
西藏	0	1	0	0	0	0	0	0	0	1
香港	1	0	0	2	0	2	3	19	18	15
新疆	4	1	1	3	6	6	12	3	7	7
云南	11	9	5	14	14	10	11	12	25	14
浙江	42	42	74	72	82	103	74	127	160	178
重庆	11	18	26	23	36	44	35	61	59	61

表2-7　**中国教育学术研究总体规模发展的地区比较（2000—2009）**　单位：篇

地区＼年度	2000	2001	2002	2003	2004	2005	2006	2007	2008	2009
安徽	115	126	117	118	120	140	148	150	141	125
澳门	4	1	1	1	0	1	3	0	3	8
北京	875	919	833	1179	1255	1224	1219	1165	1260	1242
福建	106	99	123	121	109	143	135	153	160	153
甘肃	77	62	89	96	92	121	123	143	130	137
广东	354	404	369	393	444	470	455	485	458	492
广西	36	36	31	50	44	44	45	59	62	59
贵州	5	5	9	6	18	17	20	24	12	12
海南	11	10	9	5	8	10	2	6	2	3
河北	64	66	89	91	97	98	103	109	89	74
河南	48	38	51	64	61	65	98	114	95	122
黑龙江	59	93	82	64	54	46	63	50	55	68
湖北	345	242	311	314	312	340	413	439	425	396
湖南	197	205	323	366	365	396	408	375	359	335
吉林	89	91	77	107	119	140	180	150	155	198
江苏	452	418	572	536	561	626	648	775	790	812
江西	37	36	45	42	67	93	58	72	86	68
辽宁	119	104	111	119	136	130	132	132	129	143
内蒙古	7	6	7	10	14	10	19	22	17	25
宁夏	5	4	8	6	12	9	2	8	7	10
青海	1	0	1	0	1	2	3	4	2	2
山东	174	155	156	121	158	166	207	222	212	255
山西	65	64	66	44	30	39	38	47	47	54
陕西	91	74	93	136	133	151	191	158	154	166
上海	510	491	560	636	677	843	802	706	725	747
四川	55	83	83	89	111	121	110	120	143	114
台湾	3	5	7	4	7	6	11	3	1	4
天津	72	64	61	64	66	87	89	88	117	109
西藏	4	1	0	1	0	1	3	0	2	2
香港	23	22	19	35	27	45	33	27	34	39
新疆	9	7	15	1	8	8	14	14	23	13
云南	18	22	25	28	25	22	33	43	31	49
浙江	225	343	387	491	560	579	555	575	562	602
重庆	58	65	73	120	126	150	179	211	208	202

表2－8　中国教育学术研究总体规模发展的地区比较（2010—2020）　单位：篇

地区＼年度	2010	2011	2012	2013	2014	2015	2016	2017	2018	2019	2020
安徽	147	132	128	140	122	121	92	82	79	57	54
澳门	3	3	10	4	6	5	3	4	3	8	3
北京	1314	1256	1220	1194	1221	1149	1147	1141	1174	1082	1058
福建	145	140	129	118	133	105	156	138	134	112	115
甘肃	116	135	138	108	106	95	85	77	67	63	71
广东	500	478	420	408	404	350	352	304	283	284	254
广西	45	39	51	23	29	39	18	28	20	38	36
贵州	16	22	32	27	29	10	14	18	27	24	23
海南	8	7	7	6	11	4	11	19	11	19	10
河北	81	62	57	43	43	41	37	29	30	36	38
河南	111	126	152	152	152	135	125	123	125	101	122
黑龙江	57	60	48	50	42	34	34	32	22	18	31
湖北	396	406	396	420	369	407	399	382	336	339	294
湖南	341	302	298	249	225	201	160	159	160	161	132
吉林	180	164	195	174	199	175	159	174	158	179	141
江苏	851	845	803	776	726	761	700	677	653	611	600
江西	75	65	61	55	60	68	83	65	59	44	49
辽宁	161	168	175	150	131	136	122	104	107	95	102
内蒙古	11	15	13	19	10	12	6	10	4	5	7
宁夏	9	11	6	7	2	5	1	5	2	4	5
青海	2	8	0	1	2	1	1	3	2	4	2
山东	199	220	221	187	193	186	173	177	177	156	184
山西	39	60	29	39	49	41	42	33	45	53	35
陕西	134	153	161	151	134	154	178	159	171	173	175
上海	706	640	619	628	602	567	524	647	673	625	636
四川	113	117	108	103	130	104	93	92	61	62	63
台湾	5	6	4	5	5	3	2	6	4	4	4
天津	79	83	107	135	104	112	96	103	108	105	102
西藏	2	1	4	4	2	5	1	2	4	2	2
香港	25	32	34	29	34	27	18	22	12	11	20
新疆	12	13	19	11	23	19	15	15	19	15	20
云南	40	39	33	31	35	18	27	35	33	37	23
浙江	626	624	590	552	524	501	486	388	354	390	355
重庆	231	218	251	217	176	218	193	216	207	157	210

第四节 中国教育学术研究总体规模发展的期刊比较

本研究对中国教育学术研究总体规模发展状况还进行了不同期刊之间的比较，结果如表2－9、表2－10所示。总发文规模居于前五位的期刊依次为《中国高等教育》《教育发展研究》《中国高教研究》《江苏高教》《课程教材教法》；总发文规模居于后五位的期刊依次为《复旦教育论坛》《现代远程教育研究》《远程教育杂志》《高校教育管理》《北京大学教育评论》。

表2－9 **中国教育学术研究总体规模的期刊比较**（1978—2020）

排序	期刊	总发文量（篇）	有效百分比（%）	累积百分比（%）
1	中国高等教育	11710	6.6	6.6
2	教育发展研究	9324	5.2	11.8
3	中国高教研究	9309	5.2	17.1
4	江苏高教	8592	4.8	21.9
5	课程教材教法	8490	4.8	26.7
6	中国电化教育	7587	4.3	30.9
7	中国远程教育	6801	3.8	34.7
8	中国教育学刊	6596	3.7	38.4
9	高等教育研究	6498	3.7	42.1
10	电化教育研究	6279	3.5	45.6
11	比较教育研究	6250	3.5	49.1
12	教育研究	6089	3.4	52.6
13	学位与研究生教育	6001	3.4	55.9
14	全球教育展望	5334	3	58.9
15	高教探索	5218	2.9	61.9
16	高等工程教育研究	5196	2.9	64.8
17	现代教育技术	5010	2.8	67.6
18	国家教育行政学院学报	4671	2.6	70.2
19	现代大学教育	4535	2.5	72.8
20	外国教育研究	4513	2.5	75.3

续表

排序	期刊	总发文量（篇）	有效百分比（%）	累积百分比（%）
21	学前教育研究	4110	2.3	77.6
22	中国特殊教育	3956	2.2	79.8
23	教育学报	3537	2	81.8
24	清华大学教育研究	3166	1.8	83.6
25	教育科学	3087	1.7	85.3
26	教师教育研究	3074	1.7	87.1
27	教育研究与实验	3044	1.7	88.8
28	湖南师大学报教育科学版	3006	1.7	90.5
29	研究生教育研究	2704	1.5	92
30	开放教育研究	2245	1.3	93.2
31	华东师大学报教育科学版	2157	1.2	94.5
32	教育与经济	2125	1.2	95.7
33	复旦教育论坛	1945	1.1	96.7
34	现代远程教育研究	1633	0.9	97.7
35	远程教育杂志	1607	0.9	98.6
36	高校教育管理	1567	0.9	99.4
37	北大教育评论	980	0.6	100
	总计	177946	100	

年度刊均发文规模居于前五位的期刊依次为《中国电化教育》《中国高等教育》《中国高教研究》《江苏高教》《教育发展研究》；年度刊均发文规模居于后五位的期刊依次为《研究生教育研究》《清华大学教育研究》《教育与经济》《华东师大学报教育科学版》《北京大学教育评论》。

表 2－10　**中国教育学术研究总体规模的年度刊均比较**（1978—2020）

排序	期刊	年度刊均发文量（篇）
1	中国电化教育	303
2	中国高等教育	300
3	中国高教研究	259
4	江苏高教	239

续表

排序	期刊	年度刊均发文量（篇）
5	教育发展研究	233
6	教育研究	226
7	课程教材教法	212
8	中国远程教育	200
9	中国教育学刊	200
10	现代教育技术	186
11	国家教育行政学院学报	173
12	电化教育研究	165
13	学位与研究生教育	162
14	高等教育研究	158
15	湖南师大学报教育科学版	158
16	比较教育研究	152
17	学前教育研究	152
18	中国特殊教育	147
19	高教探索	145
20	高等工程教育研究	137
21	现代大学教育	126
22	全球教育展望	124
23	外国教育研究	113
24	高校教育管理	112
25	复旦教育论坛	108
26	教育学报	107
27	教师教育研究	96
28	开放教育研究	86
29	教育科学	86
30	远程教育杂志	85
31	现代远程教育研究	82
32	教育研究与实验	78
33	研究生教育研究	77
34	清华大学教育研究	77
35	教育与经济	59
36	华东师大学报教育科学版	57
37	北京大学教育评论	54
	平均	147

第五节　中国教育学术研究总体规模发展的不同子领域比较

依据第一章中划分出的九个子领域，对中国教育学术研究总体规模发展进行了子领域间的比较，结果如图 2－5 所示。规模较大的前三位依次为高等教育 57736 篇，占比 32.45%；综合类（基础教育为主）50981 篇，占比 28.65%；电化教育 31162 篇，占比 17.51%。规模较小的后三位为：教育经济 2125 篇，占比 1.19%；教师教育 3074 篇，占比 1.73%；特殊教育 3956 篇，占比 2.22%。规模居中的子领域依次为：比较教育、研究生教育、学前教育。

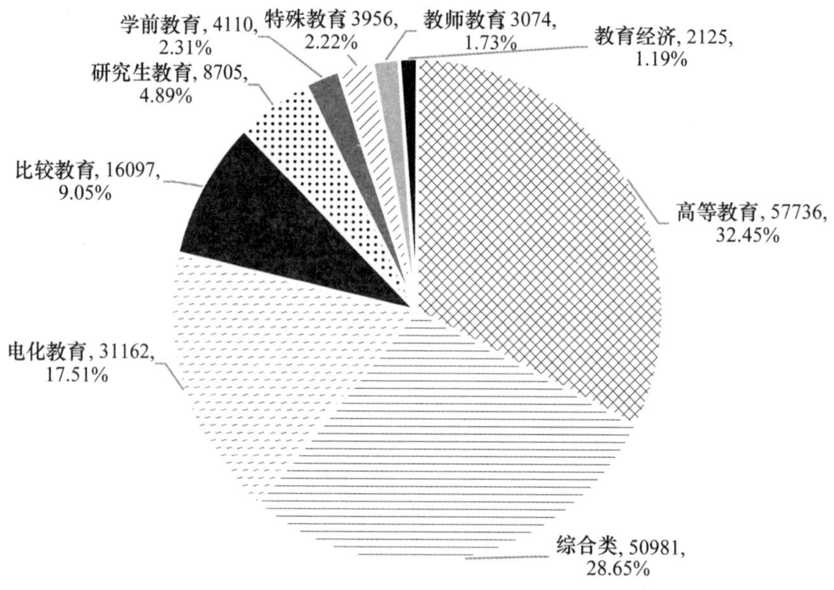

图 2－5　中国教育学术研究总体规模发展的不同子领域占比（1978—2020）

第六节　本章小结

总体而言，自改革开放以来，中国教育学术研究的规模发展成绩显著。学术论文发文量从最初的年度不足百篇，发展为年度逾7000篇，在2008年、2009年达至最高峰。2010年起，学术论文发展的重心更多地从数量转向质量，每期刊物的论文数量显著缩减，论文篇幅大幅度提升，至2020年，已经降至5329篇。另外，从年度刊均发文量指标来看，从1978年最初的40篇发展为2020年的175.9篇，是最初的4.4倍，规模体量显著增大。

从整体的曲线波动特征来看，年度刊均发文量呈现先平缓上升、后快速激增、再显著下降的阶段性特征，据此可以把我国教育学术研究大致划分为三个发展阶段。第一阶段为初创期，大致贯穿20世纪70年代末和整个80年代，这一阶段的上升曲线相对较为平缓，并且呈现上下波动、迂回曲折的特点。第二阶段为激增期，包括20世纪90年代和21世纪头十年。这一阶段的突出特征在于体量上的急剧扩张与膨胀，曲线陡然上升，年度刊均发文量大幅激增。第三阶段为重质期，从2010年持续至今。本阶段的突出特征是年度刊均发文量呈现显著的收缩递减。

从多学科比较来看，教育学术论文的刊均发文量起初相对较低，后来逐渐居中，近些年则较高。当前（2020年），刊均发文量较高的学科依次为马克思主义、哲学、外国文学、中国文学、心理学、人文地理、教育学。

我国教育学的年度刊均发文量长期远高于社会科学的整体平均水平，这在一定程度上折射出教育学术的发文需求量长期高于社会科学的整体平均水平。针对此问题，建议从以下两方面入手解决。

其一，亟须适度增创新的CSSCI高水平教育学术刊物，以进一步满足中国教育学术研究的高水平发文需求；其二，是在第一条的基础上，教育学术刊物有序缩减年度刊均发文量，着力提高单篇论文的长度篇幅与质量。总之，一方面要适度增加教育学 CSSCI 刊物数量，另一方面要着力提升现有的教育学 CSSCI 刊物中的单篇论文篇幅。

从各地区的教育学术发文量来看，排在前 10 位的依次是北京、上海、江苏、浙江、湖北、广东、湖南、山东、吉林、重庆。排在后 10 位的依次是西藏、青海、澳门、台湾、宁夏、海南、内蒙古、新疆、贵州、香港。

从各期刊的教育学术发文量来看，年度刊均发文规模居于前五位的期刊依次为《中国电化教育》《中国高等教育》《中国高教研究》《江苏高教》《教育发展研究》。

最后，对中国教育学术研究总体规模发展进行了子领域间的比较，规模较大的前三位依次为高等教育类、综合类（基础教育为主）、电化教育类。规模较小的后三位为：教育经济类、教师教育类、特殊教育类。

第三章 中国教育研究的学术影响力分析

学术影响力的测量和评估在过去的20年里经历了巨大的改变，这主要归因于学术交流方式的发展以及研究学术交流所使用工具和技术的改进。[①] 本章选取下载量和被引量两个指标来体现论文的学术影响力。下载量是出版数字化的直接产物。作为科学计量学的新秀——使用指标（Usage Metrics）之一，下载量记录了论文在期刊网站或出版商中被保存、下载的次数。[②] 使用指标反映了读者对文献的关注度，而其中的部分读者可转化为施引者，因此，使用指标相较于引用指标具有更加广泛的影响力。[③] 另外，被引量作为论文学术影响力的主要评价指标，在人才评审、科研立项、科研奖励等过程中发挥着重要作用。[④]

---

① ［美］Ying Ding、Ronald Rousseau、Dietmar Wolfram：《学术影响力的测评：方法与实践》，窦永香、于琦译，武汉大学出版社2017年版，第1页。

② Naudé F.，"Comparing Downloads，Men Deley Readership and Google Scholar Citations as Indicators of Article Performance"，*The Electronic Journal of In formation Systemsin Developing Countries*，Vol. 78，No. 1，March 2017，p. 1.

③ Duy J.，Vaughan L，"Can Electronic Journal Usage Data Replace Citation Data as a Measure of Journal Use? An Empirical Examination"，*The Journal of Academic Librarianship*，Vol. 32，No. 5，September 2006，p. 512.

④ 熊泽泉、段宇锋：《论文早期下载量可否预测后期被引量？——以图书情报领域期刊为例》，《图书情报知识》2018年第4期。

第一节　中国教育研究的学术影响力基本状况

对于中国教育研究的学术影响力分析，主要从绝对状况和相对状况两个维度入手。在本研究中，所谓绝对学术影响力，主要是通过学术论文的篇均被引量和篇均下载量的绝对数值来进行测度；所谓相对学术影响力，则是通过考察中国教育学术论文与社会科学学术论文的比对情况来进行评估。

一　中国教育研究的绝对学术影响力

如表3－1所示，中国教育学术研究论文的单篇被引量最大值为7366次，篇均被引为17.24次；单篇下载量最大值为93886次，篇均下载为645.79次；另外，两个指标的标准差都较大，说明被引和下载的波动差异非常大。

表3－1　中国教育学术研究的总被引与下载情况（1978—2020）

	N	最小值	最大值	均值	标准差
被引	177946	0	7366	17.24	55.172
下载	177946	0	93886	645.79	1121.422

（一）篇均被引量的分析

从历年篇均被引的动态发展情况来看，如图3－1所示。2016年至2020年属于近五年的篇均被引，由于论文从发表到被大家认识和引用需要一定的时间周期，因此，这五年（2016年至2020年）的数据在本指标上可以不予考虑。分析发现，从篇均被引指标来看，中国教育学术影响力主要具有以下几个阶段性的特征。

首先，第一阶段为改革开放伊始至20世纪90年代初期。此一阶段，中国教育学术影响力发展非常缓慢。其次，第二阶段为20世纪90年代初至21世纪初，此阶段的学术影响力急剧扩大，发展飞速。

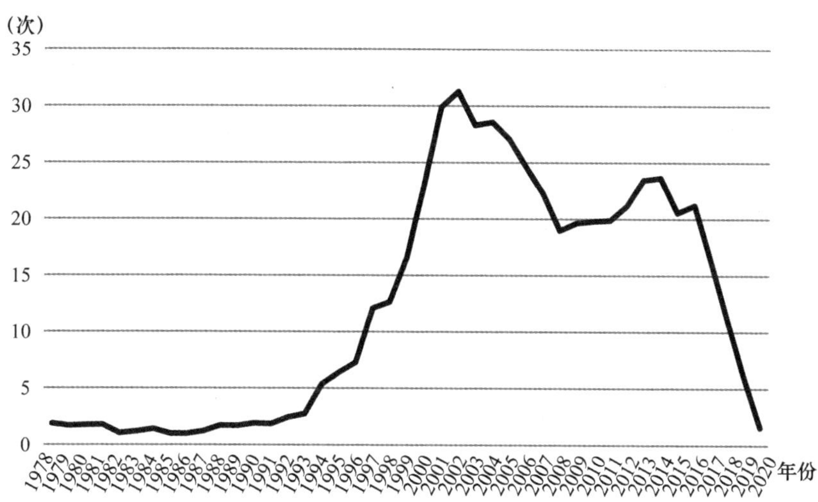

图 3-1　中国教育学术论文的篇均被引情况（1978—2020）

再次，第三阶段为 21 世纪初至 2009 年，此阶段的学术影响力下滑趋势较为明显。最后，从 2010 年以来，学术影响力有所回升，但其一是波动起伏、不稳定，其二是与之前的被引峰值尚存一定差距。总之，从篇均被引指标来看，中国教育研究的学术影响力近年来显示出下滑的趋势，这相比峰值期的“高光时刻”而言，当前有必要做出认真反思。

（二）篇均下载量的分析

如果说被引属于传统的、狭义的学术影响力指标，那么下载量则属于新型的、广义的学术影响力指标。下载量体现出的是学者或公众对学术论文的感兴趣程度、关注程度，属于学术影响力的一部分。从历年篇均下载的动态发展情况来看，如图 3-2 所示。同样，不考虑这五年（2016 年至 2020 年）的数据。分析发现，与篇均被引不同，篇均下载量具有如下阶段性特征。

主要可以分为两个阶段。第一阶段为改革开放伊始至 20 世纪 90 年代初期。此阶段，学者或公众对学术论文的关注度发展非常缓慢，甚至长期保持低迷的状态。90 年代初期至 2016 年，便进入了飞速发展时期，学者或公众的关注度持续提升。总之，从广义的篇均下载指标来看，中国教育研究的学术影响力从 20 世纪 90 年代以来一直是持续提升的。

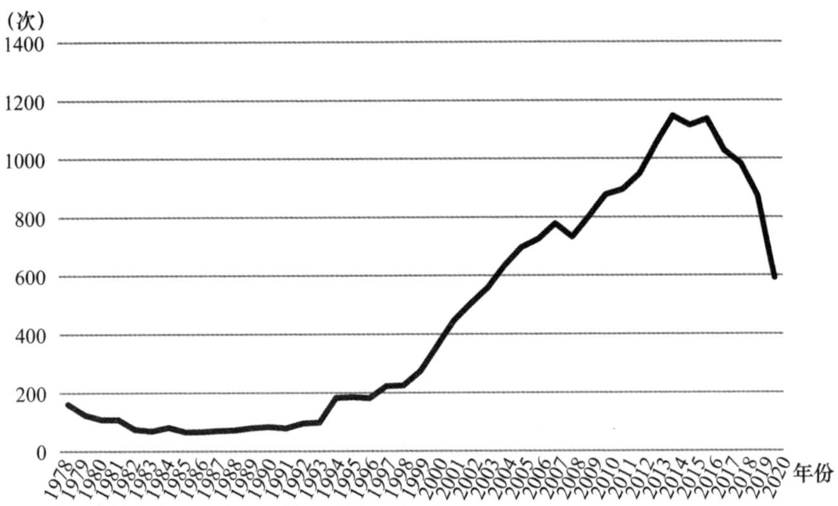

图 3－2　中国教育学术论文的篇均下载情况（1978—2020）

二　中国教育研究的相对学术影响力

（一）篇均被引对比

相对学术影响力主要考察教育学术论文与社会科学整体的比较，以及在不同门类的社会科学学术论文中的相对位置。图 3－3 显示，社会科学整体的曲线趋势形态与教育学科基本相似，不同点在于，教育学术论文的篇均被引始终低于社会科学的整体水平。很显然，从相对学术影响力来讲，教育学科与社会科学的整体水平存在一定的差距。

从篇均被引量的相对位置来看，排在前五位的依次是经济学、管理学、外语学、法学、心理学；排在后五位的依次是哲学、中国文学、外国文学、艺术学、宗教学；教育学的相对位置居中，排在第十位。

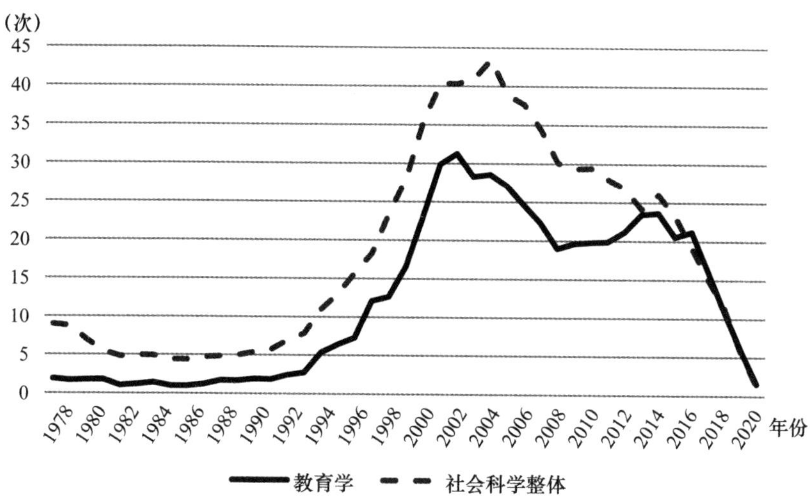

图 3－3　中国教育学术论文与社会科学整体的篇均被引对比（1978—2020）

表 3－2　中国学术论文各学科的篇均被引对比（1978—2020）

位次	学科	篇均被引量（次）
1	经济学	63.71
2	管理学	58.33
3	外语学	43.32
4	法学	39.29
5	心理学	32.53
6	人文地理学	32.47
7	社会学	23.41
8	体育学	20.09
9	考古学	17.31
10	教育学	17.24
11	政治学	13.58
12	图书与情报学	13.11
13	历史学	12.69
14	新闻学	9.53
15	马克思主义·科学社会主义	9.44
16	民族学	8.81
17	哲学	8.72
18	中国文学	8.42

续表

位次	学科	篇均被引量（次）
19	外国文学	8.25
20	艺术学	7.97
21	宗教学	4.41

（二）篇均下载对比

如图3－4所示，社会科学篇均下载量的整体曲线趋势形态与教育学科基本相似，不同点在于，教育学术论文的篇均下载量始终低于社会科学的整体水平。这也再次说明，从相对学术影响力来看，教育学科与社会科学的整体水平存在一定的差距。

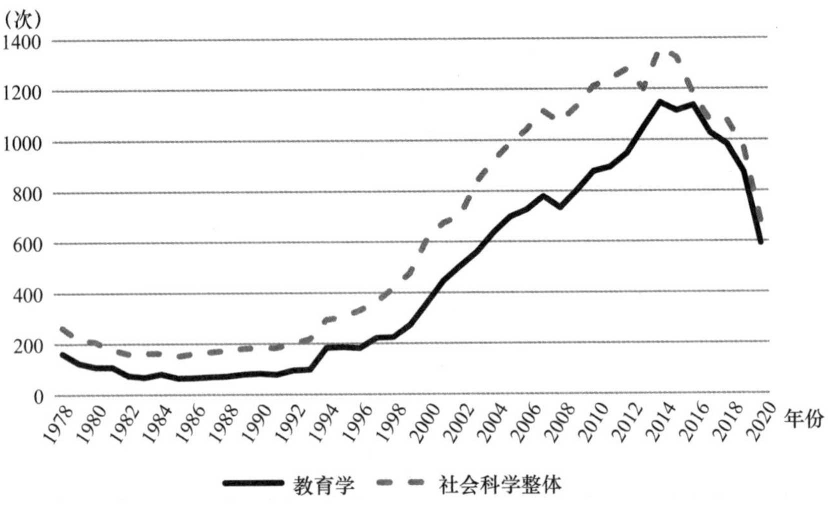

图3－4　中国教育学术论文与社会科学整体的篇均下载量对比（1978—2020）

从篇均下载量的相对位置来看，排在前五位的依次是管理学、经济学、法学、心理学、人文地理学；排在后五位的依次是哲学、民族学、图书与情报学、艺术学、宗教学；教育学的相对位置也是居中，排在第十位。

表 3-3 中国学术论文各学科的篇均下载对比（1978—2020）

位次	学科	篇均下载量（次）
1	管理学	1758.60
2	经济学	1571.67
3	法学	1306.98
4	心理学	1196.16
5	人文地理学	1072.80
6	外语学	1058.08
7	社会学	836.85
8	历史学	749.50
9	政治学	709.57
10	教育学	645.79
11	马克思主义·科学社会主义	561.22
12	体育学	549.87
13	考古学	548.13
14	新闻学	547.65
15	外国文学	534.00
16	中国文学	462.10
17	哲学	440.90
18	民族学	430.94
19	图书与情报学	418.46
20	艺术学	404.78
21	宗教学	326.91

第二节 中国教育研究学术影响力之最的分析

一 被引量之最的教育学术论文

如表 3-4 所示，中国社会科学被引量最高的前 20 篇学术论文中，教育学科总共有 5 篇上榜，占 25%，依次是《翻转课堂教学模式研究》《让课堂焕发出生命活力——论中小学教学改革的深化》

《微课：区域教育信息资源发展的新趋势》《信息化环境中基于翻转课堂理念的教学设计研究》《我国微课发展的三个阶段及其启示》。

表3-5列出了教育学科被引量最高的前20篇学术论文，排在前五位的依次是《翻转课堂教学模式研究》（张金磊，南京大学，2012）、《让课堂焕发出生命活力——论中小学教学改革的深化》（叶澜，华东师范大学，1997）、《微课：区域教育信息资源发展的新趋势》（胡铁生，广东省佛山市教育局，2011）、《信息化环境中基于翻转课堂理念的教学设计研究》（钟晓流，清华大学，2013）、《我国微课发展的三个阶段及其启示》（胡铁生，广东省佛山市教育局，2013）。

二　下载量之最的教育学术论文

如表3-6所示，中国社会科学下载量最大的前20篇学术论文中，教育学科总共有6篇上榜，占30%，依次是《撰写文献综述的意义、步骤与常见问题》《翻转课堂教学模式研究》《从翻转课堂的本质，看翻转课堂在我国的未来发展》《撰写文献综述的技巧与方法》《基于核心素养的课程发展：挑战与课题》《论核心素养的内涵》。

表3-7列出了教育学科下载量最高的前20篇学术论文，排在前五位的依次是《撰写文献综述的意义步骤与常见问题》（王琪，厦门大学，2010）、《翻转课堂教学模式研究》（张金磊，南京大学，2012）、《从翻转课堂的本质，看翻转课堂在我国的未来发展》（何克抗，北京师范大学，2014）、《撰写文献综述的技巧与方法》（张丽华，大连理工大学，2004）、《基于核心素养的课程发展：挑战与课题》（钟启泉，华东师范大学，2016）。

表 3 – 4　　中国社会科学中被引量最高的前 20 篇学术论文（1978—2020）

位次	被引次数	题目	作者	学科	年度	刊物
1	9681	中介效应检验程序及其应用	温忠麟	心理学	2004	心理学报
2	7366	翻转课堂教学模式研究	张金磊	教育学	2012	远程教育杂志
3	6800	中小金融机构发展与中小企业融资	林毅夫	经济学	2001	经济研究
4	6558	中国地方官员的晋升锦标赛模式研究	周黎安	经济学	2007	经济研究
5	6428	调节效应与中介效应的比较和应用	温忠麟	心理学	2005	心理学报
6	5405	高级管理层激励与上市公司经营绩效	魏刚	经济学	2000	经济研究
7	5301	让课堂焕发出生命活力——论中小学教学改革的深化	叶澜	教育学	1997	教育研究
8	5297	微课：区域教育信息资源发展的新趋势	胡铁生	教育学	2011	电化教育研究
9	5233	互联网金融模式研究	谢平	经济学	2012	金融研究
10	5103	中介效应分析：方法和模型发展	温忠麟	心理学	2014	心理科学进展
11	5032	市场里的企业：一个人力资本与非人力资本的特别合约	周其仁	经济学	1996	经济研究
12	4385	所有制、治理结构及委托—代理关系：兼评崔之元和周其仁的一些观点	张维迎	经济学	1996	经济研究
13	4285	语言的主观性和主观化	沈家煊	外语学	2001	外语教学与研究
14	4285	自然语言中的关系结构	温宾利	外语学	2001	外语教学与研究
15	4150	晋升博弈中政府官员的激励与合作——兼论我国地方保护主义和重复建设问题长期存在的原因	周黎安	经济学	2004	经济研究
16	4085	上市公司的股权结构与绩效	孙永祥	经济学	1999	经济研究
17	4017	信息化环境中基于翻转课堂理念的教学设计研究	钟晓流	教育学	2013	开放教育研究
18	3957	激励机制与企业绩效——一项基于上市公司的实证研究	李增泉	管理学	2000	会计研究
19	3581	我国微课发展的三个阶段及其启示	胡铁生	教育学	2013	远程教育杂志
20	3544	中国上市公司治理结构的实证研究	白重恩	经济学	2005	经济研究

表 3 – 5　**中国教育学科被引量最高的前 20 篇学术论文(1978—2020)**

位次	被引次数	题目	作者	机构	年度	刊物
1	7366	翻转课堂教学模式研究	张金磊	南京大学	2012	远程教育杂志
2	5301	让课堂焕发出生命活力——论中小学教学改革的深化	叶澜	华东师范大学	1997	教育研究
3	5297	微课:区域教育信息资源发展的新趋势	胡铁生	广东省佛山市教育局	2011	电化教育研究
4	4017	信息化环境中基于翻转课堂理念的教学设计研究	钟晓流	清华大学	2013	开放教育研究
5	3581	我国微课发展的三个阶段及其启示	胡铁生	广东省佛山市教育局	2013	远程教育杂志
6	3427	建构主义——革新传统教学的理论基础(上)	何克抗	北京师范大学	1997	电化教育研究
7	2954	中国学生发展核心素养	课题组	——	2016	中国教育学刊
8	2910	实践性知识:教师专业发展的知识基础	陈向明	北京大学	2003	北大教育评论
9	2691	微课程设计模式研究:基于国内外微课程的对比分析	梁乐明	南京大学	2013	开放教育研究
10	2543	论合作学习的基本理念	王坦	山东省教育科学研究所	2002	教育研究
11	2437	新世纪教师专业素养初探	叶澜	华东师范大学	1998	教育研究与实验
12	2401	从翻转课堂的本质,看翻转课堂在我国的未来发展	何克抗	北京师范大学	2014	电化教育研究
13	2369	论学生的自主学习	庞维国	华东师范大学	2001	华东师大学报
14	2040	建构主义学习观要义评析	陈琦	北京师范大学	1998	华东师大学报
15	1978	从 Blending Learning 看教育技术理论的新发展(上)	何克抗	北京师范大学	2004	电化教育研究
16	1886	基于核心素养的课程发展:挑战与课题	钟启泉	华东师范大学	2016	全球教育展望
17	1866	混合学习的原理与应用模式	李克东	华南师范大学	2004	电化教育研究
18	1820	论核心素养的内涵	张华	杭州师范大学	2016	全球教育展望
19	1789	对分课堂:大学课堂教学改革的新探索	张学新	复旦大学	2014	复旦教育论坛
20	1767	重建课堂教学价值观	叶澜	华东师范大学	2002	教育研究

表 3－6　中国社会科学中下载量最高的前 20 篇学术论文(1978—2020)

位次	下载次数	题目	作者	学科	年度	刊物
1	167808	互联网金融模式研究	谢平	经济学	2012	金融研究
2	126786	法治与国家治理现代化	张文显	法学	2014	中国法学
3	93886	撰写文献综述的意义、步骤与常见问题	王琪	教育学	2010	学位与研究生教育
4	83242	中国地方官员的晋升锦标赛模式研究	周黎安	经济学	2007	经济研究
5	79849	中介效应分析:方法和模型发展	温忠麟	心理学	2014	心理科学进展
6	75381	调节效应与中介效应的比较和应用	温忠麟	心理学	2005	心理学报
7	72343	中国产业结构变迁对经济增长和波动的影响	干春晖	经济学	2011	经济研究
8	71004	翻转课堂教学模式研究	张金磊	教育学	2012	远程教育杂志
9	70635	互联网思维与传统企业再造	李海舰	经济学	2014	中国工业经济
10	68204	中介效应检验程序及其应用	温忠麟	心理学	2004	心理学报
11	59437	从翻转课堂的本质,看翻转课堂在我国的未来发展	何克抗	教育学	2014	电化教育研究
12	56384	撰写文献综述的技巧与方法	张丽华	教育学	2004	学位与研究生教育
13	54598	中小金融机构发展与中小企业融资	林毅夫	经济学	2001	经济研究
14	51588	中国管理会计研究述评与展望	孟焰	管理学	2014	会计研究
15	51588	两大法系会计法律制度:架构、特征与适应性效率	曹越	管理学	2014	会计研究
16	51351	贪污受贿犯罪定罪量刑标准问题研究	赵秉志	法学	2015	中国法学
17	50868	一带一路与中国地缘政治经济战略的重构	李晓	政治学	2015	世界经济与政治
18	50749	海绵城市理论与实践	俞孔坚	地理学	2015	城市规划
19	50685	基于核心素养的课程发展:挑战与课题	钟启泉	教育学	2016	全球教育展望
20	49001	论核心素养的内涵	张华	教育学	2016	全球教育展望

表 3 - 7　**中国教育学科下载量最高的前 20 篇学术论文(1978—2020)**

位次	下载量	题目	作者	机构	年度	刊物
1	93886	撰写文献综述的意义、步骤与常见问题	王琪	厦门大学	2010	学位与研究生教育
2	71004	翻转课堂教学模式研究	张金磊	南京大学	2012	远程教育杂志
3	59437	从翻转课堂的本质,看翻转课堂在我国的未来发展	何克抗	北京师范大学	2014	电化教育研究
4	56384	撰写文献综述的技巧与方法	张丽华	大连理工大学	2004	学位与研究生教育
5	50685	基于核心素养的课程发展:挑战与课题	钟启泉	华东师范大学	2016	全球教育展望
6	49001	论核心素养的内涵	张华	杭州师范大学	2016	全球教育展望
7	42349	我国微课发展的三个阶段及其启示	胡铁生	佛山市教育局	2013	远程教育杂志
8	39787	信息化环境中基于翻转课堂理念的教学设计研究	钟晓流	清华大学	2013	开放教育研究
9	38548	谈核心素养	李艺	南京师范大学	2015	教育研究
10	35657	中国学生发展核心素养	课题组		2016	中国教育学刊
11	35563	教育人工智能(EAI)的内涵、关键技术与应用趋势——美国《为人工智能的未来做好准备》和《国家人工智能研发战略规划》报告解析	闫志明	鲁东大学	2017	远程教育杂志
12	35089	英语学科核心素养的实质内涵	程晓堂	北京师范大学	2016	课程教材教法
13	33130	学位论文开题报告研究	朱旭东	北京师范大学	2010	学位与研究生教育
14	32766	翻转课堂中知识内化过程及教学模式设计	赵兴龙		2014	现代远程教育研究
15	32069	微课程设计模式研究——基于国内外微课程的对比分析	梁乐明	南京大学	2013	开放教育研究
16	31373	从思政课程到课程思政:从战略高度构建高校思想政治教育课程体系	高德毅		2017	中国高等教育
17	28191	微课:区域教育信息资源发展的新趋势	胡铁生	佛山市教育局	2011	电化教育研究
18	28166	翻转课堂教学模型的设计——基于国内外典型案例分析	王红	东北师范大学	2013	现代教育技术
19	28153	美国大学翻转课堂教学模式的启示	何朝阳	浙江工业大学	2014	高等工程教育研究
20	28012	互联网 + 教育理念及模式探析	张岩	中国人民大学	2016	中国高教研究

第三节 不同年代最具学术影响力的学者

一 不同年代的高被引论文及其学者

本书分年代列出改革开放以来至今的高频被引论文。如表 3－8 所示，改革开放伊始至 20 世纪 80 年代，具有高被引学术影响力的学者依次为：斯坦托姆（澳大利亚）、潘懋元、张宝昆、郑金洲、丁邦平、李秉德、万勇、柳海民、褚亚平、托斯坦·胡森（瑞典）、陈顺理、张引、吴也显、范宁、程少堂、李吉林、柳平、康健、詹振权、唐晓杰。

表 3－9 显示，20 世纪 90 年代，具有高被引学术影响力的学者依次为：叶澜、何克抗、陈琦、林崇德、陈向明、辛涛、高文、程晓堂、庞维国、R. J. 斯腾伯格、李·S. 舒尔曼、唐玉光、历以宁、朱永新、程红、张建伟。

表 3－10 显示，21 世纪头十年，具有高被引学术影响力的学者依次为：陈向明、王坦、庞维国、何克抗、李克东、叶澜、徐继存、吴刚平、张尧学、吴霓、余胜泉、叶子、钟启泉、曾琦、姜大源。

表 3－11 显示，21 世纪头十年，具有高被引学术影响力的学者依次为：张金磊、胡铁生、钟晓流、梁乐明、何克抗、钟启泉、张华、张学新、程晓堂、钟登华、赵兴龙、康叶钦、温儒敏、高德毅、王红、朱宏洁、吴爱华。

二 不同年代的高下载论文及其学者

分年代列出改革开放以来至今的高频下载论文。如表 3－12 所示，改革开放伊始至 20 世纪 80 年代，具有高下载学术影响力的学者依次为：田本娜、刘箭、刘德彰、徐碧波、李吉林、瞿葆奎、周琴芳、潘懋元、邓才彪、R. D. 范斯科特、B. D. 戴伊、叶浩生、万勇、罗明东、叶澜、邬大光、陈侠、布鲁纳、马荣根。

表 3－8　20 世纪 70 年代末至 80 年代中国教育学科最高被引的前 20 篇学术论文(1978—1989)

位次	被引次数	题目	作者	机构	年度	刊物
1	170	怎样成为优秀教师	斯坦托姆	澳大利亚塔斯马尼亚大学	1983	比较教育研究
2	167	教育的基本规律及其相互关系	潘懋元	厦门大学	1988	高等教育研究
3	162	人的因素对大学发展的影响——德、美、日三国大学发展与高等教育思想家	张宝昆	云南大学	1988	比较教育研究
4	159	隐蔽课程:一些理论上的思考	郑金洲	华东师范大学	1989	比较教育研究
5	146	合作学习大面积提高学业成绩的理论和方法	丁邦平	首都师范大学	1988	全球教育展望
6	131	对于教学论的回顾与前瞻	李秉德	西北师范大学	1989	华东师大学报
7	126	关于教师地位的建议	万勇	山东师范大学	1984	全球教育展望
8	126	试论教学模式	柳海民	东北师范大学	1988	中国教育学刊
9	115	析现代学校地理教材构成的三系统	褚亚平	北京师范学院	1984	课程教材教法
10	114	论教育质量(特约稿)	托斯坦・胡森	华东师范大学	1987	华东师大学报
11	105	教学能力初探	陈顺理	陕西旬阳县教师进修学校	1988	课程教材教法
12	104	西方课堂气氛研究评述	张引	杭州大学	1989	外国教育研究
13	99	课堂教学模式浅谈	吴也显	南京师范大学	1988	教育研究与实验
14	93	霍姆斯协会报告:明天的教师(1986)(上)	范宁	北京师大教科所师范教育研究室	1988	全球教育展望
15	86	教学风格论	程少堂	航天部 066 基地第一中学	1988	教育科学
16	84	情境教学特点浅说	李吉林	江苏省南通师范第二附属小学	1987	课程教材教法
17	81	美国关于闲暇教育的研究	柳平	华东师范大学	1986	比较教育研究
18	75	威斯康星思想与高等教育的社会职能	康健	北京师范大学	1989	高等教育研究
19	75	关于多层次教学研究的历史、现状和进展	詹振权	温州师范学院	1989	全球教育展望
20	74	西方隐蔽课程研究的探析	唐晓杰	华东师大教育系	1988	华东师大学报

表 3－9　20 世纪 90 年代中国教育学科最高被引的前 20 篇学术论文(1990—1999)

位次	被引次数	题目	作者	机构	年度	刊物
1	5301	让课堂焕发出生命活力——论中小学教学改革的深化	叶澜	华东师范大学	1997	教育研究
2	3427	建构主义——革新传统教学的理论基础(上)	何克抗	北京师范大学	1997	电化教育研究
3	2437	新世纪教师专业素养初探	叶澜	华东师范大学	1998	教育研究与实验
4	2040	建构主义学习观要义评析	陈琦	北京师范大学	1998	华东师大学报
5	1465	教师素质的构成及其培养途径	林崇德	北京师范大学	1996	中国教育学刊
6	1380	建构主义——革新传统教学的理论基础(中)	何克抗	北京师范大学	1997	电化教育研究
7	1100	建构主义——革新传统教学的理论基础(一)	何克抗	北京师范大学	1998	教育学报
8	978	扎根理论的思路和方法	陈向明	北京大学	1999	教育研究与实验
9	951	从教师的知识结构看师范教育的改革	辛涛	北京师范大学	1999	教师教育研究
10	862	建构主义学习的特征	高文	华东师范大学	1999	全球教育展望
11	850	论自主学习	程晓堂	北京师范大学	1999	教育学报
12	735	自主学习理论的新进展	庞维国	华东师范大学	1999	华东师大学报
13	720	专家型教师教学的原型观	R. J. 斯腾伯格	耶鲁大学	1997	华东师大学报
14	703	教师工作满意及其影响因素的研究	冯伯麟	北京师范大学	1996	教育研究
15	626	理论、实践与教育的专业化	李・S・舒尔曼	北京师范大学	1999	比较教育研究
16	613	教师专业发展的研究	唐玉光	华东师范大学	1999	全球教育展望
17	592	关于教育产品的性质和对教育的经营	厉以宁	北京大学	1999	教育发展研究
18	587	创新教育论纲	朱永新	苏州大学	1999	教育研究
19	586	论教学的有效性及其提高策略	程红	暨南大学	1998	中国教育学刊
20	582	简论建构性学习和教学	张建伟	北京师范大学	1999	教育研究

表 3－10　21 世纪头十年中国教育学科最高被引的前 20 篇学术论文(2000—2009)

位次	被引次数	题目	作者	机构	年度	刊物
1	2910	实践性知识:教师专业发展的知识基础	陈向明	北京大学	2003	北大教育评论
2	2543	论合作学习的基本理念	王坦	山东省教育科学研究所	2002	教育研究
3	2369	论学生的自主学习	庞维国	华东师范大学	2001	华东师大学报
4	1978	从 BlendingLearning 看教育技术理论的新发展(上)	何克抗	北京师范大学	2004	电化教育研究
5	1866	混合学习的原理与应用模式	李克东	华南师范大学	2004	电化教育研究
6	1767	重建课堂教学价值观	叶澜	华东师范大学	2002	教育研究
7	1626	论课程资源及其开发与利用	徐继存	西北师范大学	2002	教育学报
8	1416	重建课堂教学过程观——新基础教育课堂教学改革的理论与实践探究之二	叶澜	华东师范大学	2002	教育研究
9	1392	数字化学习(上)——信息技术与课程整合的核心	李克东	华南师范大学	2001	电化教育研究
10	1366	课程资源的理论构想	吴刚平	华东师范大学	2001	教育研究
11	1236	合作学习简论	王坦	山东省教育科学研究所	2002	中国教育学刊
12	1172	课程资源的开发与利用	吴刚平	华东师范大学	2001	全球教育展望
13	1139	加强实用性英语教学提高大学生英语综合能力	张尧学	教育部高等教育司	2002	中国高等教育
14	1125	农村留守儿童问题调研报告	吴霓	中央教育科学研究所	2004	教育研究
15	1081	信息技术与课程深层次整合的理论与方法	何克抗	北京师范大学	2005	电化教育研究
16	1079	基于建构主义的教学设计模式	余胜泉	北京师范大学	2000	电化教育研究
17	1050	师生互动的本质与特征	叶子	北京师范大学	2001	教育研究
18	1049	对话与文本:教学规范的转型	钟启泉	华东师范大学	2001	教育研究
19	1013	合作学习的基本要素	曾琦	北京师范大学	2000	教育学报
20	1000	论高等职业教育课程的系统化设计——关于工作过程系统化课程开发的解读	姜大源	教育部职业技术教育中心	2009	中国高教研究

表 3－11　21 世纪第二个十年中国教育学科最高被引的前 20 篇学术论文（2010—2020）

位次	被引次数	题目	作者	机构	年度	刊物
1	7366	翻转课堂教学模式研究	张金磊	南京大学	2012	远程教育杂志
2	5297	微课：区域教育信息资源发展的新趋势	胡铁生	佛山市教育局	2011	电化教育研究
3	4017	信息化环境中基于翻转课堂理念的教学设计研究	钟晓流	清华大学	2013	开放教育研究
4	3581	我国微课发展的三个阶段及其启示	胡铁生	佛山市教育局	2013	远程教育杂志
5	2954	中国学生发展核心素养			2016	中国教育学刊
6	2691	微课程设计模式研究——基于国内外微课程的对比分析	梁乐明	南京大学	2013	开放教育研究
7	2401	从翻转课堂的本质，看翻转课堂在我国的未来发展	何克抗	北京师范大学	2014	电化教育研究
8	1886	基于核心素养的课程发展：挑战与课题	钟启泉	华东师范大学	2016	全球教育展望
9	1820	论核心素养的内涵	张华	杭州师范大学	2016	全球教育展望
10	1789	对分课堂：大学课堂教学改革的新探索	张学新	复旦大学	2014	复旦教育论坛
11	1643	英语学科核心素养的实质内涵	程晓堂	北京师范大学	2016	课程教材教法
12	1603	新工科建设的内涵与行动	钟登华	天津大学	2017	高等工程教育研究
13	1470	翻转课堂中知识内化过程及教学模式设计	赵兴龙	中央电化教育馆	2014	现代远程教育研究
14	1466	在线教育的后 MOOC 时代——SPOC 解析	康叶钦	清华大学	2014	清华大学教育研究
15	1320	部编本语文教材的编写理念、特色与使用建议	温儒敏	山东大学	2016	课程教材教法
16	1317	高校微课建设的现状分析与发展对策研究	胡铁生	佛山市教育局	2014	现代教育技术
17	1316	从思政课程到课程思政：从战略高度构建高校思想政治教育课程体系	高德毅	上海市教委	2017	中国高等教育
18	1287	翻转课堂教学模型的设计——基于国内外典型案例分析	王红	东北师范大学	2013	现代教育技术
19	1130	翻转课堂及其有效实施策略刍议	朱宏洁	南京师范大学	2013	电化教育研究
20	1124	加快发展和建设新工科主动适应和引领新经济	吴爱华	教育部高等教育司理工科教育处	2017	高等工程教育研究

表 3 - 12　20 世纪 70 年代末至 80 年代中国教育学科最高下载的前 20 篇学术论文(1978—1989)

位次	下载次数	题目	作者	机构	年度	刊物
1	2999	夸美纽斯《大教学论》述评	田本娜	天津师范大学	1981	课程教材教法
2	2713	卢梭自然主义教育思想的渊源和背景	刘箭	—	1989	比较教育研究
3	2434	开题报告的作用	刘德彰	南京航空学院	1987	学位与研究生教育
4	1975	信息加工理论与加涅的学习观	徐碧波	湖北大学	1988	比较教育研究
5	1945	情境教学特点浅说	李吉林	江苏省南通师范第二附属小学	1987	课程教材教法
6	1573	形式教育与实质教育(上)	瞿葆奎	华东师范大学	1988	华东师大学报
7	1531	合理安排作息时间,提高大学生的学习效率	周琴芳		1986	外国教育研究
8	1526	教育的基本规律及其相互关系	潘懋元	厦门大学	1988	高等教育研究
9	1481	涂尔干道德教育思想述评	邓才彪	山东师范大学	1989	比较教育研究
10	1440	当代西方教育哲学流派	R. D. 范斯科特	美国	1980	比较教育研究
11	1352	游戏在儿童早期教育中的价值	B. D. 戴伊	美国	1984	比较教育研究
12	1352	形式教育与实质教育(下)	瞿葆奎	华东师范大学	1988	华东师大学报
13	1351	冲突・焦虑・防御——弗洛伊德的动力心理学	叶浩生	南京师范大学	1987	教育研究与实验
14	1324	关于教师地位的建议	万勇	山东师范大学	1984	全球教育展望
15	1285	拉尔夫・W・泰勒与泰勒原理	罗明东	华东师范大学	1988	教育研究与实验
16	1263	向着科学化的目标前进——试述近十年我国教育研究方法的演进	叶澜	华东师范大学	1989	中国教育学刊
17	1263	理性主义与功利主义的冲突与选择——西方高等教育思想演变的理论反思	邬大光	厦门大学	1989	高等教育研究
18	1262	国外课程理论的各种流派(上)	陈侠	课程教材研究所	1986	课程教材教法
19	1260	杜威教育哲学之我见	布鲁纳	美国	1985	外国教育研究
20	1182	蒙台梭利方法述评	马荣根	华东师范大学	1984	比较教育研究

表 3 – 13　　20 世纪 90 年代中国教育学科最高下载的前 20 篇学术论文（1990—1999）

位次	下载次数	题目	作者	机构	年度	刊物
1	25672	王小刚为什么不上学了——一位辍学生的个案调查	陈向明	北京大学	1996	教育研究与实验
2	23805	扎根理论的思路和方法	陈向明	北京大学	1999	教育研究与实验
3	22809	让课堂焕发出生命活力——论中小学教学改革的深化	叶澜	中共华东师范大学	1997	教育研究
4	14123	新世纪教师专业素养初探	叶澜	华东师范大学	1998	教育研究与实验
5	12299	建构主义——革新传统教学的理论基础（上）	何克抗	北京师范大学	1997	电化教育研究
6	11313	建构主义学习观要义评析	陈琦	北京师范大学	1998	华东师大学报
7	9807	教师素质的构成及其培养途径	林崇德	北京师范大学	1996	中国教育学刊
8	7832	建构主义——革新传统教学的理论基础（中）	何克抗	北京师范大学	1997	电化教育研究
9	7089	自主学习理论的新进展	庞维国	华东师范大学	1999	华东师大学报
10	6981	关于通识教育概念内涵的讨论	李曼丽	清华大学	1999	清华大学教育研究
11	6554	课堂教学的社会学研究	吴康宁	南京师范大学	1997	教育研究
12	6383	什么是行动研究	陈向明	北京大学	1999	教育研究与实验
13	5665	定性研究方法评介	陈向明	北京大学	1996	教育研究与实验
14	5545	教师发展阶段论综述	杨秀玉	东北师范大学	1999	外国教育研究
15	5425	从教师的知识结构看师范教育的改革	辛涛	北京师范大学	1999	教师教育研究
16	5354	建构主义——革新传统教学的理论基础（下）	何克抗	北京师范大学	1998	电化教育研究
17	5130	教师专业发展的研究	唐玉光	华东师范大学	1999	全球教育展望
18	5080	建构主义学习的特征	高文	华东师范大学	1999	全球教育展望
19	5044	论自主学习	程晓堂	北京师范大学	1999	教育学报
20	4890	中班幼儿角色游戏中合作能力发展的初步观察研究	曹中平	湖南师范大学	1994	学前教育研究

表 3 – 14　21 世纪头十年中国教育学科最高下载的前 20 篇学术论文(2000—2009)

位次	下载次数	题目	作者	机构	年度	刊物
1	56384	撰写文献综述的技巧与方法	张丽华	大连理工大学	2004	学位与研究生教育
2	26697	论开题报告的逻辑结构	曹正善	四川师范大学	2008	学位与研究生教育
3	25897	实践性知识:教师专业发展的知识基础	陈向明	北京大学	2003	北大教育评论
4	21692	农村留守儿童问题调研报告	吴霓	中央教科所	2004	教育研究
5	20007	认真对待轻视知识的教育思潮——再评由应试教育向素质教育转轨提法的讨论	王策三	北京师范大学	2004	北大教育评论
6	19287	论学生的自主学习	庞维国	华东师范大学	2001	华东师大学报
7	18104	素质教育的概念、内涵及相关理论	课题组	—	2006	教育研究
8	17641	教师专业发展研究述评	朱旭东	北京师范大学	2007	中国教育学刊
9	16901	论合作学习的基本理念	王坦	山东省教科所	2002	教育研究
10	15911	教育公平的主要内涵与社会意义	石中英	北京师范大学	2008	中国教育学刊
11	14878	有效教学研究的价值	钟启泉	华东师范大学	2007	教育研究
12	14312	关于教育公平的几个基本理论问题	褚宏启	北京师范大学	2006	中国教育学刊
13	13757	改革课堂教学与课堂教学评价改革——新基础教育课堂教学改革的理论与实践探索之三	叶澜	华东师范大学	2003	教育研究
14	13651	基于建构主义的教学设计模式	余胜泉	北京师范大学	2000	电化教育研究
15	13408	质性研究的新发展及其对社会科学研究的意义	陈向明	北京大学	2008	教育研究与实验
16	13295	重建课堂教学价值观	叶澜	华东师范大学	2002	教育研究
17	12862	混合学习的原理与应用模式	李克东	华南师范大学	2004	电化教育研究
18	12665	国内外教师专业发展研究述评	肖丽萍	北京师范大学	2002	中国教育学刊
19	12592	农村教育:现状、困难与对策	谈松华	教育部国家教育发展研究中心	2003	北大教育评论
20	12583	典型的社会网络分析软件工具及分析方法	王陆	首都师范大学	2009	中国电化教育

表 3 – 15　　21 世纪第二个十年中国教育学科最高下载的前 20 篇学术论文（2010—2020）

位次	下载次数	题目	作者	机构	年度	刊物
1	93886	撰写文献综述的意义、步骤与常见问题	王琪	厦门大学	2010	学位与研究生教育
2	71004	翻转课堂教学模式研究	张金磊	南京大学	2012	远程教育杂志
3	59437	从翻转课堂的本质，看翻转课堂在我国的未来发展	何克抗	北京师范大学	2014	电化教育研究
4	50685	基于核心素养的课程发展：挑战与课题	钟启泉	华东师范大学	2016	全球教育展望
5	49001	论核心素养的内涵	张华	杭州师范大学	2016	全球教育展望
6	42349	我国微课发展的三个阶段及其启示	胡铁生	佛山市教育局	2013	远程教育杂志
7	39787	信息化环境中基于翻转课堂理念的教学设计研究	钟晓流	清华大学	2013	开放教育研究
8	38548	谈核心素养	李艺	南京师范大学	2015	教育研究
9	35657	中国学生发展核心素养	课题组	—	2016	中国教育学刊
10	35563	教育人工智能（EAI）的内涵、关键技术与应用趋势——美国《为人工智能的未来做好准备》和《国家人工智能研发战略规划》报告解析	闫志明	鲁东大学	2017	远程教育杂志
11	35089	英语学科核心素养的实质内涵	程晓堂	北京师范大学	2016	课程教材教法
12	33130	学位论文开题报告研究	朱旭东	北京师范大学	2010	学位与研究生教育
13	32766	翻转课堂中知识内化过程及教学模式设计	赵兴龙	中央电化教育馆	2014	现代远程教育研究
14	32069	微课程设计模式研究——基于国内外微课程的对比分析	梁乐明	南京大学	2013	开放教育研究
15	31373	从思政课程到课程思政：从战略高度构建高校思想政治教育课程体系	高德毅	上海市教委	2017	中国高等教育
16	28191	微课：区域教育信息资源发展的新趋势	胡铁生	佛山市教育局	2011	电化教育研究
17	28166	翻转课堂教学模型的设计——基于国内外典型案例分析	王红	东北师范大学	2013	现代教育技术
18	28153	美国大学翻转课堂教学模式的启示	何朝阳	浙江工业大学	2014	高等工程教育研究
19	28012	互联网 + 教育理念及模式探析	张岩	中国人民大学	2016	中国高教研究
20	27534	教育与精准扶贫精准脱贫	王嘉毅	西北师范大学	2016	教育研究

表3－13显示，20世纪90年代，具有高下载学术影响力的学者依次为：陈向明、叶澜、何克抗、陈琦、林崇德、庞维国、李曼丽、吴康宁、杨秀玉、辛涛、唐玉光、高文、程晓堂、曹中平。

表3－14显示，21世纪头十年，具有高下载学术影响力的学者依次为：张丽华、曹正善、陈向明、吴霓、王策三、庞维国、朱旭东、王坦、石中英、钟启泉、褚宏启、叶澜、余胜泉、李克东、肖丽萍、谈松华、王陆。

表3－15显示，21世纪第二个十年，具有高下载学术影响力的学者依次为：王琪、张金磊、何克抗、钟启泉、张华、胡铁生、钟晓流、李艺、闫志明、程晓堂、朱旭东、赵兴龙、梁乐明、高德毅、王红、何朝阳、张岩、王嘉毅。

第四节　不同子领域的学术影响力对比及其学者情况

依据第一章中划分出的九个子领域，对中国教育被引学术影响力进行子领域间的比较，结果如图3－5所示。被引学术影响力最强的前三个子领域依次为：教师教育，篇均被引22.9次；电化教育，篇均被引21次；综合类（基础教育为主），篇均被引19.9次。其后依次为比较教育、学前教育、特殊教育、高等教育、教育经济、研究生教育。

再对中国教育下载学术影响力进行子领域间的比较，结果如图3－6所示。下载学术影响力最强的前三个子领域依次为：学前教育，篇均下载1159.5次；教师教育，篇均下载861.9次；特殊教育，篇均下载828.1次。其后依次为电化教育、综合类（基础教育为主）、比较教育、教育经济、高等教育、研究生教育。

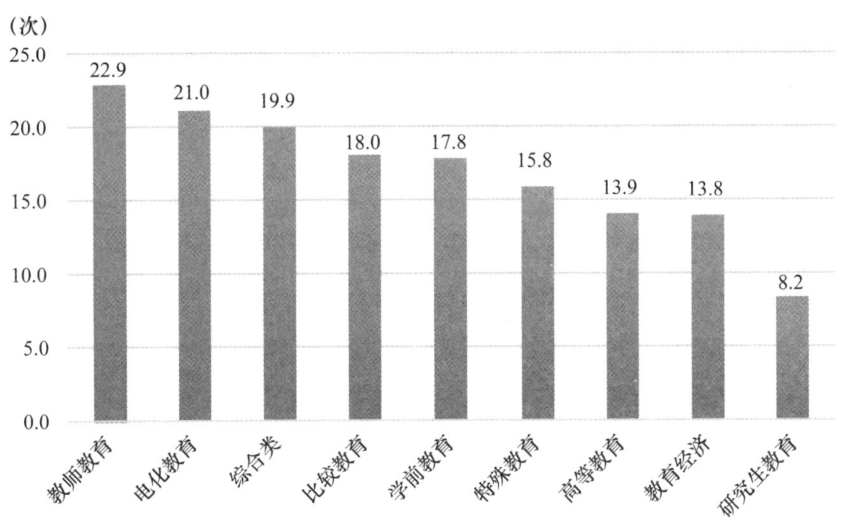

图 3－5　中国教育学科不同子领域被引学术影响力对比（1978—2020）

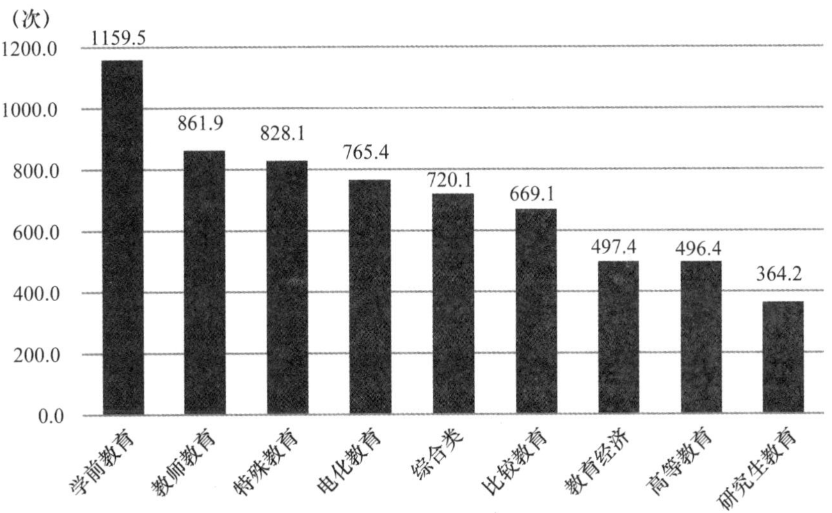

图 3－6　中国教育学科不同子领域下载学术影响力对比（1978—2020）

第五节　全国不同地区的学术影响力对比及其学者情况

如图 3 - 7 所示，自改革开放以来，在中国大陆地区发表的教育学术论文当中，被引学术影响力大最大的地区为香港特别行政区，篇均被引 30.7 次，遥遥领先于其他地区。这一证据表明，内地的教育研究受香港地区的影响较大。

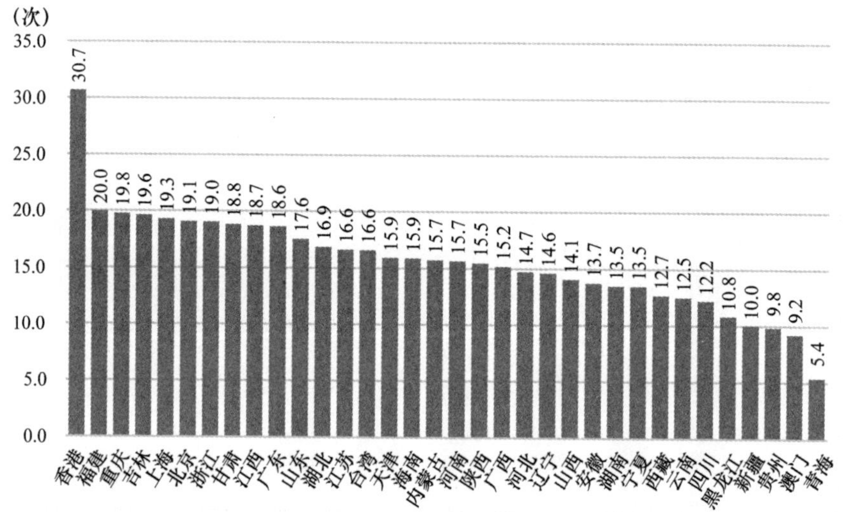

图 3 - 7　中国教育学术影响力篇均被引地区对比（1978—2020）

为此，进一步列出香港地区的高被引、高下载教育学术论文，如表 3 - 16、表 3 - 17 所示。从影响的内容上来讲，香港地区对内地的教育学术影响主要集中在教师教育领域与课程领域。从影响的时间上来讲，主要集中香港回归祖国之后，特别是在 21 世纪的头十年；而在 2010 年之后，香港地区对内地教育学术影响力逐渐减弱。

另外，如图 3 - 7 所示，排在前十位的具有较高被引教育学术影响力的地区依次为：香港、福建、重庆、吉林、上海、北京、浙江、甘肃、江西、广东。排在后十位的教育学术影响力相对微弱的地区依次为：湖南、宁夏、西藏、云南、四川、黑龙江、新疆、贵州、澳门、青海。

如图 3－8 所示，自改革开放以来，在中国大陆地区发表的教育学术论文当中，下载学术影响力大最大的地区仍然为香港特别行政区，下载学术影响力最小的地区为青海省。

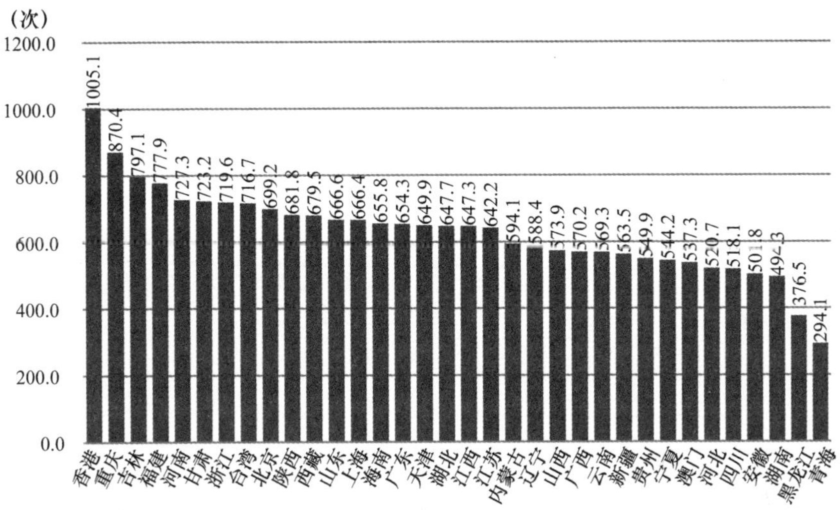

图 3－8　中国教育学术影响力篇均下载地区对比（1978—2020）

排在前十位的具有较高下载学术影响力的地区依次为：香港、重庆、吉林、福建、河南、甘肃、浙江、台湾、北京、陕西。排在后十位的下载学术影响力相对微弱的地区依次为：新疆、贵州、宁夏、澳门、河北、四川、安徽、湖南、黑龙江、青海。

表 3－16　中国香港地区在内地发表的最具被引学术影响力的前 20 篇学术论文（1978—2020）

位次	被引次数	题目	作者	机构	年度	刊物
1	703	国际视野中的教师专业发展	卢乃桂	香港中文大学	2006	比较教育研究
2	493	大学生创新能力培养之我见	岳晓东	香港城市大学	2004	高等教育研究
3	469	双语教育面临新挑战	卢丹怀	香港浸会大学	2001	全球教育展望
4	454	轻游戏：教育游戏的希望和未来	尚俊杰	香港中文大学	2005	电化教育研究
5	342	抗拒与合作：课程改革情境下的教师改变	操太圣	香港中文大学	2003	课程教材教法
6	335	创新思维的形成与创新人才的培养	岳晓东	香港城市大学	1999	教育研究
7	308	批判思维的形成与培养：西方现代教育的实践及其启示	岳晓东	香港城市大学	2000	教育研究
8	281	教师参与课程发展：理念、效果与局限	王建军	香港中文大学	2000	课程教材教法
9	231	什么是世界一流大学	丁学良	香港科技大学	2001	高等教育研究
10	224	大学人文教育的理念、目标与模式	甘阳	香港大学	2006	北大教育评论
11	213	论教师的内在改变与外在支持	卢乃桂	香港中文大学	2002	教育研究
12	203	MOOC 学习者个性化学习模型建构	杨玉芹	香港大学	2014	中国电化教育
13	197	论课程改革中的教师改变	尹弘飚	香港中文大学	2007	教育研究
14	188	论偶像—榜样教育	岳晓东	香港城市大学	2004	中国教育学刊
15	177	教师专业发展理论基础的探讨	卢乃桂	香港中文大学	2007	教育研究
16	175	后现代视野中的课程实施	李子建	香港中文大学	2003	华东师大学报
17	171	关于全纳教育思想的几点理论回顾及其对我们的启示	邓猛	香港大学	2003	中国特殊教育
18	168	质的研究方法及其在教育研究中的应用	马云鹏	香港中文大学	1999	中国教育学刊
19	151	核心素养框架构建：自主学习能力的视角	郭文娟	香港中文大学	2017	全球教育展望
20	149	中国内地中学教师的数学观	黄毅英	香港中文大学	2002	课程教材教法

表 3－17　　中国香港地区在内地发表的最具下载学术影响力的前 20 篇学术论文（1978—2020）

位次	下载次数	题目	作者	机构	年度	刊物
1	11280	国际视野中的教师专业发展	卢乃桂	香港中文大学	2006	比较教育研究
2	8169	教师专业发展理论基础的探讨	卢乃桂	香港中文大学	2007	教育研究
3	8018	MOOC 学习者个性化学习模型建构	杨玉芹	香港大学	2014	中国电化教育
4	6752	核心素养框架构建：自主学习能力的视角	郭文娟	香港中文大学	2017	全球教育展望
5	6577	大学生创新能力培养之我见	岳晓东	香港城市大学	2004	高等教育研究
6	5973	大学人文教育的理念、目标与模式	甘阳	香港大学	2006	北大教育评论
7	4820	表现主义改革进程中的英国教师身份认同	黄亚婷	香港中文大学	2014	教师教育研究
8	4810	大数据时代的教育政策证据：以证据为本理念对中国教育治理现代化与决策科学化的启示	陈霜叶	香港中文大学	2014	全球教育展望
9	4718	创新思维的形成与创新人才的培养	岳晓东	香港城市大学	1999	教育研究
10	4628	影子教育之全球扩张：教育公平、质量、发展中的利弊谈	马克·贝磊	香港大学	2012	比较教育研究
11	4556	论偶像—榜样教育	岳晓东	香港城市大学	2004	中国教育学刊
12	4487	轻游戏：教育游戏的希望和未来	尚俊杰	香港中文大学	2005	电化教育研究
13	4422	论课程改革中的教师改变	尹弘飚	香港中文大学	2007	教育研究
14	4222	继续教育应是一种全民化教育——论继续教育与成人教育、职业教育、远程教育的关系	张伟远	香港大学	2007	中国远程教育
15	4202	课堂环境对香港学生自主学习的影响——兼论教师中心与学生中心之辨	李子建	香港中文大学	2010	北大教育评论
16	4109	通识教育：美国与中国	甘阳	香港大学	2007	复旦教育论坛
17	4093	关于全纳教育思想的几点理论回顾及其对我们的启示	邓猛	香港大学	2003	中国特殊教育
18	3979	通过主题阅读提升学生的阅读素养：理念、策略与实验探索	祝新华	香港理工大学	2013	教育研究
19	3886	什么是世界一流大学	丁学良	香港科技大学	2001	高等教育研究
20	3846	建构主义：理论的反思	李子建	香港中文大学	2007	全球教育展望

第六节　本章小结

从篇均被引指标来看，中国教育学术影响力主要具有以下几个阶段性的特征。第一阶段为改革开放伊始至20世纪90年代初期。此阶段，中国教育学术影响力发展非常缓慢。第二阶段为20世纪90年代初至21世纪初，此阶段的学术影响力急剧扩大，发展飞速。第三阶段为21世纪初至2009年，此阶段的学术影响力下滑趋势较为明显。最后是第四阶段，从2010年以来，学术影响力有所回升，但其一是波动起伏、不稳定，其二是与之前的被引峰值尚存一定差距。总之，从篇均被引指标来看，中国教育研究的学术影响力近年来显示出下滑的趋势。

与篇均被引不同，篇均下载量具有如下两个阶段性特征。第一阶段为改革开放伊始至20世纪90年代初期。此阶段，学者或公众对学术论文的关注度发展非常缓慢，甚至长期保持低迷的状态。第二阶段，90年代初期至2016年，便进入了飞速发展时期，学者或公众的关注度持续提升。总之，从广义的篇均下载指标来看，中国教育研究的学术影响力从20世纪90年代以来一直是不断持续提升的。

从多学科的比较相对位置来看，教育学术论文的篇均被引始终低于社会科学的整体水平，篇均下载量也始终低于社会科学的整体水平。从相对学术影响力来看，教育学科与社会科学的整体水平存在一定的差距。从这个角度来讲，教育学科的学术影响力有进一步提升的空间，如果要进一步加强自身的学科地位，就需要生产出更多高质量的、有认可度的学术论文来获得整个社会科学界其他同行的关注与承认。

对中国教育被引学术影响力进行子领域间的比较，被引学术影响力最强的前三个子领域依次为：教师教育、电化教育、综合类（基础教育为主）。再对中国教育下载学术影响力进行子领域间的比较，下载学术影响力最强的前三个子领域依次为：学前教育、教师教育、特殊教育。

最后，本章研究有一个重要发现，即从教育学术研究的地区影响力来看，自改革开放以来，教育学术论文当中，被引学术影响力大最大的地区为香港特别行政区。换言之，中国内地的教育研究一定程度上受到香港的影响。从影响的内容上来讲，香港对内地的教育学术影响主要集中在教师教育领域与课程领域。从影响的时间上来讲，主要集中在香港回归祖国之后，特别是在 21 世纪的头十年；而在 2010 年之后，香港对内地教育学术影响力逐渐衰减。

第四章　中国教育研究的学术承继性分析

2019年，教育部《关于加强新时代教育科学研究工作的意见》公开发布，《意见》强调指出，教育研究需要不断提升教育科研质量和服务水平，为加快推进教育现代化、建设教育强国、办好人民满意的教育提供有力的智力支持和知识贡献。①

教育学术论文作为教育科研成果的一种重要承载形式，其质量强化与持续改进议题也因此而摆在了尤为重要的位置。在教育学术论文的质量内涵方面，学术承继性是一项重要考量，而参考文献则是其重要的体现指标。参考文献的实质反映的是学术承继性的问题，是研究者对已有研究成果的关注、借鉴与吸收，并在此基础上进一步深入开展学术研究。② 从所引文献的全面性，不仅可以看出作者对该学科领域知识及发展动态了解的深度和广度，还从侧面反映了研究工作的起点和论文的学术水平。③ 基于此，本章专门探讨中国教育学术论文的承继性问题。

---

① 教育部：《教育部关于加强新时代教育科学研究工作的意见（教政法〔2019〕16号）》，2019年10月30日，http：//blog. sina. com. cn/s/blog_ 4bff4c09010147pw. html，2021年12月12日。

② 赵志纯、何齐宗、安静、陈富：《中国高等教育学术研究的演变与发展趋势（1980—2019）：基于对六个CSSCI高等教育源刊的大数据分析》，《高等教育研究》2020年第4期。

③ 王平：《参考文献引用原则的探讨》，《编辑学报》2004年第1期。

第一节　中国教育研究的学术承继性发展总体趋势

一　总体趋势

中国教育研究的学术承继性发展总体趋势如图 4－1 所示，主要经历了两个显著的发展阶段。第一阶段为不稳定期，从 20 世纪 70 年代末持续至 2006 年前后。此阶段的显著特征为参考文献量起伏波动不稳定，始终缺乏质的飞跃，持续围绕着篇均 5 篇左右的参考文献量上下波动。

第二阶段为快速增长期，从 2006 年持续至今。此阶段教育学术论文的参考文献量呈现出稳定而快速的增长态势，年均增长率达到 11.55%。2020 年，中国教育研究的学术承继性显著提升，学术论文的篇均参考文献量已从最初的 5 篇左右增长为 20.98 篇，增长了 4 倍多。

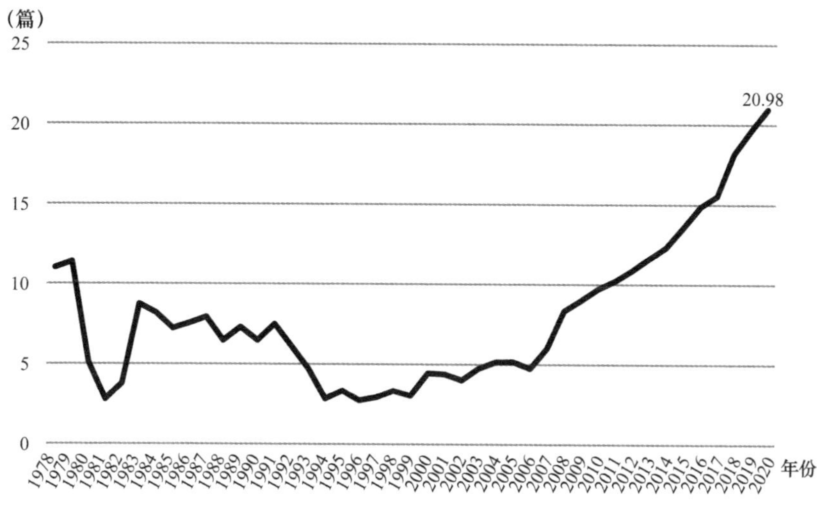

图 4－1　中国教育学术论文参考文献量的总体发展趋势（1978—2020）

二 学术承继性的国际化趋势

选取英文期刊文献量作为学术论文国际化的指标，对中国教育学术论文参考文献量的中英语种情况进行比较，结果如图 4 –2 所示。中文期刊和英文期刊的引文量在 2000 年之后，二者都开始呈现迅速上升的趋势，但相比较而言，英文文献的上升曲线较为平缓。尽管如此，仍然可以看到，近些年来，中国教育学术论文的国际化趋势在不断加强。2020 年，中国教育学术论文篇均引用的中文期刊量为 9.1 篇，英文期刊量为 4.9 篇。

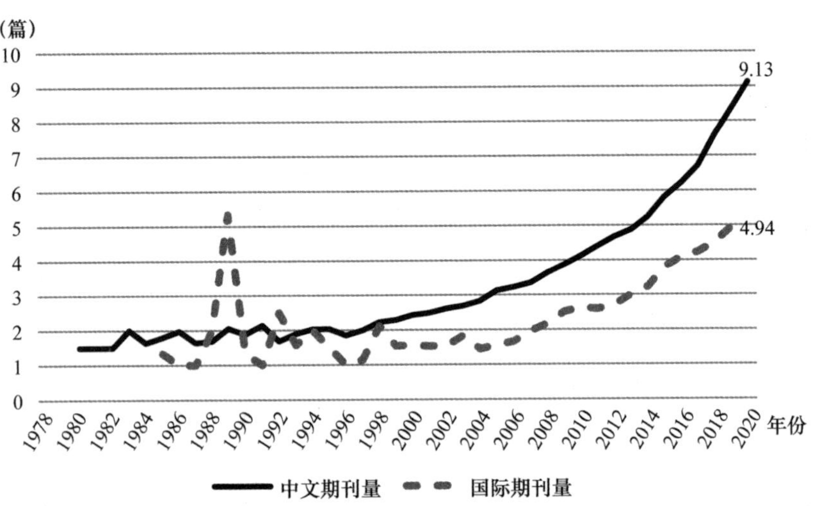

图 4 –2 中国教育学术论文参考文献量的中英语种比较（1978—2020）

第二节 中国教育研究学术承继性的学科对比分析

一 与中国社会科学的整体对比

对中国教育学术论文的引文量与中国社会科学的整体引文水平进

行对比，结果如图 4－3 所示。2020 年，中国社会科学的整体引文水平为篇均 27.7 次，而中国教育学论文的篇均引用为 21 次；另外，从长期的趋势上来看，中国教育研究的学术承继性长期低于中国社会科学的整体水平。

再从学术承继性的国际化趋势来看，结果如图 4－4 所示。首先，2020 年中国社会科学整体的篇均英文引文量为 7.7 篇，而教育学术论文的篇均英文引文量仅为 4.9 篇。其次，再从历年的发展趋势上看，中国教育研究在国际化程度上也是长期低于中国社会科学的整体水平的。再次，从分水岭来讲，2006 年是重要的分界线。2006 年之前，二者间的差距并不十分明显，而 2006 年之后，社会科学在国际化方面不断发力，而中国教育研究在国际化方面的曲线趋势则相对上升乏力，从目前的趋势来看，二者间还有继续拉大的趋势。因此，中国教育学术研究在国际视野方面，应当予以重视，需要在研究过程中，进一步加强对英文文献的吸收与借鉴，不断拓宽国际视野。

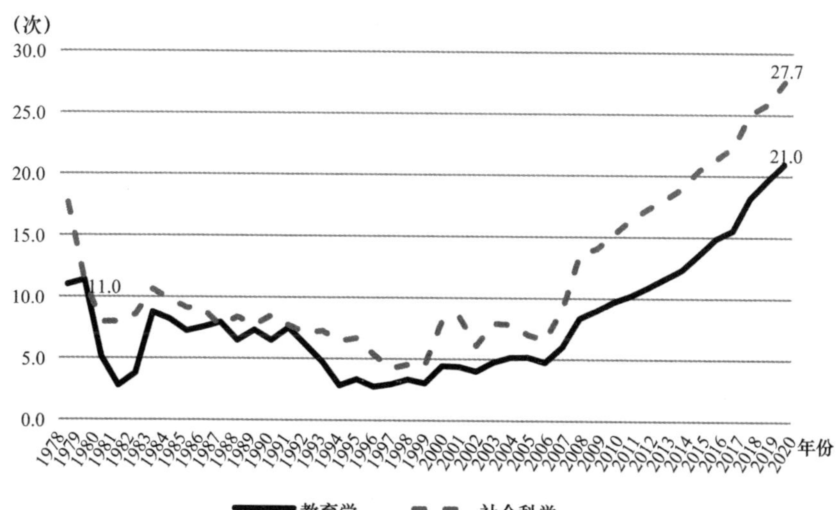

图 4－3　中国教育学术论文引文量与中国社会科学整体水平的趋势对比（1978—2020）

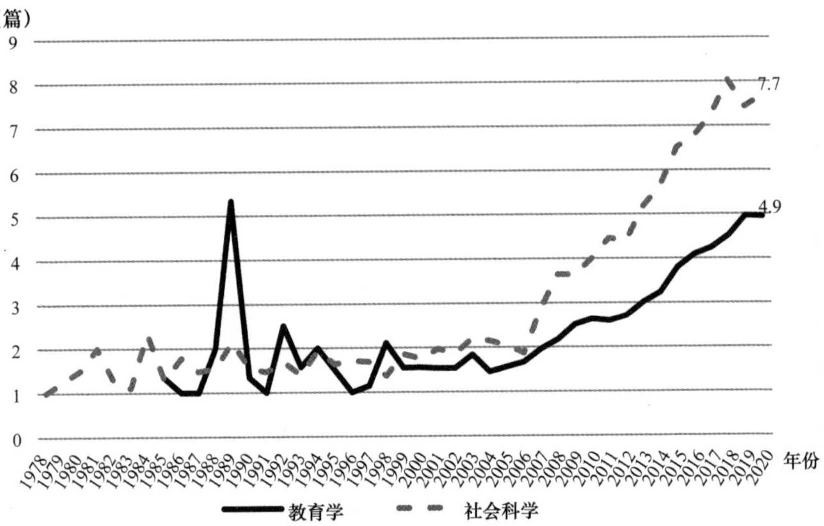

图 4－4　中国教育学术论文英文引文量与
中国社会科学整体水平的趋势对比（1978—2020）

二　不同学科间的比较

对不同学科间的学术承继性进行对比，结果如图 4－5 所示。学术承继性最高的学科为历史学，处于遥遥领先的态势。学术承继性排在前五位的学科依次是历史学、政治学、法学、心理学、经济学；而学术承继性排在后五位的依次是体育学、图书与情报学、教育学、哲学、马克思主义。由此可见，中国教育研究的学术承继性不容乐观，在整个中国社会科学中处于相对靠后的位置，需要大力改进与加强。

对不同学科间学术承继性的国际化程度进行对比，结果如图 4－6 所示。学术承继性国际化程度最高的学科为心理学，篇均引用英文文献 10.7 篇，最低的为中国文学，篇均引用英文文献 2 篇，教育学则是居中，篇均引用英文文献 3.7 篇。学术承继性国际化程度较强的前五位依次是心理学、管理学、经济学、人文地理学、政治学；而学术承继性国际化程度较弱排在后五位的依次是艺术学、法学、外国文学、马克思主义、中国文学。

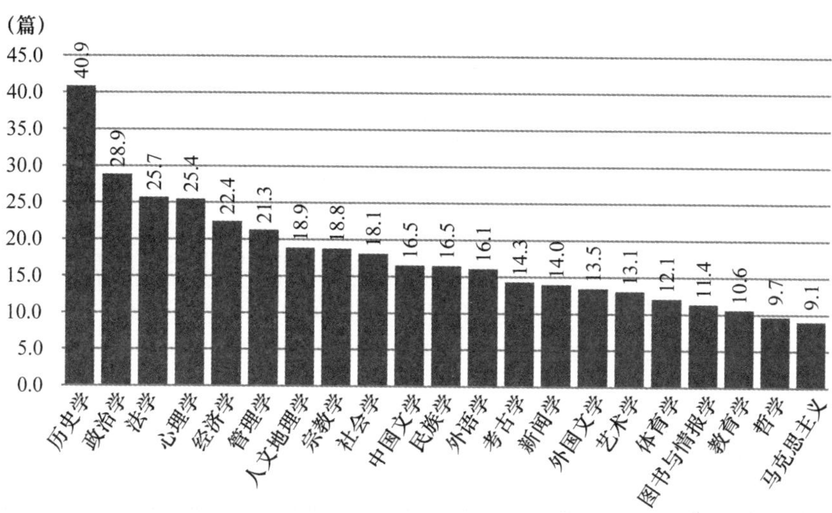

图 4－5　中国社会科学不同学科学术承继性的对比（1978—2020）

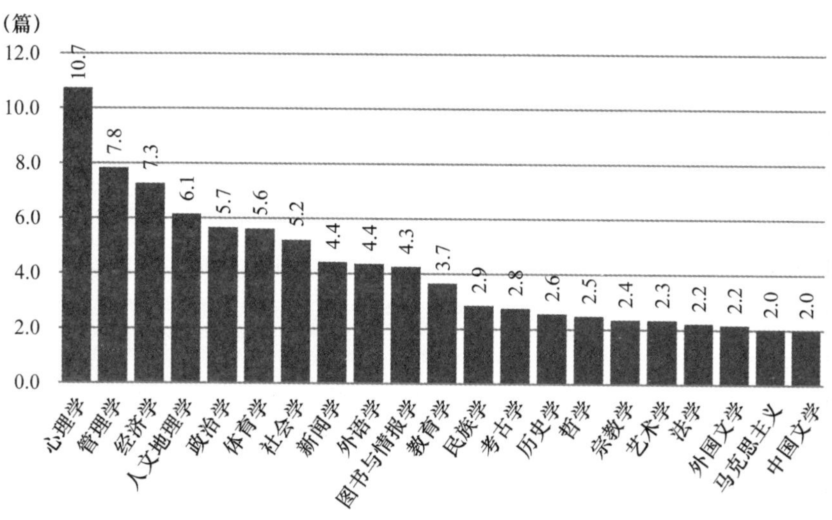

图 4－6　中国社会科学不同学科学术承继性的国际化对比（1978—2020）

第三节　中国教育研究学术承继性的子领域对比分析

对中国教育研究不同子领域间的学术承继性进行对比，结果如图4－7所示。学术承继性最高的子领域为特殊教育，篇均引文量为17.3篇；学术承继性较高的前三位为特殊教育、教育经济、电化教育。学术承继性相对偏弱的则是高等教育、研究生教育，篇均引文分别为9.4篇和8篇。这显示出，中国教育研究在高等教育领域、研究生教育领域当中的学术承继性有待加强。

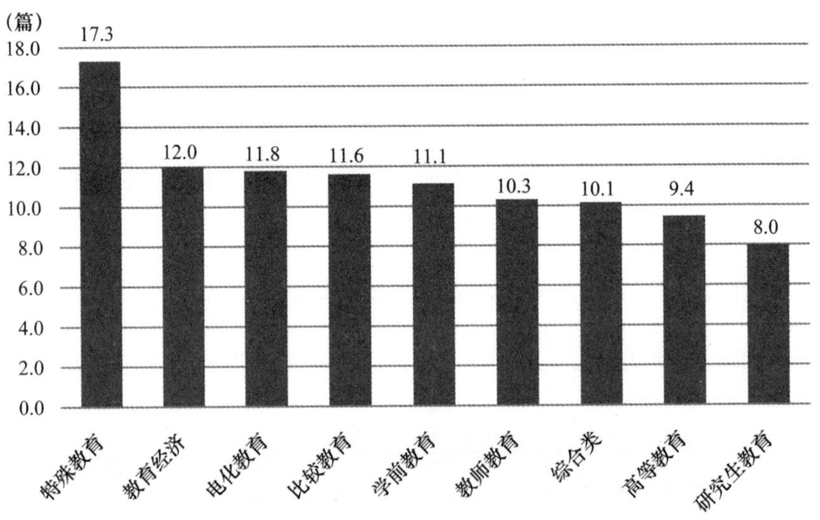

图4－7　中国教育研究不同子领域学术承继性的对比（1978—2020）

对中国教育研究不同子领域间的学术承继性国际化程度进行对比，结果如图4－8所示。学术承继性国际化程度最高的子领域为特殊教育，篇均英文引文量为6.3篇。学术承继性国际化程度较高的前三位为特殊教育、学前教育、教育经济。学术承继性相对偏弱的则是比较教育、高等教育、研究生教育，篇均英文引文分别为3.1篇、

2.8 篇和 2.7 篇。这里尤其值得注意的是比较教育子学科。比较教育英文引文量相对过低的原因可能有二，一种情况可能是引文不规范，本来使用了很多文献，但没有规范地罗列在文末；另一种情况则可能真的是国际视野不够宽广导致的英文引文量过低。无论属于哪种情况，都应该予以认真对待，加以反思与改进。

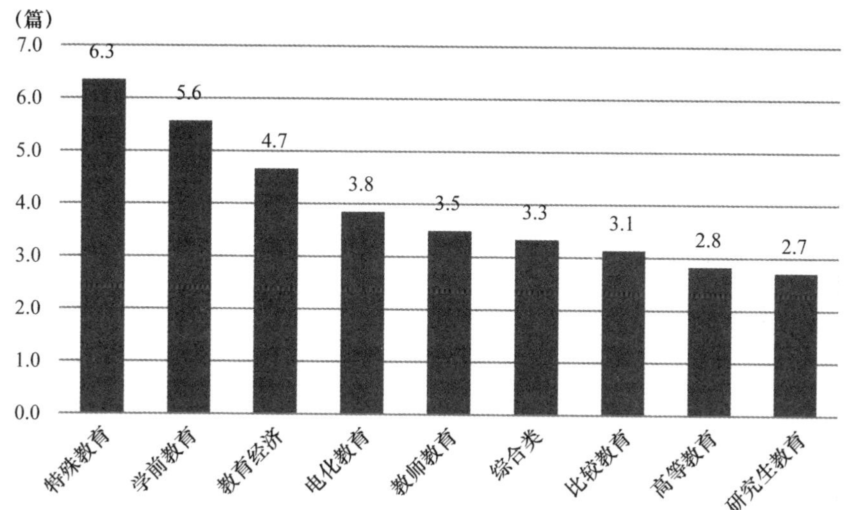

图 4－8　中国教育研究不同子领域学术承继性的国际化对比（1978—2020）

第四节　中国教育研究学术承继性的期刊对比分析

对中国教育研究学术承继性进行不同期刊的对比排序，结果如表 4－1所示。不同期刊的教育学术论文其学术承继性具有较大的差异，学术承继性最强的和最弱的之间相差 8 倍左右。

学术承继性较强的前五位刊物依次为《北京大学教育评论》《远程教育杂志》《华东师范大学学报》（教育科学版）《中国特殊教育》《开放教育研究》。学术承继性较弱的后五位刊物依次为《国家教育行政学院学报》《学位与研究生教育》《中国教育学刊》《江苏高教》《中国高等教育》。

表 4-1　中国教育研究学术承继性的期刊对比排序

排序	期刊	样本量（篇）	篇均引文量（次）
1	北京大学教育评论	901	23.57
2	远程教育杂志	1436	18.79
3	华东师大学报（教育科学版）	1669	18.32
4	中国特殊教育	3597	17.31
5	开放教育研究	1563	16.82
6	复旦教育论坛	1565	14.37
7	现代大学教育	2379	14.36
8	教育学报	1759	14.32
9	中国远程教育	2699	12.51
10	清华大学教育研究	2035	12.06
11	教育与经济	1243	12.02
12	高等教育研究	3796	11.91
13	全球教育展望	3410	11.89
14	外国教育研究	3077	11.71
15	电化教育研究	4575	11.54
16	教育研究与实验	1651	11.32
17	比较教育研究	3611	11.29
18	高校教育管理	1473	11.13
19	学前教育研究	2697	11.12
20	中国电化教育	5135	10.94
21	教师教育研究	2082	10.31
22	教育发展研究	4949	9.78
23	湖南师大学报（教育科学版）	2662	9.56
24	高教探索	3578	9.54
25	高等工程教育研究	3128	9.53
26	现代教育技术	4379	9.36
27	教育研究	4192	9.30
28	现代远程教育研究	1347	9.09
29	课程教材教法	4221	8.76
30	教育科学	2124	8.60

续表

排序	期刊	样本量（篇）	篇均引文量（次）
31	研究生教育研究	1606	8.54
32	中国高教研究	4736	7.91
33	国家教育行政学院学报	2849	7.79
34	学位与研究生教育	3103	7.68
35	中国教育学刊	3767	6.91
36	江苏高教	5148	6.47
37	中国高等教育	2572	3.65

对中国教育研究学术承继性的国际化程度进行不同期刊的对比排序，结果如表4－2所示。学术承继性国际化程度较高排前五位的期刊依次为《中国特殊教育》《北京大学教育评论》《学前教育研究》《华东师大学报教育科学版》《开放教育研究》。

学术承继性国际化程度排在后五位的依次为《湖南师大学报教育科学版》《课程教材教法》《国家教育行政学院学报》《中国教育学刊》《中国高等教育》。

表4－2　**中国教育研究学术承继性国际化程度的期刊对比排序**

排序	期刊	样本量（篇）	英文篇均引文量（次）
1	中国特殊教育	1546	6.35
2	北京大学教育评论	323	5.72
3	学前教育研究	516	5.57
4	华东师大学报教育科学版	434	5.53
5	开放教育研究	591	5.20
6	中国远程教育	603	5.11
7	现代远程教育研究	405	5.00
8	教育与经济	369	4.67
9	远程教育杂志	539	4.30
10	教育学报	364	4.00
11	全球教育展望	786	3.54
12	教师教育研究	428	3.50
13	电化教育研究	1135	3.49

续表

排序	期刊	样本量（篇）	英文篇均引文量（次）
14	复旦教育论坛	443	3.45
15	现代大学教育	355	3.43
16	中国电化教育	1094	3.25
17	教育发展研究	769	3.14
18	教育研究	572	3.12
19	外国教育研究	927	3.09
20	高校教育管理	186	2.88
21	比较教育研究	1027	2.87
22	教育研究与实验	331	2.82
23	高教探索	629	2.82
24	高等教育研究	508	2.79
25	研究生教育研究	162	2.78
26	清华大学教育研究	400	2.76
27	学位与研究生教育	260	2.68
28	江苏高教	366	2.66
29	教育科学	297	2.60
30	现代教育技术	928	2.54
31	中国高教研究	471	2.51
32	高等工程教育研究	491	2.44
33	湖南师大学报（教育科学版）	225	2.32
34	课程教材教法	442	2.21
35	国家教育行政学院学报	233	2.16
36	中国教育学刊	217	1.91
37	中国高等教育	24	1.21

第五节　本章小结

中国教育研究的学术承继性发展总体经历了两个显著的发展阶段。第一阶段为不稳定期，从 20 世纪 70 年代末持续至 2006 年前后。此阶段的显著特征为参考文献量起伏波动不稳定。第二阶段为快速增长期，从 2006 年持续至今。此阶段教育学术论文的参考文献量呈现出稳定而快速的增长态势。另外，近些年来，中国教育学术论文的国际化趋势也在不断加强。

但是，从学科比较来看，教育研究的学术承继性不容乐观。学术承继性排在前五位的学科依次是历史学、政治学、法学、心理学、经济学；而学术承继性排在后五位的学科教育学位列其中。从子领域来看，高等教育领域、研究生教育领域当中的学术承继性较弱问题更是十分突出。

对中国教育学术论文的引文量与中国社会科学的整体引文水平进行对比，中国教育研究的学术承继性长期低于中国社会科学的整体水平。再从学术承继性的国际化趋势来看，2006 年是重要的分界阶段。2006 年之前，二者间的差距并不十分明显，而 2006 年之后，社会科学在国际化方面不断发力，而中国教育研究在国际化方面的曲线趋势则相对上升乏力。

另外，研究还发现，在子领域中，学术承继性国际化程度相对偏弱的则是比较教育、高等教育、研究生教育。尤其是比较教育，理应具有较高的国际化程度的，但是现实却不尽人意。笔者认为，比较教育英文引文量相对过低的原因可能有二，一种情况可能是引文不规范，本来使用了很多文献，但没有规范地罗列在文末；另一种情况则可能真的是国际视野不够宽广导致的英文引文量过低。无论属于哪种情况，都应该予以认真对待，加以反思与改进。

总之，对于中国教育学术研究的承继性问题，应当给予足够重视。中国教育学术需要在研究过程中，进一步加强学术承继性，并进一步加强对英文文献的吸收与借鉴，不断拓宽国际视野。

第五章　中国教育学术研究的核心学者与核心机构

核心学者是指在相关学术领域发文较多、影响较大的研究者，他们对某一领域的学术研究发挥着极为重要的引领与导向作用。在本章中，依据国际公认的由耶鲁大学普赖斯（Derek Johnde Solla Price）提出的公式 $M \approx 0.749\sqrt{N_{max}}$ 进行计算。其中，N_{max} 代表该领域最高产学者的发表论文数，M 即为该领域核心学者的发文数基线值，也即那些发表论文数在 M 及以上的研究者被视为该领域的核心学者。

第一节　中国社会科学核心学者对比分析

一　中国社会科学最高产的学者对比分析

自改革开放以来，中国社会科学最高产的学者情况统计见表 5 - 1、图 5 - 1。在中国社会科学学者历年累积发文产量的整体比较中，教育学者占比并不高，仅有三位重量级学者进入名单，其中，两位来自高等教育领域，一位来自教育技术学领域。

教育学科最高产的学者为刘献君先生，排在总体的第 16 位；第二高产的学者为潘懋元先生，排在总体的第 41 位；第三高产的学者为何克抗先生，排在总体的第 47 位。

另外，从这些最高产学者的学科分布情况比较来看，新闻学、中国文学这两个学科的学者最为高产，此外，排在教育学科前面的高产学科还有法学、图书与情报学、哲学、考古学、人文地理学、体育学。

二　中国社会科学不同学科的学者核心度比较

核心度在本书中是指一个学科领域中，核心作者所占该领域发文总量的百分比。核心度越接近100%，则说明一个学科领域的学术话语权越相对趋于集中，反之，则说明一个学科领域的学术话语权相对趋于离散。

表5－1　**中国社会科学最高产的前八十一位学者**（1978—2020）①

位次	学者	发文量(篇)	学科	位次	学者	发文量(篇)	学科
1	石楠	216	人文地理学	41	潘懋元	65	教育学
2	陈力丹	209	新闻学	42	孙郁	65	中国文学
3	曹鹏	157	新闻学	43	肖希明	65	图书与情报学
4	郭建良	118	新闻学	44	叶舒宪	65	艺术学
5	茅鹏	116	体育学	45	叶知秋	64	考古学
6	邱均平	114	图书与情报学	46	葛家澍	63	管理学
7	南帆	111	中国文学	47	何克抗	63	教育学
8	陈思和	100	中国文学	48	谢有顺	63	中国文学
9	子川	99	新闻学	49	覃彩銮	62	民族学
10	谢明辉	97	马克思主义	50	熊斗寅	62	体育学
11	李学勤	95	考古学	51	喻国明	62	新闻学
12	雨珩	93	考古学	52	程光炜	61	中国文学
13	王知津	90	图书与情报学	53	梁鹤年	61	人文地理学
14	文耀	89	考古学	54	孙施文	61	人文地理学
15	王利明	82	法学	55	文秋芳	61	外语学
16	刘献君	80	教育学	56	郑保卫	60	新闻学
17	金碚	77	经济学	57	周叔莲	60	经济学
18	吴俊	77	中国文学	58	吴为山	59	艺术学
19	吴元栋	77	新闻学	59	郜元宝	58	中国文学
20	张洪潭	75	体育学	60	张新京	58	哲学
21	黄夏年	74	宗教学	61	张一兵	58	哲学

① 注：这个名单中的累计发文量并非某位作者的全部发文量，原因在于统计口径，此处是每个学科选取五本影响因子较高的刊物，因此并不是全覆盖。这个尽管在导论中已经有所说明，但此处仍然要加以强调，以免引起不必要的误解。

续表

位次	学者	发文量(篇)	学科	位次	学者	发文量(篇)	学科
22	汪榕培	74	外语学	62	龚群	57	哲学
23	穆光宗	71	社会学	63	梅荣政	57	马克思主义
24	魏永征	71	新闻学	64	陈传夫	56	图书与情报学
25	赵秉志	71	法学	65	陈卫	56	社会学
26	韩丹	70	体育学	66	陈卫东	56	法学
27	洪治纲	70	中国文学	67	钱理群	56	中国文学
28	邱伟光	70	马克思主义	68	桑兵	56	历史学
29	杨保军	70	新闻学	69	张荣生	56	外国文学
30	王铭铭	69	民族学	70	方汉奇	55	新闻学
31	张庭伟	69	人文地理学	71	冯英子	55	新闻学
32	廖明君	67	艺术学	72	高铭暄	55	法学
33	王尧	67	中国文学	73	郭贵春	55	哲学
34	张明楷	67	法学	74	曾康霖	54	经济学
35	陈兴良	66	法学	75	甘绍平	54	哲学
36	徐盛桓	66	外语学	76	黄如花	54	图书与情报学
37	张积家	66	心理学	77	马费成	54	图书与情报学
38	蔡雯	65	新闻学	78	王沛	54	心理学
39	贾亦凡	65	新闻学	79	王铁军	54	哲学
40	李良荣	65	新闻学	80	王仲殊	54	考古学
				81	徐中玉	54	中国文学

表 5-2　**中国社会科学不同学科学者核心度对比（1978—2020）**

学科	N_{max}	原始 M	最大邻近取整 M	核心学者发文量（篇）	发文总量（篇）	核心度（核心学者发文占比）（%）
哲学	57	5.655	6	12566	29260	42.95
政治学	43	4.912	5	5334	12729	41.90
中国文学	106	7.711	8	10159	25288	40.17
法学	75	6.487	7	5619	14074	39.92
历史学	54	5.504	6	5189	13134	39.51
外国文学	52	5.401	6	6886	17980	38.30
教育学	209	10.828	11	61506	171526	35.86
考古学	90	7.106	8	5833	16995	34.32

续表

学科	N_{max}	原始 M	最大邻近取整 M	核心学者发文量（篇）	发文总量（篇）	核心度（核心学者发文占比）（%）
心理学	65	6.039	7	8045	23520	34.20
宗教学	61	5.850	6	3019	8979	33.62
社会学	64	5.992	6	5628	16787	33.53
人文地理学	67	6.131	7	7440	24609	30.23
艺术学	66	6.085	7	8689	28873	30.09
民族学	68	6.176	7	3964	14014	28.29
图情学	104	7.638	8	6654	24214	27.48
经济学	66	6.085	7	7005	25778	27.17
马克思主义	61	5.850	6	7388	27486	26.88
管理学	61	5.850	6	4918	19072	25.79
外语学	71	6.311	7	3980	15465	25.74
新闻学	179	10.021	11	6484	25352	25.58
体育学	102	7.565	8	7779	30668	25.37

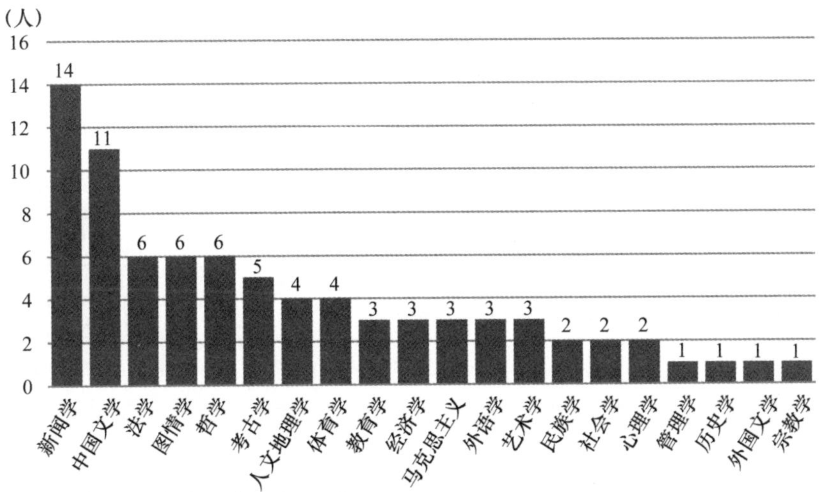

图 5－1　中国社会科学最高产的八十一位学者的所属学科情况（1978—2020）

从中国社会科学不同学科间的学者核心度比较来看，哲学的核心度最高，达到42.95%。其后是政治学、中国文学、法学、历史学、外国文学，而教育学科的学者核心度也是相对较为靠前的，排在第七位，学者核心度为35.86%。

当然，对于学术研究的核心度，应当理性地看待。一方面，核心度的形成与稳定，有助于引领并促进该领域的学术研究与学科发展；另一方面，如果核心度过高，则容易形成绝对的话语权，导致其他学者和机构的集体性失语，长此以往将不利于学术发展。因此，应当在学术核心度与多元学术生态之间保持适度的张力，形成某种必要的平衡状态。

第二节　中国社会科学核心机构对比分析

一　中国社会科学最高产的学术机构对比分析

自改革开放以来，中国社会科学最高产的学术机构情况统计如表5－3、图5－2所示。从中国社会科学各领域的比较情况来看，最高产的学术机构前五位依次为上海体育学院（体育学）、北京体育大学（体育学）、武汉体育学院（体育学）、武汉大学（图书与情报学）、中国社会科学院（经济学）。

教育学科共有六个核心机构上榜，华东师范大学为教育学科知识生产的领头羊，位列第13位；北京师范大学位列第16位；华南师范大学位列第46位。其后还依次有西北师范大学、南京师范大学、华中科技大学。

另外，从中国社会科学领域核心机构的学科分布情况来看，心理学科最多，共有8个核心机构；教育学科排第二，共有6个机构；其后共有5个机构的学科分别为法学、马克思主义、人文地理学、社会学、哲学。

表5-3　中国社会科学最高产的学术机构（1978—2020）

位次	机构	发文量（篇）	学科	位次	机构	发文量（篇）	学科
1	上海体育学院	3630	体育学	40	北京大学	819	人文地理学
2	北京体育大学	2619	体育学	41	中国人民大学	819	管理学
3	武汉体育学院	2604	体育学	42	中国社会科学院	809	中国文学
4	武汉大学	2515	图情学	43	北京大学	799	法学
5	中国社会科学院	2494	经济学	44	华南师范大学	795	教育学
6	北京电影学院	2403	艺术学	45	武汉大学	793	马克思主义
7	中国社会科学院	2133	历史学	46	西北师范大学	788	教育学
8	北京师范大学	2105	心理学	47	北京大学	775	哲学
9	外交学院	1828	政治学	48	中国社会科学院	775	民族学
10	中国社会科学院	1772	哲学	49	南京师范大学	772	教育学
11	中国人民大学	1701	法学	50	中南大学	760	心理学
12	复旦大学	1671	新闻学	51	华中科技大学	748	教育学
13	华东师范大学	1655	教育学	52	北京大学	728	中国文学
14	同济大学	1542	人文地理学	53	北京大学	723	社会学
15	中国人民大学	1431	新闻学	54	华东师范大学	718	马克思主义
16	北京师范大学	1424	教育学	55	北京大学	689	心理学
17	中国科学院	1398	心理学	56	吉林大学	670	社会学
18	中国社会科学院	1341	考古学	57	中国科学院	670	人文地理学
19	北京大学	1226	图情学	58	南京大学	664	中国文学
20	四川大学	1169	宗教学	59	湖南师范大学	659	哲学
21	中国人民大学	1168	哲学	60	南京审计学院	659	管理学
22	北京体育学院	1109	体育学	61	华中师范大学	655	心理学
23	华东师范大学	1092	心理学	62	中央民族大学	648	民族学
24	中国人民大学	1074	社会学	63	中国社会科学院	638	法学
25	中国政法大学	1049	法学	64	北京外国语大学	636	外国文学
26	南京大学	1038	外国文学	65	北京大学	635	外国文学
27	中国社会科学院	999	政治学	66	清华大学	635	哲学
28	中国人民大学	984	经济学	67	同济大学	634	艺术学
29	中国社会科学院	974	宗教学	68	首都经济贸易大学	632	社会学
30	华中师范大学	955	马克思主义	69	中国社会科学院	609	社会学
31	西南大学	913	心理学	70	华东师范大学	606	中国文学
32	南京大学	907	人文地理学	71	东南大学	592	艺术学

续表

位次	机构	发文量（篇）	学科	位次	机构	发文量（篇）	学科
33	中国社会科学院	905	马克思主义	72	广东外语外贸大学	574	外语学
34	南京大学	879	图情学	73	中国科学院	574	新闻学
35	北京大学	864	经济学	74	中国人民大学	573	历史学
36	中国人民大学	863	马克思主义	75	复旦大学	570	经济学
37	华南师范大学	854	心理学	76	清华大学	570	法学
38	中山大学	835	人文地理学	77	上海外国语大学	564	外语学
39	清华大学	823	艺术学	78	中山大学	558	民族学

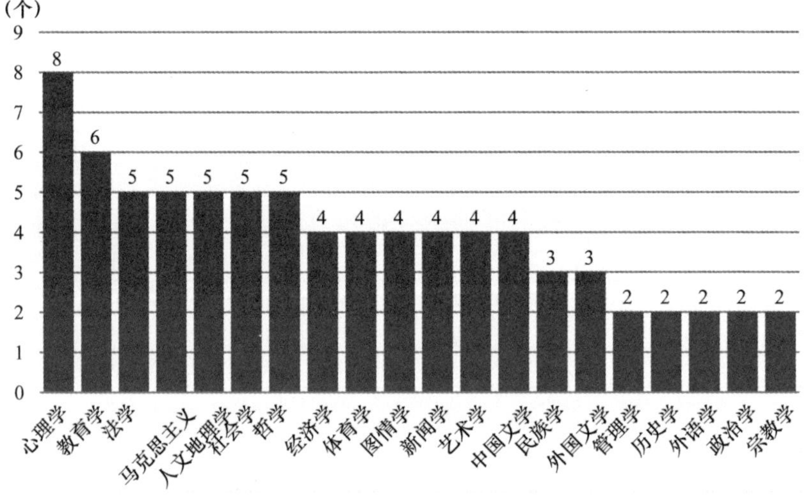

图5－2　中国社会科学最高产的学术机构的所属学科情况（1978—2020）

二　中国社会科学不同学科的机构核心度比较

从中国社会科学不同学科间的机构核心度比较来看，法学的核心度最高，高达82%。其后在前五位的依次是中国文学、管理学、哲学、心理学，而教育学科的机构核心度也是相对较为靠前的，排在第六位，机构核心度为76.42%。

表5－4　中国社会科学不同学科机构核心度对比（1978—2020）

学科	N_{max}	原始 M	最大邻近取整 M	核心机构发文量（篇）	发文总量（篇）	核心度（核心机构发文占比）（%）
法学	1591	29.876	30	8596	10483	82.00
中国文学	759	20.635	21	11939	14899	80.13
管理学	784	20.972	21	10974	13856	79.20
哲学	1692	30.809	31	17815	22757	78.28
心理学	2042	33.846	34	16672	21606	77.16
教育学	8958	70.890	71	105854	138509	76.42
历史学	2007	33.555	34	7473	9786	76.36
经济学	2390	36.617	37	13155	17241	76.30
人文地理学	1454	28.560	29	15036	19730	76.21
考古学	1305	27.057	28	4100	5400	75.93
政治学	1644	30.369	31	6075	8134	74.69
马克思主义	911	22.607	23	15937	21823	73.03
社会学	1019	23.909	24	7156	9806	72.98
外语学	546	17.502	18	8965	12308	72.84
民族学	730	20.237	21	6861	9585	71.58
外国文学	1020	23.921	24	8157	11451	71.23
艺术学	2121	34.495	35	10825	15504	69.82
宗教学	1130	25.178	26	4765	6861	69.45
体育学	2519	37.592	38	18279	27404	66.70
图情学	2407	36.747	37	12041	18662	64.52
新闻学	1595	29.913	30	10583	16783	63.06

第三节　中国教育学术研究的核心学者对比分析

一　中国教育学术研究最高产的学者分析

自改革开放以来，中国教育学术领域中，最高产的前百余位学者统计如表5－5所示。排在前十位的高产学者依次为钟启泉（209

篇)、顾明远（163篇)、王建华（149篇)、别敦荣（143篇)、杨德广（141篇)、刘献君（138篇)、潘懋元（137篇)、何克抗（128篇)、陈桂生（122篇)、周远清（116篇)。

表5－5 中国教育学术研究最高产的前百余位学者（1978—2020）①

位次	学者	发文量（篇）	位次	学者	发文量（篇）	位次	学者	发文量（篇）
1	钟启泉	209	37	刘宝存	77	72	陈伟	62
2	顾明远	163	38	邬大光	77	73	李芒	62
3	王建华	149	39	蔡克勇	76	74	林杰	62
4	别敦荣	143	40	王佑镁	76	75	刘振天	62
5	杨德广	141	41	张华	76	76	顾小清	61
6	刘献君	138	42	董泽芳	73	77	李立国	61
7	潘懋元	137	43	李爽	73	78	史秋衡	61
8	何克抗	128	44	林健	73	79	周勇	61
9	陈桂生	122	45	徐小洲	73	80	朱开轩	61
10	周远清	116	46	马健生	72	81	冯增俊	60
11	赵中建	109	47	石中英	72	82	桑新民	60
12	马陆亭	105	48	张斌贤	72	83	王嘉毅	60
13	刘铁芳	104	49	高文	71	84	王磊	60
14	张楚廷	103	50	张应强	70	85	谢安邦	60
15	丁兴富	95	51	王晓辉	69	86	郑旭东	60
16	冯建军	94	52	李润洲	68	87	刘晖	59
17	眭依凡	94	53	吴康宁	68	88	刘莉	59
18	阎光才	93	54	杨开城	68	89	石伟平	59
19	王洪才	91	55	任友群	67	90	孙绵涛	59
20	钟志贤	91	56	檀传宝	67	91	陈丽	58
21	杨叔子	89	57	王战军	67	92	陈至立	58
22	钟秉林	89	58	项贤明	67	93	靳玉乐	58
23	胡建华	87	59	张炜	67	94	潘涌	58
24	张伟远	87	60	高德胜	66	95	吴雪萍	58

① 注：此处的统计结果与表5－1中有出入，原因在于统计口径不同。表5－1是中国社会科学中每个学科下选取五个影响因子最高的刊物统计而得，教育学也是选取了五个刊物进行对比；但此处是教育学科所有37本刊物均统计在内，因而和表5－1的结果有所不同。

续表

位次	学者	发文量（篇）	位次	学者	发文量（篇）	位次	学者	发文量（篇）
25	朱旭东	87	61	龚放	66	96	薛天祥	58
26	王冀生	86	62	刘小强	66	97	余立	58
27	姜勇	85	63	傅维利	65	98	周洪宇	58
28	汪霞	84	64	黄荣怀	65	99	陈时见	57
29	祝智庭	83	65	龙宝新	65	100	丁新	57
30	周光礼	80	66	石鸥	65	101	田建国	57
31	周海涛	80	67	申素平	64	102	王伟廉	57
32	陈琳	79	68	崔允漷	63	103	熊华军	57
33	黄志成	79	69	何东昌	63	104	杨改学	57
34	刘海峰	79	70	谈松华	63	105	张东娇	57
35	徐辉	79	71	朱九思	63	106	周建松	57
36	刘尧	78						

二 中国教育学术研究不同子领域的学者核心度对比

依据普赖斯核心学者公式计算而得，中国教育研究不同子领域的核心学者情况如表5－6所示。

表5－6 **中国教育研究不同子领域的学者核心度对比**（1978—2020）

子领域	N_{max}	原始M	最大邻近取整M	核心学者发文量（篇）	发文总量（篇）	核心度（核心学者发文占比）（%）
电化教育	111	7.891	8	10506	30305	34.67
综合类（基础教育）	92	7.184	8	16582	49091	33.78
特殊教育	34	4.367	5	1298	3928	33.04
学前教育	22	3.513	4	1173	4040	29.03
教育经济	12	2.595	3	570	2106	27.07
教师教育	19	3.265	4	761	3036	25.07
高等教育	134	8.670	9	13715	55050	24.91
比较教育	146	9.050	10	3943	15878	24.83
研究生教育	25	3.745	4	1900	8092	23.48

可以发现，在中国教育学术领域，电化教育具有最高的学者核心度，核心占比 34.67%。此外核心度较高的子领域还有综合类（基础教育），核心占比 33.78%；特殊教育，核心占比 33.04%。核心度相对较小的后三个子领域为高等教育、比较教育、研究生教育。

三 中国教育学术研究不同子领域最高产的学者分析

（一）教育经济学术领域

对中国教育学术研究不同子领域最高产的学者进行了统计。在教育经济学术领域中，最高产的百余名学者如表 5－7 所示。西南大学的张学敏教授是本领域最高产的学者，北京师范大学的王善迈教授位居第二；此后，进入前十位的学者依次为崔玉平、范先佐、袁连生、金子元久、雷万鹏、李祥云、沈百福、胡咏梅。

表 5－7 教育经济学术研究最高产的百余位学者（1978—2020）

位次	学者	发文量（篇）	位次	学者	发文量（篇）	位次	学者	发文量（篇）	位次	学者	发文量（篇）
1	张学敏	12	35	吴克明	5	69	曹夕多	3	103	穆嘉琨	3
2	王善迈	11	36	武毅英	5	70	陈彬	3	104	邱雅	3
3	崔玉平	10	37	伍海泉	5	71	陈国维	3	105	商丽浩	3
4	范先佐	10	38	许长青	5	72	杜屏	3	106	矢野真和	3
5	袁连生	10	39	曹振文	4	73	方超	3	107	隋建利	3
6	金子元久	9	40	沈有禄	4	74	高晓清	3	108	孙士杰	3
7	雷万鹏	8	41	邓云洲	4	75	郭清扬	3	109	孙志军	3
8	李祥云	8	42	丁小浩	4	76	郭志斌	3	110	唐智彬	3
9	沈百福	7	43	段宝霞	4	77	哈巍	3	111	陶红	3
10	胡咏梅	7	44	李文鹏	4	78	黄斌	3	112	陶美重	3
11	王玉昆	7	45	令狐昌毅	4	79	黄维	3	113	田汉族	3
12	徐国兴	7	46	刘桂心	4	80	黄祥林	3	114	王化文	3
13	杨明	7	47	马永霞	4	81	黄永林	3	115	王杰	3
14	张万朋	7	48	闵维方	4	82	季俊杰	3	116	吴华	3
15	曾满超	6	49	宁本涛	4	83	贾云鹏	3	117	吴济清	3
16	陈晓宇	6	50	蕲阳侠	4	84	牢里	3	118	小林雅之	3
17	董泽芳	6	51	秦玉友	4	85	李桂荣	3	119	肖利宏	3

续表

位次	学者	发文量（篇）	位次	学者	发文量（篇）	位次	学者	发文量（篇）	位次	学者	发文量（篇）
18	杜育红	6	52	宋华明	4	86	李建求	3	120	肖曙光	3
19	韩宗礼	6	53	田景荣	4	87	李军	3	121	谢作栩	3
20	郝文武	6	54	夏再兴	4	88	李克纲	3	122	熊贤君	3
21	黄正	6	55	肖昊	4	89	李玲	3	123	杨钋	3
22	李星云	6	56	严全治	4	90	李文利	3	124	杨天平	3
23	谢家训	6	57	阎凤桥	4	91	李尧	3	125	叶忠	3
24	徐中伟	6	58	杨秀芹	4	92	梁广山	3	126	易红郡	3
25	薛海平	6	59	姚继军	4	93	刘宝超	3	127	游心超	3
26	于清涟	6	60	叶庆娜	4	94	刘道尊	3	128	余新	3
27	靳希斌	5	61	岳昌君	4	95	刘乐山	3	129	詹克波	3
28	刘仕辉	5	62	张春茹	4	96	刘丽芳	3	130	张鹏	3
29	彭怀祖	5	63	张健	4	97	刘天佐	3	131	张翼	3
30	曲绍卫	5	64	周彬	4	98	刘亚荣	3	132	张智敏	3
31	宋梓铭	5	65	周海涛	4	99	刘叶云	3	133	赵丹	3
32	王红	5	66	柏檀	3	100	刘泽云	3	134	郑刚	3
33	吴宏超	5	67	蔡文伯	3	101	马佳宏	3	135	郑太年	3
34	吴开俊	5	68	蔡增正	3	102	孟瑜	3			

（二）研究生教育学术领域

在研究生教育学术领域中，最高产的百余名学者如表5－8所示。上海医科大学的刁承湘教授是本领域最高产的学者，浙江师范大学的李润洲教授、武汉理工大学的梁传杰教授、北京理工大学的王战军教授、中国科学技术大学的张淑林教授并列位居第二。此后，进入前十位的学者还有张文修、叶绍梁、余翔林、汤洪高、王传毅。

表5－8　**研究生教育学术研究最高产的百位学者**（1978—2020）

位次	学者	发文量（篇）	位次	学者	发文量（篇）	位次	学者	发文量（篇）	位次	学者	发文量（篇）
1	刁承湘	25	33	赵世奎	10	65	闫广芬	8	97	杜占元	6
2	李润洲	24	34	朱栋培	10	66	赵立莹	8	98	范崇正	6
2	梁传杰	24	35	陈晓剑	9	67	朱灿平	8	99	古继宝	6
2	王战军	24	36	董维春	9	68	朱明	8	100	何峰	6

续表

位次	学者	发文量（篇）	位次	学者	发文量（篇）	位次	学者	发文量（篇）	位次	学者	发文量（篇）
2	张淑林	24	37	黄宝印	9	69	陈文村	7	101	胡志刚	6
6	张文修	23	38	廖文武	9	70	程伟华	7	102	焦磊	6
7	叶绍梁	20	39	林功实	9	71	程永波	7	103	李静	6
8	余翔林	18	40	刘国瑜	9	72	邓存瑞	7	104	李希亮	6
9	汤洪高	17	41	刘亚敏	9	73	高耀	7	105	李枭鹰	6
10	王传毅	17	42	吴敏	9	74	桂水德	7	106	李忠	6
11	陈钟颀	16	43	许克毅	9	75	贾昭衡	7	107	林梦泉	6
12	耿有权	15	44	杨斌	9	76	刘志	7	108	刘承华	6
13	刘尧	15	45	杨卫	9	77	裴旭	7	109	刘晖	6
14	尹鸿钧	15	46	张国栋	9	78	苏青	7	110	刘元芳	6
15	秦惠民	14	47	张善明	9	79	孙显元	7	111	龙宝新	6
16	朱开轩	14	48	朱清时	9	80	汪玲	7	112	罗志敏	6
17	陆叔云	13	49	范建刚	8	81	吴世明	7	113	孙健	6
18	王子成	13	50	侯定丕	8	82	吴镇柔	7	114	孙宪成	6
19	吴本厦	13	51	蒋家平	8	83	谢桂华	7	115	陶丹梅	6
20	赵沁平	13	52	李海生	8	84	徐希元	7	116	汪克强	6
21	周文辉	13	53	李霞	8	85	杨春梅	7	117	王长乐	6
22	赵军	12	54	李志超	8	86	英爽	7	118	吴立保	6
23	丁雪梅	11	55	梁桂芝	8	87	袁广林	7	119	肖凤翔	6
24	史济彦	11	56	刘静	8	88	张乐平	7	120	徐国兴	6
25	张炜	11	57	罗尧成	8	89	张振刚	7	121	徐岚	6
26	周凤岗	11	58	马永红	8	90	赵化侨	7	122	徐忠勤	6
27	何东昌	10	59	庞海芍	8	91	周叶中	7	123	章丽萍	6
28	廖湘阳	10	60	王梅	8	92	包水梅	6	124	郑确辉	6
29	刘小强	10	61	王忠烈	8	93	沈显生	6	125	周远清	6
30	罗英姿	10	62	熊华军	8	94	陈至立	6	126	朱滨	6
31	吴启迪	10	63	徐志清	8	95	程斯辉	6			
32	严综	10	64	许为民	8	96	翟亚军	6			

（三）电化教育学术领域

在电化教育学术领域中，最高产的百余名学者如表 5 - 9 所示。北京师范大学的何克抗教授是本领域最高产的学者，中央广播电视大学的丁兴富教授位居第二，华东师范大学的张伟远教授位居第三。此后，进入前十位的学者还有钟志贤、祝智庭、李爽、王佑镁、黄荣怀、杨开城、陈琳。

表5－9　**电化教育学术研究最高产的百余位学者**（1978—2020）

位次	学者	发文量（篇）	位次	学者	发文量（篇）	位次	学者	发文量（篇）	位次	学者	发文量（篇）
1	何克抗	111	29	任友群	41	57	张文兰	32	85	胡勇	25
2	丁兴富	92	30	南国农	40	58	郭炯	31	86	孙众	25
3	张伟远	84	31	杨现民	40	59	张亚斌	31	87	王广新	25
4	钟志贤	83	32	陈明选	38	60	王萍	30	88	王运武	25
5	祝智庭	72	33	邓幸涛	38	61	胡凡刚	29	89	张舒予	25
6	李爽	70	34	马良生	38	62	李海峰	29	90	冯晓英	24
7	王佑镁	70	35	任为民	38	63	闫寒冰	29	91	李龙	24
8	黄荣怀	64	36	穆肃	37	64	钟柏昌	29	92	李艳	24
9	杨开城	64	37	王陆	37	65	李艺	28	93	汪琼	24
10	陈琳	62	38	王志军	37	66	刘莉	28	94	王珠珠	24
11	顾小清	59	39	张豪锋	37	67	刘清堂	28	95	吴砥	24
12	杨改学	57	40	张少刚	37	68	马红亮	28	96	吴峰	24
13	丁新	56	41	赵呈领	37	69	尹睿	28	97	徐皓	24
14	余胜泉	56	42	黎加厚	36	70	王竹立	27	98	严冰	24
15	吕瑶	55	43	王鹏	36	71	徐福荫	27	99	沈书生	23
16	肖俊洪	55	44	彭绍东	35	72	蔡建东	26	100	高铁刚	23
17	杨晓宏	55	45	魏顺平	35	73	冯秀琪	26	101	蒋国珍	23
18	郑旭东	54	46	曹凤余	34	74	傅骞	26	102	焦建利	23
19	谢幼如	52	47	陈向东	34	75	李华	26	103	李克东	23
20	李芒	51	48	武法提	34	76	李运林	26	104	刘名卓	23
21	赵慧臣	50	49	张立新	34	77	刘成新	26	105	牟智佳	23
22	陈丽	48	50	冯锐	33	78	刘美凤	26	106	汪基德	23
23	胡小勇	47	51	李亚婉	33	79	孙立会	26	107	王海燕	23
24	李青	45	52	桑新民	33	80	王娟	26	108	吴南中	23
25	梁林梅	45	53	袁昱明	33	81	吴永和	26	109	熊才平	23
26	郭绍青	43	54	张秀梅	33	82	郁晓华	26	110	杨卉	23
27	李康	43	55	张屹	33	83	赵建华	26	111	余善云	23
28	李桂云	42	56	郝丹	32	84	陈晓慧	25	112	衷克定	23

（四）高等教育学术领域

在高等教育学术领域中，最高产的百余名学者如表 5－10 所示。华中科技大学的刘献君教授是本领域最高产的学者，厦门大学的别敦荣教授位居第二，王建华教授位居第三。此后，进入前十位的学者还有周远清、潘懋元、杨德广、杨叔子、马陆亭、王冀生、林健。

表 5－10　高等教育学术研究最高产的百余位学者（1978—2020）

位次	学者	发文量（篇）	位次	学者	发文量（篇）	位次	学者	发文量（篇）	位次	学者	发文量（篇）
1	刘献君	134	27	阎光才	45	53	余立	34	79	赵俊芳	30
2	别敦荣	113	28	纪宝成	42	54	张光斗	34	80	周川	30
3	王建华	107	29	李立国	42	55	周海涛	34	81	朱高峰	30
4	周远清	105	30	周济	42	56	董云川	33	82	陈廷柱	29
5	潘懋元	101	31	杜作润	41	57	董泽芳	33	83	李元元	29
6	杨德广	87	32	刘小强	41	58	史秋衡	33	84	刘少雪	29
7	杨叔子	80	33	肖南	41	59	叶春生	33	85	祁占勇	29
8	马陆亭	73	34	徐小洲	41	60	张德祥	33	86	秦惠民	29
9	王冀生	72	35	朱开轩	41	61	陈至立	32	87	薛天祥	29
10	林健	67	36	陈浩	39	62	龚映杉	32	88	张鹰	29
11	王洪才	67	37	王战军	39	63	柯佑祥	32	89	陈乃林	28
12	张楚廷	67	38	王伟廉	38	64	赵炬明	32	90	李均	28
13	周光礼	67	39	曾钊新	37	65	付八军	31	91	李硕豪	28
14	蔡克勇	60	40	陈伟	37	66	顾海良	31	92	马廷奇	28
15	钟秉林	60	41	刘尧	37	67	胡弼成	31	93	谢安邦	28
16	朱九思	60	42	刘振天	37	68	李福华	31	94	丁金昌	27
17	眭依凡	59	43	唐景莉	37	69	王革	31	95	顾明远	27
18	胡建华	58	44	袁本涛	37	70	王孙禺	31	96	贾永堂	27
19	张应强	56	45	冯向东	36	71	王义遒	31	97	李军	27
20	邬大光	53	46	陆根书	36	72	袁贵仁	31	98	李延保	27
21	周建松	53	47	陈昌贵	35	73	袁祖望	31	99	李志峰	27
22	田建国	52	48	林杰	35	74	杜玉波	30	100	刘智运	27
23	龚放	50	49	卢晓中	35	75	顾秉林	30	101	马海泉	27
24	刘海峰	50	50	申素平	35	76	刘俊学	30	102	文辅相	27
25	张炜	50	51	何东昌	34	77	姚启和	30			
26	瞿振元	45	52	武毅英	34	78	张忠华	30			

（五）学前教育学术领域

在学前教育学术领域中，最高产的百余名学者如表5－11所示。南京师范大学的虞永平教授是本领域最高产的学者，北京师范大学的张燕教授位居第二，北京师范大学的刘焱教授位居第三。此后，进入前十位的学者还有姜勇、王小英、叶平枝、冯晓霞、丁海东、张卫民、蔡迎旗。

表5－11　学前教育学术研究最高产的百余位学者（1978—2020）

位次	学者	发文量（篇）	位次	学者	发文量（篇）	位次	学者	发文量（篇）	位次	学者	发文量（篇）
1	虞永平	22	29	李莉	10	57	王晓燕	7	85	张晓辉	6
2	张燕	21	30	许卓娅	10	58	许晓蓉	7	86	章红	6
3	刘焱	19	31	杨丽珠	10	59	杨汉麟	7	87	郑健成	6
4	姜勇	18	32	杨文	10	60	张斌	7	88	费广洪	5
5	王小英	18	33	袁爱玲	10	61	周兢	7	89	侯娟珍	5
6	叶平枝	17	34	顾荣芳	9	62	曹中平	6	90	李克勤	5
7	冯晓霞	16	35	洪秀敏	9	63	曾莉	6	91	李召存	5
8	丁海东	15	36	庞丽娟	9	64	崔红英	6	92	刘昊	5
9	张卫民	15	37	秦旭芳	9	65	郭咏梅	6	93	刘敏	5
10	蔡迎旗	14	38	叶明芳	9	66	韩映虹	6	94	刘艳	5
11	刘晓东	14	39	边霞	8	67	胡福贞	6	95	吕苹	5
12	唐淑	14	40	曹能秀	8	68	黄翠萍	6	96	邱学青	5
13	杨晓萍	14	41	霍力岩	8	69	黄瑾	6	97	宋占美	5
14	周欣	14	42	李辉	8	70	黄娟娟	6	98	田景正	5
15	刘云艳	13	43	李季湄	8	71	李娟	6	99	王迎兰	5
16	皮军功	13	44	刘霞	8	72	李姗泽	6	100	吴立保	5
17	杨宁	13	45	刘占兰	8	73	梁慧娟	6	101	夏婧	5
18	郑三元	13	46	潘月娟	8	74	林菁	6	102	邢少颖	5
19	刘晶波	12	47	向海英	8	75	马春玉	6	103	许丽萍	5
20	王春燕	12	48	岳亚平	8	76	史爱华	6	104	严仲连	5
21	王海英	12	49	张博	8	77	史慧中	6	105	杨彩霞	5
22	杨莉君	12	50	葛晓英	7	78	孙民从	6	106	易凌云	5
23	姚伟	12	51	黄进	7	79	王坚红	6	107	张玉敏	5
24	赵南	12	52	刘华	7	80	王玲艳	6	108	郑晓边	5
25	程秀兰	11	53	刘文	7	81	吴邵萍	6	109	周燕	5

续表

位次	学者	发文量（篇）	位次	学者	发文量（篇）	位次	学者	发文量（篇）	位次	学者	发文量（篇）
26	但菲	11	54	罗慧	7	82	鄢超云	6	110	朱家雄	5
27	李生兰	11	55	彭世华	7	83	余珍有	6			
28	彭兵	11	56	秦元东	7	84	张莉	6			

（六）比较教育学术领域

在比较教育学术领域中，最高产的百余名学者如表5－12所示。华东师范大学的钟启泉教授是本领域最高产的学者，华东师范大学的赵中建教授位居第二，华东师范大学的黄志成教授位居第三。此后，进入前十位的学者还有高文、石伟平、王斌华、顾明远、刘宝存、王义高、汪霞。特别需要指出的是，本领域前三甲全部由同一所师范大学——华东师范大学包揽，这是与其他子领域明显不同的地方。

表5－12　**比较教育学术研究最高产的百余位学者**（1978—2020）

位次	学者	发文量（篇）	位次	学者	发文量（篇）	位次	学者	发文量（篇）	位次	学者	发文量（篇）
1	钟启泉	146	29	安双宏	30	57	史朝	22	85	李春生	17
2	赵中建	78	30	韩骅	30	58	徐长瑞	22	86	毛澹然	17
3	黄志成	74	31	朱佩荣	30	59	洪成文	21	87	胡惠闵	16
4	高文	62	32	梁忠义	29	60	孙进	21	88	胡劲松	16
5	石伟平	51	33	邢克超	29	61	曾晓洁	20	89	李文英	16
6	王斌华	49	34	杨明全	29	62	邓鲁萍	20	90	李雁冰	16
7	顾明远	44	35	陈时见	28	63	刘继和	20	91	刘翠荣	16
8	刘宝存	42	36	程晋宽	28	64	王凯	20	92	苗学杰	16
9	王义高	42	37	黄日强	28	65	陈桂生	19	93	裴新宁	16
10	汪霞	40	38	王艳玲	28	66	丁邦平	19	94	司荫贞	16
11	张德伟	39	39	饶从满	27	67	方明生	19	95	苏真	16
12	朱旭东	38	40	姜勇	26	68	傅松涛	19	96	王晶莹	16
13	吴雪萍	37	41	马庆发	26	69	高益民	19	97	王强	16
14	李守福	36	42	孙启林	26	70	孔令帅	19	98	吴忠魁	16
15	马健生	36	43	肖甦	26	71	乐先莲	19	99	项贤明	16
16	徐斌艳	36	44	徐辉	26	72	楼世洲	19	100	周琴	16

续表

位次	学者	发文量（篇）	位次	学者	发文量（篇）	位次	学者	发文量（篇）	位次	学者	发文量（篇）
17	蔡铁权	35	45	洪丕熙	25	73	孙祖复	19	101	曾晓东	15
18	李其龙	35	46	沈晓敏	24	74	杨秀玉	19	102	邓存瑞	15
19	王晓辉	35	47	杜殿坤	24	75	袁韶莹	19	103	郄海霞	15
20	张华	35	48	谷贤林	24	76	郑富兴	19	104	武学超	15
21	汪凌	34	49	万秀兰	24	77	周钧	19	105	熊耕	15
22	王璐	34	50	王长纯	24	78	范树成	18	106	熊华军	15
23	王英杰	34	51	崔允漷	23	79	吴刚平	18	107	杨光富	15
24	陈永明	33	52	刘启娴	23	80	张民选	18	108	张文军	15
25	邓志伟	33	53	彭正梅	23	81	谌启标	17	109	周满生	15
26	周加仙	32	54	滕珺	23	82	阚阅	17			
27	曲恒昌	31	55	周勇	23	83	洪明	17			
28	祝怀新	31	56	冯增俊	22	84	姜英敏	17			

（七）综合类（基础教育）学术领域

在综合类（基础教育）学术领域中，最高产的百余名学者如表5－13所示。华东师范大学的陈桂生教授是本领域最高产的学者，湖南师范大学的刘铁芳教授位居第二，北京师范大学的顾明远教授位居第三。此后，进入前十位的学者还有钟启泉、冯建军、吴康宁、傅维利、石中英、杨德广、石鸥。

表5－13 综合类（基础教育）学术研究最高产的百余位学者（1978—2020）

位次	学者	发文量（篇）	位次	学者	发文量（篇）	位次	学者	发文量（篇）	位次	学者	发文量（篇）
1	陈桂生	92	27	廖哲勋	38	53	王建华	33	79	方展画	29
2	刘铁芳	71	28	徐继存	38	54	张斌贤	33	80	侯怀银	29
3	顾明远	70	29	郭元祥	37	55	朱德全	33	81	刘力	29
4	钟启泉	63	30	庞丽娟	37	56	曾文婕	32	82	田慧生	29
5	冯建军	56	31	王嘉毅	37	57	郭思乐	32	83	邬志辉	29
6	吴康宁	56	32	余文森	37	58	郝德永	32	84	吴永军	29
7	傅维利	54	33	朱小蔓	37	59	吴小鸥	32	85	查有梁	28
8	石中英	52	34	陈佑清	36	60	肖正德	32	86	梁英豪	28
9	杨德广	50	35	和学新	36	61	张传燧	32	87	刘海峰	28

续表

位次	学者	发文量（篇）	位次	学者	发文量（篇）	位次	学者	发文量（篇）	位次	学者	发文量（篇）
10	石鸥	49	36	潘懋元	36	62	李森	31	88	柳夕浪	28
11	孙绵涛	49	37	阎光才	36	63	鲁洁	31	89	王占春	28
12	杨小微	49	38	叶飞	36	64	罗祖兵	31	90	许杰	28
13	柳斌	47	39	周海涛	36	65	裴娣娜	31	91	俞国良	28
14	杨启亮	46	40	李润洲	35	66	阮成武	31	92	钟秉林	28
15	檀传宝	45	41	潘涌	35	67	徐辉	31	93	周满生	28
16	周洪宇	45	42	袁振国	35	68	张楚廷	31	94	从立新	27
17	高德胜	44	43	周彬	35	69	郑金洲	31	95	范国睿	27
18	靳玉乐	43	44	陈向明	34	70	董泽芳	30	96	郭永福	27
19	谈松华	42	45	李臣之	34	71	刘丽群	30	97	李长伟	27
20	叶澜	41	46	王鉴	34	72	容中逵	30	98	秦玉友	27
21	褚宏启	40	47	张华	34	73	眭依凡	30	99	谢维和	27
22	张东娇	40	48	朱永新	34	74	田正平	30	100	余清臣	27
23	龙宝新	39	49	陈佚	33	75	魏宏聚	30	101	张健	27
24	项贤明	39	50	郝文武	33	76	邢红军	30			
25	崔允漷	38	51	金生鈜	33	77	杨骞	30			
26	李政涛	38	52	刘志军	33	78	曾天山	29			

（八）特殊教育学术领域

在特殊教育学术领域中，最高产的百余名学者如表 5－14 所示。南京特殊教育师范学院的王辉教授是本领域最高产的学者，中国教育科学研究院的孟万金教授位居第二，中国教育科学研究院的刘在花副研究员位居第三。此后，进入前十位的学者还有钟经华、雷江华、赵小红、张冲、邓猛、程黎、官群。

表 5－14　**特殊教育学术研究最高产的百余位学者**（1978—2020）

位次	学者	发文量（篇）	位次	学者	发文量（篇）	位次	学者	发文量（篇）	位次	学者	发文量（篇）
1	王辉	34	27	林云强	12	53	赵微	9	79	张福娟	7
2	孟万金	32	28	刘旺	12	54	华国栋	8	80	张玉红	7
3	刘在花	31	29	佟月华	12	55	金野	8	81	谷传华	6
4	钟经华	24	30	昝飞	12	56	刘全礼	8	82	哈平安	6

续表

位次	学者	发文量（篇）	位次	学者	发文量（篇）	位次	学者	发文量（篇）	位次	学者	发文量（篇）
5	雷江华	22	31	张茂林	12	57	刘文	8	83	刘国雄	6
6	赵小红	22	32	陈光华	11	58	曲学利	8	84	钱小龙	6
7	张冲	20	33	谌小猛	11	59	隋雪	8	85	石学云	6
8	邓猛	19	34	方俊明	11	60	汪斯斯	8	86	苏雪云	6
9	程黎	18	35	贺荟中	11	61	王梅	8	87	田丽丽	6
10	官群	18	36	孙圣涛	11	62	王培峰	8	88	王和平	6
11	彭霞光	18	37	于松梅	11	63	魏寿洪	8	89	王红霞	6
12	杨希洁	18	38	冯维	10	64	杨广学	8	90	王娟	6
13	王雁	17	39	耿柳娜	10	65	张海丛	8	91	王庭照	6
14	于素红	17	40	顾定倩	10	66	朱楠	8	92	王志强	6
15	陈云英	16	41	李成齐	10	67	傅王倩	7	93	徐美贞	6
16	刘玉娟	16	42	马红英	10	68	胡晓毅	7	94	许家成	6
17	兰继军	15	43	马艳云	10	69	金灿灿	7	95	颜廷睿	6
18	刘艳虹	14	44	申仁洪	10	70	李恒	7	96	杨福义	6
19	盛永进	14	45	苏春景	10	71	李拉	7	97	袁茵	6
20	曹漱芹	13	46	赵斌	10	72	刘翔平	7	98	张彩云	6
21	李欢	13	47	黄汝倩	9	73	刘颖	7	99	张积家	6
22	王中会	13	48	江小英	9	74	孙颖	7	100	张姝玥	6
23	韦小满	13	49	刘春玲	9	75	王小慧	7	101	张悦歆	6
24	吴铃	13	50	谈秀菁	9	76	王新波	7	102	赵树铎	6
25	丁勇	12	51	王波	9	77	肖非	7	103	郑虹	6
26	冯雅静	12	52	张树东	9	78	辛伟豪	7			

（九）教师教育学术领域

在教师教育学术领域中，最高产的百余名学者如表 5－15 所示。北京师范大学的胡艳教授是本领域最高产的学者，华东师范大学的王俭教授位居第二，北京师范大学的朱旭东教授和宁波大学的邵光华教授并列位居第三。此后，进入前十位的学者还有谢安邦、代蕊华、顾明远、毛晋平、程肇基、石鸥。

表 5－15　教师教育学术研究最高产的百余位学者（1978—2020）

位次	学者	发文量（篇）	位次	学者	发文量（篇）	位次	学者	发文量（篇）	位次	学者	发文量（篇）
1	胡艳	19	33	杨跃	7	65	龙宝新	5	97	李长吉	4
2	王俭	16	34	袁丽	7	66	罗晓杰	5	98	李振峰	4
3	邵光华	15	35	张传燧	7	67	桑新民	5	99	连秀云	4
4	朱旭东	15	36	周鸿	7	68	石中英	5	100	刘东敏	4
5	谢安邦	14	37	韩映雄	6	69	孙绍荣	5	101	刘翔平	4
6	代蕊华	12	38	金长泽	6	70	王蓓颖	5	102	刘旭	4
7	顾明远	12	39	李福华	6	71	王健	5	103	刘要悟	4
8	毛晋平	12	40	李敏	6	72	王全林	5	104	娄立志	4
9	程肇基	11	41	刘德华	6	73	王少非	5	105	楼世洲	4
10	石鸥	11	42	罗明东	6	74	夏茂林	5	106	卢立涛	4
11	杨莉君	11	43	庞丽娟	6	75	熊万曦	5	107	毛亚庆	4
12	周钧	11	44	舒志定	6	76	徐国兴	5	108	施克灿	4
13	檀传宝	10	45	宋萑	6	77	易红郡	5	109	唐玉光	4
14	荀渊	10	46	王艳玲	6	78	袁运开	5	110	田爱丽	4
15	戚业国	9	47	吴志功	6	79	张斌贤	5	111	童康	4
16	陈桂生	8	48	俞启定	6	80	张楚廷	5	112	翁琴雅	4
17	王强	8	49	赵建军	6	81	张海钟	5	113	吴端阳	4
18	王雁	8	50	赵中建	6	82	赵明仁	5	114	向东春	4
19	肖川	8	51	钟祖荣	6	83	安文铸	4	115	薛晓阳	4
20	黄晓	7	52	周彬	6	84	安雪慧	4	116	张勉	4
21	姜勇	7	53	蔡永红	5	85	蔡辰梅	4	117	张晓峰	4
22	李琼	7	54	陈玉琨	5	86	楚江亭	4	118	赵磊磊	4
23	李小红	7	55	成有信	5	87	董新良	4	119	赵萍	4
24	刘铁芳	7	56	高潇怡	5	88	樊香兰	4	120	郑东辉	4
25	母小勇	7	57	关春明	5	89	冯婉桢	4	121	郑新蓉	4
26	裴淼	7	58	郭德俊	5	90	高洪源	4	122	周慧梅	4
27	时伟	7	59	郭齐家	5	91	管培俊	4	123	周作宇	4
28	孙喜亭	7	60	洪成文	5	92	郭法奇	4	124	朱小蔓	4
29	唐松林	7	61	金生鈜	5	93	郭晓明	4	125	朱元春	4
30	熊川武	7	62	康晓伟	5	94	郝文武	4			
31	薛天祥	7	63	刘剑虹	5	95	贺祖斌	4			
32	杨光	7	64	刘儒德	5	96	黄友初	4			

四　中国教育学术研究不同年代的学者核心度比较

对中国社会科学在不同年代的学者核心度与中国教育学术研究不同年代的学者核心度进行测算比较，结果如表5－16、表5－17所示。可以清楚地看到，学者核心度有明显差异。中国社会科学的学者核心度近年来为17.96%，随着年代的推进，一直保持在20%上下波动，相对较为稳定。中国教育学术研究的学者核心度，随着年代的推进，呈现出明显的上升趋势，当前21世纪第二个十年的学者核心度已经达到40.69%。这也从一个侧面反映出，教育学术领域中普通学者的发文难度远高于社会科学的整体平均水平。

表5－16　中国教育学术研究不同年代的学者核心度对比（1978—2020）

年代	N_{max}	原始M	最大邻近取整M	核心学者发文量（篇）	发文总量（篇）	学者核心度（核心学者发文占比）（%）
20世纪80年代	33	4.303	5	2811	12223	23.00
20世纪90年代	51	5.349	6	7552	29235	25.83
21世纪头十年	101	7.527	8	19036	62252	30.58
21世纪第二个十年	81	6.741	7	27591	67816	40.69

表5－17　中国社会科学不同年代的学者核心度对比（1978—2020）

年代	N_{max}	原始M	最大邻近取整M	核心学者发文量（篇）	发文总量（篇）	学者核心度（核心学者发文占比）（%）
20世纪80年代	32	4.237	5	13356	59413	22.48
20世纪90年代	45	5.024	6	16645	84471	19.70
21世纪头十年	108	7.784	8	19818	128508	15.42
21世纪第二个十年	79	6.657	7	25481	141885	17.96

五　中国教育学术研究不同年代最高产的学者分析

（一）20 世纪 80 年代

首先需要说明一点，此处还额外包括了 1978 年和 1979 年。在 20 世纪 80 年代，最高产的近一百名学者如表 5－18 所示。华中工学院（华中科技大学）的朱九思教授是本年代最高产的学者，上海大学、上海师范大学的杨德广教授位居第二，陈侠先生位居第三。此后，进入前十位的学者还有余立、钟启泉、蔡克勇、何东昌、洪丕熙、杜殿坤、陈桂生。

表 5－18　中国教育学术研究
20 世纪 80 年代最高产的近百位学者（1978—1989）

位次	学者	发文量（篇）	位次	学者	发文量（篇）	位次	学者	发文量（篇）	位次	学者	发文量（篇）
1	朱九思	33	25	宓洽群	15	49	司荫贞	12	73	忻福良	10
2	杨德广	32	26	孙祖复	15	50	袁微子	12	74	叶佩珉	10
3	陈侠	28	27	武永兴	15	51	赵克林	12	75	陈尔寿	9
4	余立	27	28	袁韶莹	15	52	周蕖	12	76	陈庆基	9
5	钟启泉	27	29	张光斗	15	53	朱佩荣	12	77	何仁	9
6	蔡克勇	26	30	邓存瑞	14	54	马骥雄	11	78	黄辛白	9
7	何东昌	26	31	梁英豪	14	55	宋殿宽	11	79	蒋晓	9
8	洪丕熙	26	32	王英杰	14	56	孙明经	11	80	李纯武	9
9	杜殿坤	23	33	朱开轩	14	57	孙启林	11	81	林桐绰	9
10	陈桂生	21	34	陈旭晟	13	58	王森	11	82	刘忠德	9
11	徐长瑞	21	35	成有信	13	59	王占春	11	83	柳斌	9
12	顾明远	19	36	黄展鹏	13	60	吴本厦	11	84	马良生	9
13	高文	18	37	路甬祥	13	61	叶立群	11	85	史朝	9
14	李其龙	18	38	罗福午	13	62	卜中和	10	86	舒文	9
15	毛澹然	18	39	王义高	13	63	蔡郁毓	10	87	霜龛	9
16	邢克超	18	40	薛天祥	13	64	曹飞羽	10	88	唐其慈	9
17	刘启娴	17	41	张健	13	65	陈浩	10	89	王革	9
18	潘懋元	17	42	苏霍姆斯基	13	66	丰郙	10	90	辛厚文	9
19	梁忠义	16	43	杜维涛	12	67	李福芝	10	91	熊承涤	9

续表

位次	学者	发文量（篇）	位次	学者	发文量（篇）	位次	学者	发文量（篇）	位次	学者	发文量（篇）
20	苏真	16	44	李守福	12	68	刘献君	10	92	徐世朴	9
21	张人杰	16	45	南国农	12	69	孟明义	10	93	严综	9
22	韩骅	15	46	彭珮云	12	70	潘洪萱	10	94	叶春生	9
23	李春生	15	47	邱渊	12	71	王佩雄	10	95	袁运开	9
24	刘翠荣	15	48	石伟平	12	72	吴常德	10	96	赵卫	9

（二）20 世纪 90 年代

在 20 世纪 90 年代，最高产的百余名学者如表 5－19 所示。华东师范大学的赵中建教授是本年代最高产的学者，华东师范大学的钟启泉教授位居第二，原国家教育委员会的朱开轩先生位居第三。此后，进入前十位的学者还有王冀生、杨德广、黄志成、肖南、王斌华、潘懋元、陈桂生。

表 5－19　**中国教育学术研究**

20 世纪 90 年代最高产的百余位学者（1990—1999）

位次	学者	发文量（篇）	位次	学者	发文量（篇）	位次	学者	发文量（篇）	位次	学者	发文量（篇）
1	赵中建	51	28	陈永明	23	55	龚放	18	82	吴康宁	16
2	钟启泉	47	29	丁新	23	56	李守福	18	83	项贤明	16
3	朱开轩	47	30	何克抗	23	57	刘晖	18	84	肖川	16
4	王冀生	45	31	谈松华	23	58	朱佩荣	18	85	叶澜	16
5	杨德广	42	32	徐辉	23	59	丁兴富	17	86	袁自煌	16
6	黄志成	41	33	马陆亭	22	60	黄日强	17	87	张华	16
7	肖南	41	34	姚启和	22	61	刘海峰	17	88	钟志贤	16
8	王斌华	40	35	陈至立	21	62	刘力	17	89	周贝隆	16
9	潘懋元	39	36	叶春生	21	63	刘尧	17	90	别敦荣	15
10	陈桂生	38	37	张健	21	64	宋成栋	17	91	沈红	15
11	柳斌	38	38	周满生	21	65	眭依凡	17	92	陈士衡	15
12	顾明远	37	39	朱国仁	21	66	汪凌	17	93	邓存瑞	15
13	石伟平	37	40	邓志伟	20	67	王子成	17	94	方展画	15
14	高文	36	41	柯森	20	68	吴福光	17	95	韩延明	15
15	何东昌	33	42	刘振天	20	69	余文森	17	96	冒荣	15

续表

位次	学者	发文量（篇）	位次	学者	发文量（篇）	位次	学者	发文量（篇）	位次	学者	发文量（篇）
16	冯增俊	30	43	包国庆	19	70	袁锐锷	17	97	史朝	15
17	余立	30	44	陈学飞	19	71	张楚廷	17	98	王端庆	15
18	韩骅	29	45	鲁洁	19	72	杜作润	16	99	王占春	15
19	王伟廉	28	46	宓洽群	19	73	龚映杉	16	100	韦钰	15
20	周远清	28	47	戚业国	19	74	黄清云	16	101	徐越	15
21	陈乃林	26	48	文辅相	19	75	江山野	16	102	杨骞	15
22	马良生	25	49	谢安邦	19	76	任为民	16	103	杨叔子	15
23	马庆发	25	50	张承先	19	77	汤洪高	16	104	余翔林	15
24	檀传宝	25	51	张民选	19	78	王宏志	16	105	张光斗	15
25	薛天祥	25	52	郑金洲	19	79	王民	16			
26	张鹰	25	53	蔡克勇	18	80	王晓辉	16			
27	汪霞	24	54	陈浩	18	81	王义高	16			

（三）21 世纪头十年

进入 21 世纪头十年，最高产的百余名学者如表 5－20 所示。华东师范大学的钟启泉教授是本年代最高产的学者，中央广播电视大学的丁兴富教授位居第二，王建华教授位居第三。此后，进入前十位的学者还有周远清、顾明远、吕瑶、潘懋元、钟志贤、张伟远、杨叔子。

表 5－20　**中国教育学术研究 21 世纪头十年最高产的百余位学者（2000—2009）**

位次	学者	发文量（篇）	位次	学者	发文量（篇）	位次	学者	发文量（篇）	位次	学者	发文量（篇）
1	钟启泉	101	31	姜勇	37	61	石鸥	29	91	盛群力	26
2	丁兴富	68	32	肖俊洪	36	62	杨改学	29	92	檀传宝	26
3	王建华	65	33	眭依凡	35	63	张万朋	29	93	王凯	26
4	周远清	64	34	田建国	35	64	朱小蔓	29	94	王艳玲	26
5	顾明远	62	35	杨启亮	35	65	祝怀新	29	95	吴康宁	26
6	吕瑶	55	36	余胜泉	35	66	陈琳	28	96	项贤明	26
7	潘懋元	55	37	纪宝成	34	67	李福华	28	97	周满生	26
8	钟志贤	55	38	王晓辉	34	68	刘铁芳	28	98	陈时见	25

续表

位次	学者	发文量（篇）	位次	学者	发文量（篇）	位次	学者	发文量（篇）	位次	学者	发文量（篇）
9	张伟远	54	39	阎光才	34	69	卢乃桂	28	99	顾小清	25
10	杨叔子	53	40	黄荣怀	33	70	申素平	28	100	刘俊学	25
11	何克抗	52	41	吴启迪	33	71	王辉	28	101	孟万金	25
12	张楚廷	52	42	徐辉	33	72	谢维和	28	102	桑新民	25
13	李爽	51	43	徐小洲	33	73	杨天平	28	103	田正平	25
14	杨德广	50	44	蔡克勇	32	74	袁祖望	28	104	王伟廉	25
15	胡建华	49	45	刘海峰	32	75	陈丽	27	105	王文静	25
16	刘献君	49	46	王洪才	32	76	郝德永	27	106	王长乐	25
17	别敦荣	47	47	王佑镁	32	77	李江源	27	107	杨晓宏	25
18	刘宝存	47	48	杨开城	32	78	李军	27	108	袁维新	25
19	赵中建	46	49	周勇	32	79	吴雪萍	27	109	张应强	25
20	周济	46	50	崔允漷	31	80	易红郡	27	110	赵蒙成	25
21	刘尧	43	51	冯建军	31	81	张传燧	27	111	蔡敏	24
22	李桂云	42	52	王冀生	31	82	张东娇	27	112	刘凡丰	24
23	汪霞	40	53	邬大光	31	83	周彬	27	113	刘剑虹	24
24	王鹏	40	54	谢安邦	31	84	周谷平	27	114	庞丽娟	24
25	张华	40	55	袁贵仁	31	85	周光礼	27	115	任友群	24
26	陈桂生	39	56	丁新	30	86	周海涛	27	116	谈松华	24
27	朱旭东	39	57	马健生	30	87	祝智庭	27	117	王嘉毅	24
28	马陆亭	38	58	潘涌	30	88	陈伟	26	118	张斌贤	24
29	石中英	38	59	许杰	30	89	洪明	26	119	张力	24
30	陈至立	37	60	刘莉	29	90	李康	26	120	张炜	24

（四）21 世纪第二个十年

21 世纪第二个十年（2020 年也统计在内），最高产的百余名学者如表 5－21 所示。厦门大学的别敦荣教授是本年代最高产的学者，湖南师范大学的刘铁芳教授位居第二，华中科技大学的刘献君教授位居第三。此后，进入前十位的学者还有钟秉林、林健、李润洲、何克抗、周光礼、阎光才、龙宝新。

表 5－21　　中国教育学术研究 21 世纪第二个十年最高产的百余位学者（2010—2020）

位次	学者	发文量（篇）	位次	学者	发文量（篇）	位次	学者	发文量（篇）	位次	学者	发文量（篇）
1	别敦荣	81	27	高德胜	42	53	申素平	35	79	王磊	31
2	刘铁芳	68	28	李青	41	54	杨开城	35	80	邬大光	31
3	刘献君	66	29	杨现民	41	55	张伟	35	81	钟柏昌	31
4	钟秉林	62	30	周建松	41	56	陈伟	34	82	李海峰	30
5	林健	58	31	黄兆信	40	57	李玲	34	83	李辉	30
6	李润洲	54	32	李锋亮	40	58	罗祖兵	34	84	李硕豪	30
7	何克抗	53	33	祁占勇	40	59	王萍	34	85	刘莉	30
8	周光礼	53	34	任友群	40	60	王强	34	86	罗生全	30
9	阎光才	52	35	眭依凡	40	61	吴立保	34	87	吴雪萍	30
10	龙宝新	51	36	王娟	39	62	武学超	34	88	岳昌君	30
11	周海涛	51	37	陈鹏	38	63	肖凤翔	34	89	张屹	30
12	冯建军	50	38	林杰	37	64	徐小洲	34	90	陈丽	29
13	郑旭东	50	39	唐景莉	37	65	薛二勇	34	91	胡小勇	29
14	祝智庭	50	40	王志军	37	66	张良	34	92	梁传杰	29
15	姜勇	48	41	张斌贤	37	67	钟启泉	34	93	刘进	29
16	王洪才	47	42	朱旭东	37	68	罗志敏	33	94	吕林海	29
17	熊华军	47	43	曾文婕	36	69	王传毅	33	95	吴薇	29
18	赵慧臣	47	44	董泽芳	36	70	张楚廷	33	96	包水梅	28
19	陈琳	45	45	顾小清	36	71	蔡连玉	32	97	丁念金	28
20	顾明远	45	46	王飞	36	72	陈明选	32	98	胡建华	28
21	刘小强	45	47	王志强	36	73	马健生	32	99	李艳	28
22	马陆亭	45	48	姚荣	36	74	赵俊芳	32	100	庞丽娟	28
23	李立国	44	49	叶飞	36	75	周洪宇	32	101	瞿振元	28
24	王战军	44	50	张应强	36	76	鲍威	31	102	王辉	28
25	王佑镁	43	51	付八军	35	77	黄荣怀	31	103	吴峰	28
26	张炜	43	52	李芒	35	78	刘敏	31	104	卓泽林	28

第四节　中国教育学术研究的核心机构对比分析

一　中国教育学术研究最高产的机构分析

自改革开放以来，中国教育学术领域中，最高产的前五十个机构统计如表 5－22 所示。排在前十位的高产机构依次为北京师范大学、华东师范大学、南京师范大学、清华大学、华南师范大学、浙江大学、华中师范大学、东北师范大学、北京大学、华中科技大学。

表 5－22　中国教育学术研究最高产的前五十个机构（1978—2020）

位次	机构	发文量（篇）	位次	机构	发文量（篇）
1	北京师范大学	8958	26	苏州大学	747
2	华东师范大学	7774	27	中南大学	742
3	南京师范大学	3228	28	中南工业大学	729
4	清华大学	2917	29	中央广播电视大学	709
5	华南师范大学	2854	30	武汉大学	696
6	浙江大学	2768	31	天津大学	694
7	华中师范大学	2645	32	河南大学	647
8	东北师范大学	2512	33	曲阜师范大学	646
9	北京大学	2302	34	中山大学	644
10	华中科技大学	2198	35	宁波大学	595
11	西南大学	2026	36	大连理工大学	589
12	厦门大学	2011	37	东南大学	582
13	湖南师范大学	1908	38	扬州大学	578
14	浙江师范大学	1737	39	西安交通大学	575
15	南京大学	1548	40	同济大学	573
16	西北师范大学	1483	41	江西师范大学	572
17	首都师范大学	1420	42	安徽师范大学	557
18	陕西师范大学	1395	43	国家教育行政学院	546
19	上海师范大学	1322	44	广州大学	522
20	中国人民大学	1128	45	华中理工大学	514
21	辽宁师范大学	1016	46	河北大学	513

续表

位次	机构	发文量（篇）	位次	机构	发文量（篇）
22	复旦大学	943	47	华南理工大学	510
23	上海交通大学	881	48	温州大学	505
24	山东师范大学	822	49	中国科学技术大学	502
25	北京航空航天大学	770	50	江苏大学	500

二　中国教育学术研究不同子领域的机构核心度分析

中国教育研究不同子领域的核心机构情况如表5－23所示。可以发现，在中国教育学术领域，高等教育和研究生教育具有最高的机构核心度，核心占比分别为61.98%、58.95%。此外机构核心度较高的子领域还有教师教育，核心占比55.37%；电化教育，核心占比53.97%。机构核心度相对较小的后三个子领域为特殊教育、学前教育、教育经济。

表5－23　中国教育研究不同子领域的机构核心度对比（1978—2020）

子领域	N_{max}	原始M	最大邻近取整M	核心机构发文量（篇）	发文总量（篇）	核心度（核心机构发文占比）（%）
高等教育	2124	34.519	35	35786	57736	61.98
研究生教育	418	15.313	16	5132	8705	58.95
教师教育	559	17.709	18	1702	3074	55.37
电化教育	1670	30.608	31	17899	33162	53.97
比较教育	1954	33.109	34	8498	16097	52.79
综合类	2975	40.853	41	26268	50981	51.53
特殊教育	465	16.151	17	2004	3956	50.66
学前教育	248	11.795	12	1695	4110	41.24
教育经济	124	8.341	9	846	2125	39.81

三　中国教育学术研究不同子领域最高产的机构分析

（一）教育经济学术领域

对中国教育学术研究不同子领域最高产的机构进行了统计分析。在教育经济学术领域中，最高产的四十八个机构如表5－24所示。其中，排在前十位的依次是北京师范大学、华中师范大学、北京大学、西南大学、湖南师范大学、华中科技大学、厦门大学、华东师范大学、南京师范大学、东北师范大学。

表5－24　中国教育经济学术研究最高产的四十八个机构（1978—2020）

位次	机构	发文量（篇）	位次	机构	发文量（篇）
1	北京师范大学	124	25	清华大学	11
2	华中师范大学	124	26	苏州大学	11
3	北京大学	76	27	中国地质大学	10
4	西南大学	45	27	中国人民大学	10
5	湖南师范大学	43	29	北京科技大学	9
6	华中科技大学	37	30	香港中文大学	9
7	厦门大学	37	31	中南民族大学	9
8	华东师范大学	34	32	重庆工商大学	9
9	南京师范大学	22	33	安徽师范大学	8
10	东北师范大学	19	34	北京教育学院	8
11	南开大学	19	35	北京理工大学	8
12	广州大学	16	36	杭州大学	8
13	南京农业大学	16	37	河北大学	8
14	陕西师范大学	15	38	湖北大学	8
15	武汉大学	15	39	暨南大学	8
16	西北师范大学	14	40	西南财经大学	8
17	华南师范大学	13	41	长沙理工大学	8
18	首都师范大学	13	42	中国农业大学	8
19	浙江大学	13	43	复旦大学	7
20	浙江师范大学	13	44	河南大学	7
21	吉林大学	12	45	南通大学	7
22	中南财经政法大学	12	46	四川师范学院*	7

续表

位次	机构	发文量（篇）	位次	机构	发文量（篇）
23	河南师范大学	11	47	西华师范大学	7
24	南京财经大学	11	48	中国社会科学院	7

注：＊四川师范学院，已于1993年调整更名为四川师范大学。

（二）研究生教育学术领域

在研究生教育学术领域中，最高产的五十一个机构如表5－25所示。其中，排在前十位的依次是中国科学技术大学、清华大学、浙江大学、北京大学、北京师范大学、西安交通大学、北京理工大学、复旦大学、天津大学、南京大学。

表5－25　**中国研究生教育学术研究最高产的五十一个机构**（1978—2020）

位次	机构	发文量（篇）	位次	机构	发文量（篇）
1	中国科学技术大学	418	27	华中科技大学	72
2	清华大学	250	28	浙江师范大学	70
3	浙江大学	189	29	重庆大学	58
4	北京大学	162	30	国防科技大学	50
5	北京师范大学	153	31	陕西师范大学	50
6	西安交通大学	148	32	湖南大学	49
7	北京理工大学	138	33	中山大学	49
8	复旦大学	119	34	西安电子科技大学	45
9	天津大学	119	35	南开大学	42
10	南京大学	118	36	暨南大学	40
11	中国科技大学	117	37	华中师范大学	39
12	厦门大学	111	38	武汉理工大学	39
13	武汉大学	102	39	中国矿业大学	39
14	华东师范大学	101	40	南京师范大学	38
15	北京航空航天大学	100	41	山东大学	38
16	上海交通大学	98	42	中南大学	36
17	中国人民大学	97	43	吉林大学	35
18	同济大学	85	44	湘潭大学	35
19	哈尔滨工业大学	83	45	北京科技大学	34

续表

位次	机构	发文量（篇）	位次	机构	发文量（篇）
20	华南理工大学	82	46	国防科学技术大学	34
21	东南大学	78	47	南京航空航天大学	34
22	大连理工大学	77	48	华中理工大学	33
23	东北师范大学	77	49	北京工业大学	32
24	西北工业大学	77	50	河北大学	32
25	南京农业大学	75	51	华南师范大学	32
26	中国科学院	74			

（三）电化教育学术领域

在电化教育学术领域中，最高产的五十二个机构如表5－26所示。其中，排在前十位的依次是北京师范大学、华南师范大学、华东师范大学、西北师范大学、华中师范大学、中央广播电视大学、东北师范大学、南京师范大学、陕西师范大学、首都师范大学。

表5－26　**中国电化教育学术研究最高产的五十二个机构**（1978—2020）

位次	机构	发文量（篇）	位次	机构	发文量（篇）
1	北京师范大学	1670	27	河南大学	167
2	华南师范大学	1177	28	河南师范大学	164
3	华东师范大学	1133	29	江苏广播电视大学	158
4	西北师范大学	859	30	温州大学	153
5	华中师范大学	709	31	北京邮电大学	129
6	中央广播电视大学	681	32	辽宁师范大学	127
7	东北师范大学	531	33	国家开放大学	126
8	南京师范大学	447	34	深圳大学	123
9	陕西师范大学	426	35	沈阳师范大学	110
10	首都师范大学	396	36	广州大学	107
11	北京大学	358	37	安徽师范大学	102
12	浙江师范大学	303	38	上海外国语大学	101
13	清华大学	286	39	西华师范大学	98
14	浙江广播电视大学	276	40	重庆广播电视大学	98
15	江苏师范大学	266	41	广东广播电视大学	94

续表

位次	机构	发文量（篇）	位次	机构	发文量（篇）
16	曲阜师范大学	252	42	扬州大学	90
17	西南大学	247	43	河北师范大学	87
18	上海电视大学	236	44	天津师范大学	82
19	上海师范大学	225	45	广西师范大学	79
20	浙江大学	214	46	浙江工业大学	79
21	山东师范大学	208	47	北京航空航天大学	78
22	南京大学	207	48	暨南大学	78
23	徐州师范大学	204	49	四川广播电视大学	78
24	江西师范大学	201	50	吉林大学	77
25	江南大学	192	51	南通大学	77
26	河北大学	178	52	四川师范大学	77

（四）高等教育学术领域

在高等教育学术领域中，最高产的五十个机构如表 5－27 所示。其中，排在前十位的依次是清华大学、华中科技大学、浙江大学、厦门大学、北京师范大学、华东师范大学、南京大学、北京大学、南京师范大学、中南工业大学。

表 5－27　**中国高等教育学术研究最高产的五十个机构**（1978—2020）

位次	机构	发文量（篇）	位次	机构	发文量（篇）
1	清华大学	2124	26	华中师范大学	336
2	华中科技大学	1671	27	湖南师范大学	335
3	浙江大学	1359	28	西安交通大学	322
4	厦门大学	1266	29	浙江师范大学	319
5	北京师范大学	1110	30	扬州大学	298
6	华东师范大学	908	31	中国矿业大学	298
7	南京大学	886	32	暨南大学	272
8	北京大学	862	33	河海大学	269
9	南京师范大学	751	34	同济大学	269
10	中南工业大学	713	35	湖南大学	268
11	中国人民大学	654	36	西南大学	252

续表

位次	机构	发文量（篇）	位次	机构	发文量（篇）
12	复旦大学	591	37	华中工学院*	251
13	中南大学	576	38	浙江工业大学	234
14	上海交通大学	561	39	陕西师范大学	232
15	华南师范大学	520	40	南京航空航天大学	220
16	华中理工大学	450	41	南开大学	214
17	北京航空航天大学	425	42	上海师范大学	208
18	中山大学	406	43	吉林大学	202
19	东南大学	405	44	南京农业大学	198
20	大连理工大学	404	45	北京理工大学	191
21	苏州大学	390	46	中国地质大学	187
22	天津大学	367	47	武汉理工大学	180
23	江苏大学	361	48	兰州大学	177
24	武汉大学	356	49	宁波大学	177
25	华南理工大学	346	50	温州大学	173

注：＊华中工学院，已于2005年调整组建为华中科技大学，为准确起见，在表中将华中工学院与华中科技大学作为两个机构分别统计，后表同。

（五）学前教育学术领域

在学前教育学术领域中，最高产的五十个机构如表5-28所示。其中，排在前十位的依次是南京师范大学、北京师范大学、华东师范大学、湖南师范大学、西南大学、华中师范大学、东北师范大学、长沙师范专科学校、陕西师范大学、浙江师范大学。

表5-28　**中国学前教育学术研究最高产的五十个机构（1978—2020）**

位次	机构	发文量（篇）	位次	机构	发文量（篇）
1	南京师范大学	248	26	温州大学	19
2	北京师范大学	233	27	华东师范大学	16
3	华东师范大学	155	28	广西师范大学	15
4	湖南师范大学	126	29	浙江大学	15
5	西南大学	122	30	宁波大学	14
6	华中师范大学	61	31	山西大学	14
7	东北师范大学	56	32	河北大学	13

续表

位次	机构	发文量（篇）	位次	机构	发文量（篇）
8	长沙师范专科学校	54	33	云南师范大学	11
9	陕西师范大学	52	34	中华女子学院	11
10	浙江师范大学	49	35	南京晓庄学院	10
11	华南师范大学	47	36	福建儿童发展职业学院*	9
12	辽宁师范大学	40	37	华中科技大学	9
13	山东师范大学	40	38	哈尔滨师范大学	8
14	西南师范大学*	36	39	杭州师范大学	8
15	河南大学	31	40	湖南第一师范学院	8
16	首都师范大学	29	41	江西师范大学	8
17	福建师范大学	27	42	深圳大学	8
18	广州大学	26	43	浙江师大杭州幼儿师范学院	8
19	西北师范大学	26	44	湖南师大教育科学学院	7
20	上海师范大学	25	45	人民教育出版社	7
21	天津师范大学	24	46	山东英才学院	7
22	长沙师范学院	23	47	上海幼儿师范高等专科学校*	7
23	安徽师范大学	22	48	四川师范大学	7
24	沈阳师范大学	22	49	西华师范大学	7
25	重庆师范大学	22	50	香港教育学院*	7

注：*西南师范大学，已于2005年调整组建为西南大学，为准确起见，在表中将西南师范大学与西南大学作为两个机构分别统计，后表同。福建儿童发展职业学院，已于2012年调整更名为福建幼儿师范高等专科学校。上海幼儿师范高等专科学校，已于1997年调整组建为华东师范大学。香港教育学院，已于2016年调整更名为香港教育大学。

（六）比较教育学术领域

在比较教育学术领域中，最高产的五十个机构如表5－29所示。其中，排在前十位的依次是华东师范大学、北京师范大学、东北师范大学、浙江大学、浙江师范大学、西南大学、南京师范大学、华南师范大学、上海师范大学、华中师范大学。

表 5－29　中国比较教育学术研究最高产的五十个机构（1978—2020）

位次	机构	发文量（篇）	位次	机构	发文量（篇）
1	华东师范大学	1954	26	河南大学	49
2	北京师范大学	1669	27	杭州大学	47
3	东北师范大学	774	28	西南师范大学	47
4	浙江大学	398	29	同济大学	46
5	浙江师范大学	328	30	云南师范大学	45
6	西南大学	311	31	中国人民大学	45
7	南京师范大学	293	32	沈阳师范大学	43
8	华南师范大学	266	33	哈尔滨师范大学	42
9	上海师范大学	264	34	江西师范大学	41
10	华中师范大学	163	35	苏州大学	40
11	首都师范大学	159	36	天津师范大学	39
12	福建师范大学	120	37	天津大学	37
13	厦门大学	117	38	安徽师范大学	36
14	河北大学	107	39	复旦大学	36
15	北京大学	106	40	湖南师范大学	36
16	辽宁师范大学	95	41	南开大学	36
17	西北师范大学	89	42	吉林大学	34
18	南京大学	87	43	武汉大学	34
19	陕西师范大学	78	44	上海交通大学	33
20	山东师范大学	70	45	河北师范大学	32
21	香港中文大学	70	46	河南师范大学	32
22	华中科技大学	69	47	曲阜师范大学	31
23	杭州师范大学	65	48	温州大学	28
24	宁波大学	62	49	中央民族大学	28
25	清华大学	51	50	重庆师范大学	28

（七）综合类（基础教育）学术领域

在综合类（基础教育）学术领域中，最高产的五十个机构如表 5－30所示。其中，排在前十位的依次是北京师范大学、华东师范大学、南京师范大学、湖南师范大学、华中师范大学、西南大学、东北师范大学、华南师范大学、北京大学、首都师范大学。

表 5－30 中国综合类（基础教育）学术研究最高产的五十个机构（1978—2020）

位次	机构	发文量（篇）	位次	机构	发文量（篇）
1	北京师范大学	2975	26	安徽师范大学	244
2	华东师范大学	2734	27	西南师范大学	239
3	南京师范大学	1310	28	宁波大学	221
4	湖南师范大学	1175	29	南京大学	218
5	华中师范大学	1067	30	沈阳师范大学	211
6	西南大学	904	31	苏州大学	205
7	东北师范大学	815	32	福建师范大学	186
8	华南师范大学	715	33	清华大学	183
9	北京大学	705	34	复旦大学	155
10	首都师范大学	660	35	广州大学	149
11	辽宁师范大学	590	36	山西大学	146
12	浙江大学	563	37	武汉大学	145
13	浙江师范大学	505	38	香港中文大学	142
14	上海师范大学	498	39	扬州大学	137
15	国家教育行政学院	440	40	北京教育学院	136
16	厦门大学	432	41	四川师范大学	136
17	陕西师范大学	416	42	天津师范大学	136
18	人民教育出版社	372	43	江西师范大学	132
19	山东师范大学	347	44	国家高级教育行政学院*	131
20	西北师范大学	324	45	杭州大学	126
21	河南大学	304	46	上海交通大学	124
22	曲阜师范大学	266	47	同济大学	124
23	华中科技大学	262	48	湖北大学	123
24	中国人民大学	262	49	北京航空航天大学	117
25	杭州师范大学	258	50	温州大学	117

注：* 国家高级教育行政学院，已于 2002 年调整更名为国家教育行政学院。

（八）特殊教育学术领域

在特殊教育学术领域中，最高产的四十八个机构如表 5－31 所示。其中，排在前十位的依次是北京师范大学、华东师范大学、北京联合大学、南京特殊教育职业技术学院[①]、华中师范大学、陕西师范大学、西南大学、辽宁师范大学、重庆师范大学、南京师范大学。

表5－31　中国特殊教育学术研究最高产的四十八个机构（1978—2020）

位次	机构	发文量（篇）	位次	机构	发文量（篇）
1	北京师范大学	719	25	北京航空航天大学	17
2	华东师范大学	465	26	四川师范大学	16
3	北京联合大学	341	27	西北师范大学	16
4	南京特殊教育职业技术学院*	145	28	重庆师范学院*	16
5	华中师范大学	110	29	贵州师范大学	16
6	陕西师范大学	107	30	南京大学	15
7	西南大学	98	31	湘潭大学	15
8	辽宁师范大学	91	32	长春大学	15
9	重庆师范大学	78	33	泉州师范学院	15
10	南京师范大学	67	34	潍坊学院	14
11	山东师范大学	63	35	广州大学	14
12	华南师范大学	63	36	湖南师范大学	13
13	浙江师范大学	59	37	南京特殊教育师范学院	13
14	济南大学	53	38	首都师范大学	13
15	鲁东大学	49	39	中国科学院	13
16	西南师范大学	40	40	曲阜师范大学	13
17	东北师范大学	26	41	江苏师范大学	12
18	北京大学	23	42	天津师范大学	11
19	上海师范大学	19	43	新疆师范大学	11
20	沈阳师范大学	19	44	中国人民大学	11
21	哈尔滨师范大学	18	45	福建师范大学	11
22	苏州大学	18	46	广西大学	10
23	邯郸学院	18	47	天津理工大学	10
24	湖州师范学院	17	48	安徽师范大学	10

注：＊南京特殊教育职业技术学院，已于2015年调整更名为南京特殊教育师范学院，为准确起见，在表中将南京特殊教育职业技术学院与南京特殊教育师范学院作为两个机构分别统计，后表同。重庆师范学院，已于2003年调整更名为重庆师范大学，为准确起见，在表中将重庆师范学院与重庆师范大学作为两个机构分别统计，后表同。

① 已于2015年调整更名为南京特殊教育师范学院，后同。

（九）教师教育学术领域

在教师教育学术领域中，最高产的五十二个机构如表 5－32 所示。其中，排在前十位的依次是北京师范大学、华东师范大学、湖南师范大学、浙江师范大学、西南大学、东北师范大学、南京师范大学、上海师范大学、华中师范大学、首都师范大学。

表 5－32 中国教师教育学术研究最高产的五十二个机构（1978—2020）

位次	机构	发文量（篇）	位次	机构	发文量（篇）
1	北京师范大学	580	27	扬州大学	12
2	华东师范大学	414	28	杭州师范学院*	11
3	湖南师范大学	118	29	湖南科技大学	11
4	浙江师范大学	97	30	辽宁师范大学	11
5	西南大学	67	31	山西大学	11
6	东北师范大学	57	32	淮北师范大学	10
7	南京师范大学	56	33	江西师范大学	10
8	上海师范大学	52	34	山东师范大学	10
9	华中师范大学	39	35	浙江大学	10
10	首都师范大学	37	36	浙江教育学院*	10
11	陕西师范大学	28	37	北京教育学院	9
12	西北师范大学	28	38	华中科技大学	9
13	华南师范大学	25	39	南京大学	9
14	宁波大学	25	40	四川师范大学	9
15	杭州师范大学	24	41	广西师范大学	8
16	山西师范大学	21	42	河南师范大学	8
17	苏州大学	19	43	淮北煤炭师范学院*	8
18	曲阜师范大学	18	44	淮阴师范学院	8
19	厦门大学	18	45	上饶师范学院	8
20	云南师范大学	16	46	阜阳师范学院*	7
21	沈阳师范大学	15	47	哈尔滨师范大学	7
22	河北师范大学	15	48	河北大学	7
23	香港中文大学	15	49	湖南大学	7

续表

位次	机构	发文量（篇）	位次	机构	发文量（篇）
24	安徽师范大学	13	50	南通师范学院*	7
25	北京大学	12	51	西华师范大学	7
26	福建师范大学	12	52	新疆师范大学	7

注：*杭州师范学院，已于2007年调整更名为杭州师范大学，为准确起见，在表中将杭州师范学院与杭州师范大学作为两个机构分别统计，后表同。浙江教育学院，已于2010年调整更名为浙江外国语学院。淮北煤炭师范学院，已于2010年调整更名为淮北师范大学。阜阳师范学院，已于2019年调整更名为阜阳师范大学。南通师范学院，已于2004年调整组建为南通大学。

四　中国教育学术研究不同年代的机构核心度比较

对中国社会科学在不同年代的机构核心度与中国教育学术研究不同年代的机构核心度进行测算比较，结果如表5－33、表5－34所示。一方面，中国教育学术研究和中国社会科学的机构核心度都随着年代的推进而不断趋于集中。另一方面，中国教育学术研究的机构核心度在各个年代都低于中国社会科学的整体水平。

机构核心度能够反映出不同机构的学科特色是否稳定形成。从这个角度来讲，社会科学整体上各个机构的学科特色相对已经形成，而教育学术领域，各个机构的学术特色尚未稳定形成。

笔者认为，一种良性的学术研究状态，体现在学者与机构核心度方面，应当是机构核心度相对要高，这说明不同机构在发展中逐渐形成了自身的学科特色；而学者核心度相对要适度，这说明学术话语权不被少部分人所垄断，普通学者可以有很多发文展现的机会。但是反观教育学术研究，则是学者核心度远高于社会科学整体水平，而机构核心度又低于社会科学整体水平，这种状况似乎不太正常，有待改进。

表 5-33 中国教育学术研究不同年代的机构核心度对比（1978—2020）

年代	N_{max}	原始 M	最大邻近取整 M	核心机构发文量（篇）	发文总量（篇）	机构核心度（核心机构发文占比）（%）
20 世纪 80 年代	385	14.696	15	3140	5128	61.23
20 世纪 90 年代	855	21.901	22	11360	17015	66.76
21 世纪头十年	3728	45.732	46	39037	52983	73.68
21 世纪第二个十年	4451	49.970	50	49528	63383	78.14

表 5-34 中国社会科学不同年代的机构核心度对比（1978—2020）

年代	N_{max}	原始 M	最大邻近取整 M	核心机构发文量（篇）	发文总量（篇）	机构核心度（核心机构发文占比）（%）
20 世纪 80 年代	1768	31.494	32	16511	23569	70.05
20 世纪 90 年代	3873	46.613	47	46368	64861	71.49
21 世纪头十年	6506	60.414	61	137143	170659	80.36
21 世纪第二个十年	7800	66.150	67	177894	213017	83.51

五 中国教育学术研究不同年代最高产的机构分析

（一）20 世纪 80 年代

首先需要说明一点，此处还额外包括了 1978 年和 1979 年。20 世纪 80 年代，最高产的约五十个学术机构如表 5-35 所示。其中，排在前十位的学术机构依次是清华大学、华中工学院①、华东师范大学、中南工业大学、北京师范大学、西安交通大学、浙江大学、复旦大学、上海交通大学、南京大学。

① 已于 2005 年调整组建为华中科技大学。

表 5－35　　中国教育学术研究 20 世纪 80 年代最高产的五十个机构（1978—1989）

位次	机构	发文量（篇）	位次	机构	发文量（篇）
1	清华大学	385	27	华南工学院	32
2	华中工学院	265	28	暨南大学	32
3	华东师范大学	228	29	西北师范学院*	32
4	中南工业大学	151	30	成都科技大学	31
5	北京师范大学	113	31	吉林大学	31
6	西安交通大学	85	32	东北师范大学	30
7	浙江大学	80	33	东北工学院*	27
8	复旦大学	79	34	昆明工学院	27
9	上海交通大学	74	35	中国科学院	25
10	南京大学	72	36	桂林冶金地质学院*	24
11	厦门大学	71	37	重庆大学	24
12	华中理工大学	70	38	北方工业大学*	23
13	北京大学	62	39	北京航空学院	23
14	同济大学	62	40	吉林工业大学	23
15	华南师范大学	56	41	西北工业大学	23
16	中山大学	56	42	江西冶金学院*	22
17	杭州大学	51	43	南京航空学院*	22
18	武汉大学	51	44	南开大学	22
19	华东化工学院*	47	45	陕西师范大学	22
20	中国人民大学	47	46	河北大学	21
21	南京工学院*	46	47	湖北大学	21
22	天津大学	40	48	华南农业大学	21
23	南京师范大学	39	49	北京工业大学	20
24	华中师范大学	36	50	北京师范学院*	20
25	大连工学院*	35	51	苏州大学	20
26	哈尔滨工业大学	33	52	西南师范大学	20

注：*华东化工学院，已于 1993 年调整更名为华东理工大学。南京工学院，已于 1988 年调整更名为东南大学。大连工学院，已于 1988 年调整更名为大连理工大学。西北师范学院，已于 1988 年调整更名为西北师范大学。东北工学院，已于 1993 年调整更名为东北大学。昆明工学院，已于 1999 年调整更名为昆明理工大学。桂林冶金地质学院，已于 2009 年调整更名为桂林理工大学。北京航空学院，已于 1988 年调整更名为北京航空航天大学。江西冶金学院，已于 1988 年调整更名为南方冶金学院，又于 2004 年调整更名为江西理工大学。南京航空学院，已于 1993 年调整更名为南京航空航天大学。北京师范学院，已于 1992 年调整组建为首都师范大学。

（二）20世纪90年代

20世纪90年代，最高产的约五十个学术机构如表5－36所示。其中，排在前十位的学术机构依次是华东师范大学、北京师范大学、清华大学、中南工业大学、华中理工大学、厦门大学、中央广播电视大学、南京师范大学、大连理工大学、华南师范大学。

表5－36　中国教育学术研究20世纪90年代最高产的五十个机构（1990—1999）

位次	机构	发文量（篇）	位次	机构	发文量（篇）
1	华东师范大学	855	26	中山大学	114
2	北京师范大学	666	27	苏州大学	113
3	清华大学	660	28	中国矿业大学	113
4	中南工业大学	559	29	国家高级教育行政学院	105
5	华中理工大学	404	30	湖北大学	103
6	厦门大学	351	31	上海交通大学	103
7	中央广播电视大学	265	32	安徽师范大学	100
8	南京师范大学	252	33	上海电视大学	98
9	大连理工大学	241	34	曲阜师范大学	97
10	华南师范大学	240	35	湖南师范大学	96
11	南京大学	240	36	人民教育出版社	90
12	北京大学	221	37	首都师范大学	85
13	浙江大学	189	38	中国科技大学	85
14	辽宁师范大学	181	39	北京航空航天大学	84
15	杭州大学	179	40	华南理工大学	77
16	华中师范大学	158	41	天津大学	74
17	西南师范大学	158	42	武汉大学	74
18	同济大学	147	43	中国人民大学	71
19	东北师范大学	146	44	陕西师范大学	69
20	东南大学	146	45	北京科技大学	67
21	西北师范大学	144	46	南方冶金学院*	67
22	上海师范大学	127	47	汕头大学	67
23	复旦大学	120	48	深圳大学	67
24	中国科学技术大学	120	49	山西大学	66
25	西安交通大学	116	50	扬州大学	66

注：最初为江西冶金学院，于1988年更名为南方冶金学院，又于2004年调整更名为江西理工大学。

（三）21 世纪头十年

21 世纪头十年，最高产的五十个学术机构如表 5－37 所示。其中，排在前十位的学术机构依次是北京师范大学、华东师范大学、浙江大学、南京师范大学、华南师范大学、华中科技大学、湖南师范大学、清华大学、东北师范大学、北京大学。

表 5－37　**中国教育学术研究 21 世纪头十年最高产的五十个机构（2000—2009）**

位次	机构	发文量（篇）	位次	机构	发文量（篇）
1	北京师范大学	3728	26	国家教育行政学院	290
2	华东师范大学	3032	27	河北大学	290
3	浙江大学	1448	28	苏州大学	281
4	南京师范大学	1320	29	江西师范大学	278
5	华南师范大学	1237	30	上海交通大学	276
6	华中科技大学	1225	31	山东师范大学	270
7	湖南师范大学	957	32	曲阜师范大学	257
8	清华大学	910	33	武汉大学	243
9	东北师范大学	897	34	安徽师范大学	242
10	北京大学	842	35	徐州师范大学	236
11	华中师范大学	833	36	中山大学	235
12	浙江师范大学	772	37	中国科学技术大学	234
13	厦门大学	745	38	广州大学	227
14	西北师范大学	685	39	宁波大学	215
15	首都师范大学	576	40	暨南大学	210
16	南京大学	537	41	湖南大学	207
17	上海师范大学	524	42	扬州大学	199
18	西南大学	516	43	西安交通大学	198
19	中南大学	487	44	北京航空航天大学	197
20	辽宁师范大学	458	45	福建师范大学	190
21	复旦大学	457	46	沈阳师范大学	185
22	陕西师范大学	452	47	江苏大学	182
23	中国人民大学	354	48	南开大学	182
24	西南师范大学	319	49	广西师范大学	174
25	中央广播电视大学	308	50	东南大学	173

（四）21 世纪第二个十年

21 世纪第二个十年（含 2020 年），最高产的五十个学术机构如表 5－38 所示。其中，排在前十位的学术机构依次是北京师范大学、华东师范大学、华中师范大学、南京师范大学、西南大学、东北师范大学、华南师范大学、北京大学、浙江大学、华中科技大学。

表 5－38　中国教育学术研究 21 世纪第二个十年最高产的五十个机构（2010—2020）

位次	机构	发文量（篇）	位次	机构	发文量（篇）
1	北京师范大学	4451	26	江苏师范大学	407
2	华东师范大学	3659	27	宁波大学	365
3	华中师范大学	1618	28	杭州师范大学	363
4	南京师范大学	1617	29	辽宁师范大学	363
5	西南大学	1510	30	温州大学	354
6	东北师范大学	1439	31	苏州大学	333
7	华南师范大学	1321	32	武汉大学	328
8	北京大学	1177	33	江苏大学	318
9	浙江大学	1051	34	扬州大学	313
10	华中科技大学	973	35	沈阳师范大学	309
11	清华大学	962	36	江南大学	302
12	浙江师范大学	910	37	曲阜师范大学	289
13	陕西师范大学	852	38	复旦大学	287
14	湖南师范大学	846	39	华南理工大学	268
15	厦门大学	844	40	浙江工业大学	268
16	首都师范大学	759	41	北京理工大学	259
17	南京大学	699	42	广州大学	257
18	上海师范大学	656	43	国家教育行政学院	256
19	中国人民大学	656	44	中南大学	255
20	西北师范大学	646	45	大连理工大学	249
21	山东师范大学	492	46	江西师范大学	246
22	北京航空航天大学	482	47	东南大学	244
23	河南大学	464	48	吉林大学	243
24	天津大学	429	49	南京农业大学	239
25	上海交通大学	428	50	中山大学	239

第五节　本章小结

从中国社会科学不同学科间的学者核心度比较来看，哲学的核心度最高，其后是政治学、中国文学、法学、历史学、外国文学，而教育学科的学者核心度也是相对较为靠前的，排在第七位。这说明，教育学科的学术话语权相对较为集中，普通作者的发文难度较大。

从中国社会科学不同学科间的机构核心度比较来看，法学的核心度最高，其后在前五位的依次是中国文学、管理学、哲学、心理学，而教育学科的机构核心度也是相对较为靠前的，排在第六位。

在子领域中，电化教育具有最高的学者核心度，此外综合类（基础教育）、特殊教育的核心度也相对较高，而核心度相对较低的后三位子领域为高等教育、比较教育、研究生教育。

本章研究还有一个重要发现：自改革开放以来，中国社会科学的学者核心度长期保持在20%上下，相对较为稳定。而中国教育学术研究的学者核心度，随着年代的推进，呈现出急剧上升的趋势，当前21世纪第二个十年的学者核心度已达到40.69%。这说明，中国教育学术领域中的话语权可能过于集中，教育学科普通学者的发文难度远高于社会科学的整体平均水平。而普通学者的构成中，青年学者占很大比重，长此以往，实际上不利于青年学者的学术成长，也不利于教育学术发展的可持续性。

针对上述这种情况，笔者建议教育学科应当结合自身“发文难”的实际情况，从两方面入手解决。其一，考虑在CSSCI现有刊物中开辟青年学者专栏，对青年学者予以一定的倾斜。其二，考虑增设青年学者版本，探索“一刊双版”机制，为后备新人学术力量的发文发声创设条件，从而保障学科学术的长远可持续发展。

第六章　中国教育学术研究的方法论转型

近年来，随着《教育实证研究华东师范大学行动宣言》的铿锵发布，[①] 以及“全国教育实证研究论坛”连续多届在华东师范大学的成功举办，对我国教育实证范式的发展起到了良好的“启蒙”效果，[②] 崇尚实证研究的风气已经逐步形成。[③] 在这一背景下，教育实证研究论文可谓雨后春笋般涌现。[④] 面对如火如荼、飞速发展的教育实证研究方法论转型，本章基于多学科间比较的视角，对教育实证知识生产的趋势、现状等适时地进行分析与反思。

第一节　中国教育实证研究的整体发展趋势

实证研究有狭义与广义之分。狭义上，实证研究专指量化研究；广义上，实证研究则既包括量化研究，也包括质化研究。本章中的“实证研究”都是在广义层面上加以使用的。

中国教育实证研究的发展历程与趋势如图 6－1 所示。纵向来看，

---

① 华东师范大学：《教育实证研究华东师范大学行动宣言》，《华东师范大学学报》（教育科学版）2017 年第 3 期。

② 赵志纯、安静：《中国实证范式的缘起、本土特征及其之于教育研究的意义——兼论中西实证范式脉络的异同》，《全球教育展望》2018 年第 8 期。

③ 袁振国：《科学问题与教育学知识增长》，《教育研究》2019 年第 4 期。

④ 安静、赵志纯：《教育实证研究中的数字游戏现象省思——兼论理论关怀及其基点性与归宿性》，《当代教育科学》2020 年第 10 期。

教育实证研究的整体占比已经从 1978 年最初的零起点发展为 2020 年的 40% 左右，并且还有继续上升的势头。

横向比较，2020 年中国社会科学的实证研究占比为 66.96%，而教育实证研究的占比仅为 40.8%，与之相差近 30 个百分点。另外，教育实证研究占比无论在量化研究还是质化研究方面，都低于中国社会科学的整体水平。

再从实证研究中的量化研究与质化研究的比较来看，教育学与社会科学都呈现出“量”高“质”低、“量”强“质”弱的特征，即量化研究在比重上远远大于质化研究，2020 年质化研究的占比仅为 10% 左右，并且质化研究的发展较为缓慢，曲线的上升趋势乏力疲软。①

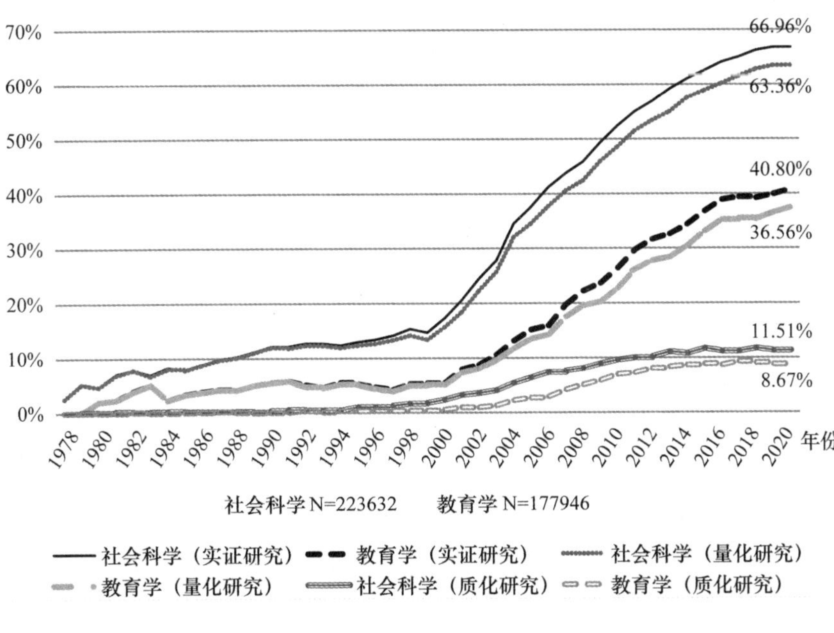

图 6－1　中国教育学与社会科学的实证研究状况发展对比（1978—2020）

① 注：图中量化研究的占比加上质化研究的占比未必等于实证研究的占比，这是因为有的实证研究既使用了量化方法，又使用了质化方法，属于混合型设计，但是在统计口径上，笔者是按照量化研究与质化研究各自分开统计的，因此会出现这种情况，并非数据计算错误。

第二节 中国社会科学实证化程度的多学科对比

实证化程度，简称实证度，是指某个学科的实证研究占所有有效论文的比重。为了更加的直观取整，本研究采用了实证指数的概念。具体的计算公式为式一。

$$\text{实证指数} = \frac{\text{实证论文量}}{\text{有效论文总量}} \times 100 \qquad \text{（式一）}$$

实证指数的取值范围介于 0 和 100，越接近 100 说明实证化程度越高。

一 总体实证指数的多学科对比

对改革开放以来，中国社会科学的实证指数进行多学科对比，结果如图 6 -2 所示。心理学的实证指数最高，实证指数为 69；中国文学的实证指数最低，实证指数为 6。教育学的实证指数居中。

高于均值指数的学科有心理学、人文地理学、体育学、管理学、经济学、社会学、外语学、图书与情报学。教育学术研究的实证指数为 20，低于中国社会科学的均值线 21.48。

以上是对改革开放以来，中国社会科学的实证指数进行多学科的总体性对比。以下还对近五年中国社会科学的实证指数进行多学科对比，这主要能够比较如实地反映出各个学科实证指数的当下状态究竟如何，结果如图 6 -3 所示。

可以清楚地看到，心理学、经济学、管理学是中国社会科学中实证指数最高的三个学科。外国文学、哲学、马克思主义、中国文学是中国社会科学中实证指数最低的几个学科。教育学科的实证指数为 40，与均值线持平。

当然，这是就总体状况而言。实际上，仔细观察可以发现，排在教育学后面的实证指数较低的学科基本上都属于人文学科，因此它们的实证指数相对较低也属于正常现象。但是，从应该体现出实证性的

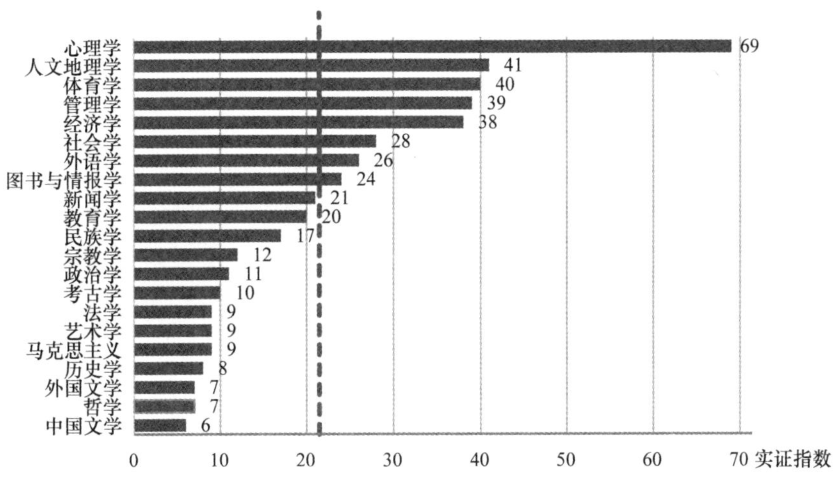

图 6－2　中国社会科学实证指数的多学科对比排序（1978—2020）

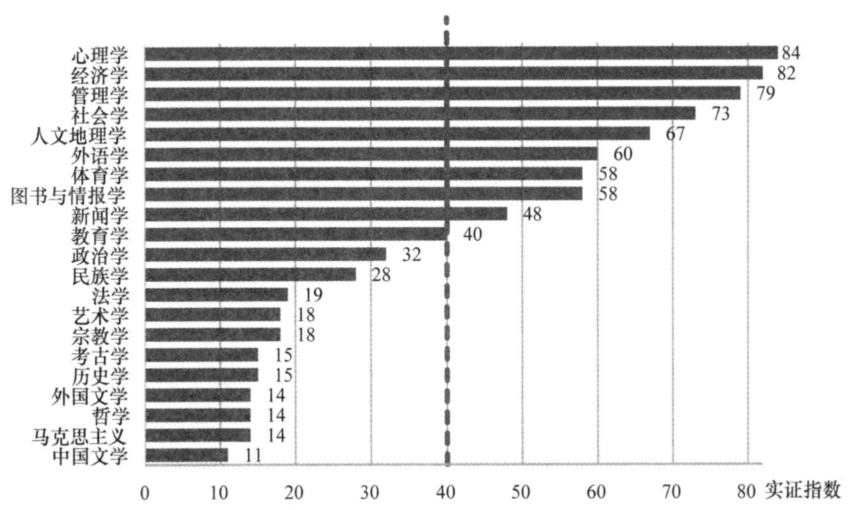

图 6－3　中国社会科学实证指数近五年的多学科对比排序（2016—2020）

同类型学科来对比，教育学科的实证指数几乎处于最末端的位置。因此，可以说，与其他应有实证属性的社会科学相比，教育学在实证化的道路上还需要努力。

二　量化实证指数的多学科对比

对改革开放以来中国社会科学的量化实证指数进行多学科对比，结果如图 6－4 所示。心理学的量化实证指数最高，居于第一方阵，量化实证指数为 68。管理学、体育学、经济学、人文地理学处于第二方阵，量化实证指数在 30 以上。社会学、外语学、图书与情报学处于第三方阵，量化实证指数在 20 以上。教育学的量化实证指数仅为 18，低于社会科学的整体均值水平。

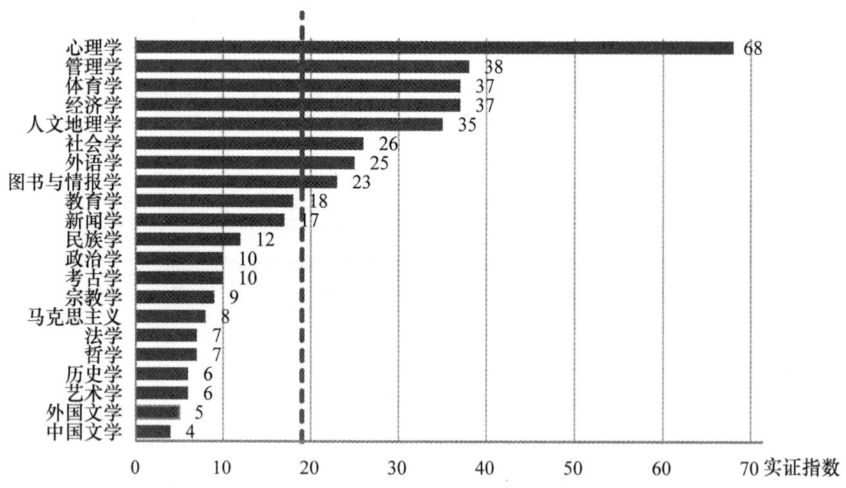

图 6－4　中国社会科学量化实证指数的多学科对比排序（1978—2020）

三　质化实证指数的多学科对比

对改革开放以来中国社会科学的质化实证指数进行多学科对比，结果如图 6－5 所示。人文地理学的质化实证指数最高，居于第一方阵，质化实证指数为 15。体育学、民族学、新闻学处于第二方阵，而教育学、图书与情报学、社会学、外语学、宗教学、管理学处于第三方阵。

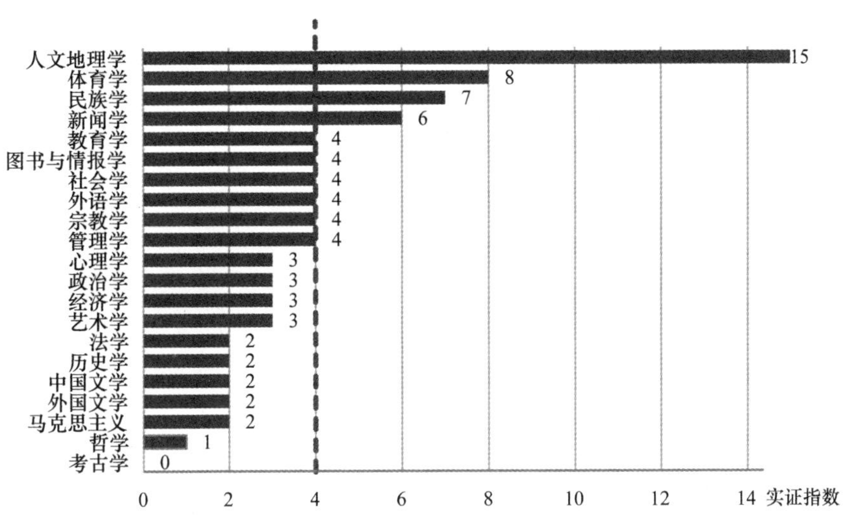

图 6－5　中国社会科学质化实证指数的多学科对比排序（1978—2020）

第三节　中国教育学术研究实证指数的子领域对比

一　总体实证指数的子领域对比

对改革开放以来，中国教育学术研究的实证指数进行子领域对比，结果如图 6－6 所示。特殊教育学术研究的实证指数最高，实证指数为 58；教育经济学术研究、电化教育学术研究的实证指数也相对较高。比较教育学术研究、高等教育学术研究的实证指数相对较低。

除上述子领域实证指数对比之外，以下还对不同子领域中的富有学术影响力的实证论文进行了统计。

（一）教育经济学术领域

教育经济研究领域最具学术影响力的前五篇学术论文为《高中生教育补习支出：影响因素及政策启示》《中国城镇居民家庭教育消费实证研究》《中国省级地方教育投资的区域比较研究》《经济发展水

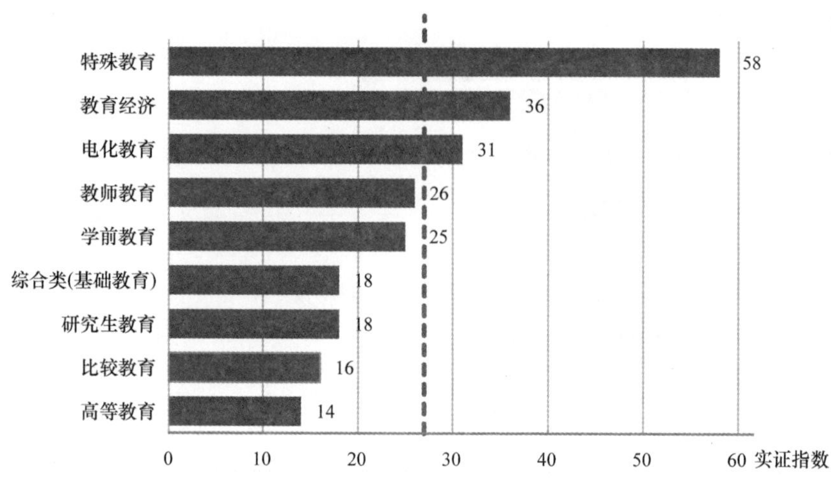

图 6－6　中国教育学术研究实证指数的子领域对比排序（1978—2020）

平的地区差异对教育资源配置的影响》《我国县级义务教育投资的地区差异及其影响因素分析》。作者分别是雷万鹏、李红伟、沈百福、岳昌君、潘天舒。

表 6－1　中国教育经济学术领域最具影响力的实证论文

题目	作者	年度	被引（次）
高中生教育补习支出：影响因素及政策启示	雷万鹏	2005	318
中国城镇居民家庭教育消费实证研究	李红伟	2000	150
中国省级地方教育投资的区域比较研究	沈百福	1994	141
经济发展水平的地区差异对教育资源配置的影响	岳昌君	2003	137
我国县级义务教育投资的地区差异及其影响因素分析	潘天舒	2000	135
我国城镇居民家庭义务教育支出差异性研究	丁小浩	2005	127
中国义务教育资源利用及配置不均衡研究	曾满超	2005	124
一带一路战略与来华留学生教育：基于 2004—2014 的数据分析	郑刚	2016	113
国家助学贷款的理论探讨和实证分析	李文利	2004	105
受教育程度对居民消费影响研究	张学敏	2006	101

续表

题目	作者	年度	被引（次）
中国区域教育竞争力与区域经济竞争力的关联分析——兼复胡咏梅教授等	吴玉鸣	2004	97
高等教育层次结构与经济发展关系的实证研究	迟景明	2010	94
初中生课外补习城乡差异分析——基于甘肃、湖南和江苏3省的初中学生课外补习调查	曾满超	2010	90
偏差与平衡：城乡义务教育财力资源配置问题研究	马佳宏	2006	88
我国高校资源使用效率的现状、原因与对策	蒋莱	2003	87
闽、湘、川3省社会阶层高等教育机会差异的初步调查	谢作栩	2004	83
基于基尼系数对中国学校教育差距状况的研究	杜鹏	2005	83
我国区域教育竞争力的实证研究	吴玉鸣	2002	82
二元制劳动力市场分割理论在中国的验证	郭丛斌	2004	82
课外补习、学习成绩与社会再生产	薛海平	2016	78

（二）研究生教育学术领域

研究生教育研究领域最具学术影响力的前五篇学术论文为《我国高校研究生与导师关系现状调查》《基于CDIO教育理念的工程学科教育改革与实践》《全日制硕士专业学位研究生导师队伍建设现状调查分析》《导师与研究生关系透视》《临床医学专业学位教育综合改革的探索和创新——以上海5+3人才培养模式为例》。作者分别是周文辉、陈春林、施亚玲、许克毅、汪玲。

表6-2　**中国研究生教育学术领域最具影响力的实证论文**

题目	作者	年度	被引（次）
我国高校研究生与导师关系现状调查	周文辉	2010	174
基于CDIO教育理念的工程学科教育改革与实践	陈春林	2010	143
全日制硕士专业学位研究生导师队伍建设现状调查分析	施亚玲	2011	135
导师与研究生关系透视	许克毅	2000	123
临床医学专业学位教育综合改革的探索和创新——以上海5+3人才培养模式为例	汪玲	2012	116

续表

题目	作者	年度	被引（次）
我国研究生创新能力的调查与分析	董泽芳	2013	116
中、美教育硕士教育比较研究	秦春生	2002	115
我国研究生教育课程体系存在的主要问题分析	罗尧成	2006	108
问卷设计的基本原则与问题分析——以某校 2011 年教育学硕士学位论文为例	钟柏昌	2012	90
我国研究生课程与教学改革效果的调查研究	高芳祎	2012	76
全日制工程硕士研究生培养状况的调查与分析——以 Z 大学为例	张乐平	2012	67
研究生心理健康状况的调查与思考	武晓峰	1995	65
我国研究生学风和学术道德现状的调查与分析	武晓峰	2012	64
全日制专业学位研究生培养的现状调查及分析——基于珠三角地区 3 所不同类型高校的问卷调查	朱永东	2011	63
教育硕士专业学位研究生教学方式的探索性研究	段丽华	2000	61
研究生培养机制改革与研究生奖助体系的构建——以北京大学为例	王仰麟	2009	61
我国研究生教育满意度调查——基于在读研究生的视角	周文辉	2012	61
硕士研究生专业认同研究——基于暨南大学的调查	胡涤非	2012	59
高等学校多媒体教学现状的调查与研究——以安徽师范大学为例	刘和海	2006	56
C9 高校与世界一流大学群体学科发展比较——基于 ESI 数据库的计量分析	何培	2012	55

（三）电化教育学术领域

电化教育研究领域最具学术影响力的前五篇学术论文为《微课程设计模式研究——基于国内外微课程的对比分析》《高校微课建设的现状分析与发展对策研究》《翻转课堂教学模型的设计——基于国内外典型案例分析》《大学信息技术公共课翻转课堂教学的实证研究》《翻转课堂的冷思考：实证与反思》。作者分别是梁乐明、胡铁生、王红、马秀麟、卢强。

表6－3 中国电化教育学术领域最具影响力的实证论文

题目	作者	年度	被引（次）
微课程设计模式研究——基于国内外微课程的对比分析	梁乐明	2013	2691
高校微课建设的现状分析与发展对策研究	胡铁生	2014	1317
翻转课堂教学模型的设计——基于国内外典型案例分析	王红	2013	1287
大学信息技术公共课翻转课堂教学的实证研究	马秀麟	2013	1084
翻转课堂的冷思考：实证与反思	卢强	2013	984
翻转课堂在大学教学中的应用研究——以教育技术学专业英语课程为例	汪晓东	2013	940
基于微视频资源的翻转课堂在实验教学中的应用研究——以现代教育技术实验课程为例	杨九民	2013	525
高校翻转课堂：现状、成效与挑战——基于实践一线教师的调查	缪静敏	2015	486
微信支持下的混合式学习研究——以摄影基本技术课程为例	袁磊	2012	445
信息技术环境下智慧课堂构建方法及案例研究	唐烨伟	2014	429
翻转课堂模式应用于高校教学的实验研究	潘炳超	2015	356
数学教学支撑软件的研究设计与模型建构——以小学数学相遇问题探究工具的开发为例	冀付军	2008	356
基于 MOOC 的混合式学习模式探究——以 Coursera 平台为例	牟占生	2014	325
教育游戏产业研究报告	吕森林	2004	320
翻转课堂的学习者满意度影响因子分析——基于大学英语教学的实证研究	翟雪松	2014	290
多媒体和网络环境下大学生学习能力培养的理论与实验研究	桑新民	2000	285
大学英语学习者对翻转课堂接受度的调查研究	王素敏	2014	282
我国网络课程现状的调查分析与反思	梁林梅	2002	280
教师的信息化专业发展：现状与问题	顾小清	2004	274
国内混合式学习研究现状分析	王国华	2015	271

（四）高等教育学术领域

高等教育研究领域最具学术影响力的前五篇学术论文为《基于学

习产出（OBE）的工程教育模式——汕头大学的实践与探索》《硕士研究生专业认同调查》《大学生就业能力对就业质量的影响》《2005年高校毕业生就业状况的调查分析》《北京大学生心理素质及心理健康研究》。作者分别是顾佩华、王顶明、李颖、闵维方、樊富珉。

表6－4　　中国高等教育学术领域最具影响力的实证论文

题目	作者	年度	被引（次）
基于学习产出（OBE）的工程教育模式——汕头大学的实践与探索	顾佩华	2014	1112
硕士研究生专业认同调查	王顶明	2007	456
大学生就业能力对就业质量的影响	李颖	2005	430
2005年高校毕业生就业状况的调查分析	闵维方	2006	398
北京大学生心理素质及心理健康研究	樊富珉	2001	385
家庭经济和文化资本对子女教育机会获得的影响	郭丛斌	2006	332
我国高校通识教育现状调查分析——以北大、清华、人大、北师大四所院校为例	李曼丽	2001	323
清华大学本科教育学情调查报告2009——与美国顶尖研究型大学的比较	罗燕	2009	315
应用型本科院校产教融合模式及其影响因素研究	柳友荣	2015	299
社会资本与大学生就业关系研究	陈成文	2004	280
十二五期间高校创新创业教育的回顾与思考——基于《高等教育第三方评估报告》的分析	薛成龙	2016	273
国际比较视野中的高等教育测量——NSSE－China工具的开发：文化适应与信度、效度报告	罗燕	2009	267
高校学生参与度及其成长的影响机制——十年首都大学生发展数据分析	朱红	2010	246
研究型大学学生学习性投入对学习收获的影响机制研究——基于2009年中国大学生学情调查的数据分析	王纾	2011	245
中国教育公平程度实证研究：1978—2004——基于教育基尼系数的测算与分析	张长征	2006	243
我国研究生创新能力的现状及其影响机制	朱红	2011	237
我国本科教育目标应当作战略性调整——高等教育培养目标系统和规格的研究课题研究报告摘要	文辅相	1996	229

续表

题目	作者	年度	被引（次）
基于大工程观的美国高等工程教育课程设置特点分析——麻省理工学院与斯坦福大学工学院的比较研究	赵婷婷	2004	223
微信雨课堂混合学习模式应用于高校教学的实证研究	姚洁	2017	223
研究生科研能力结构要素的调查研究及启示	孟万金	2001	221

（五）学前教育学术领域

学前教育研究领域最具学术影响力的前五篇学术论文为《北京市幼儿教师职业倦怠的状况及成因研究》《家庭社会经济地位与儿童学习品质及入学认知准备之间的关系》《〈幼儿园教育环境质量评价量表〉的特点、结构和信效度检验》《学前教育专业本科生专业认同情况的校别比较》《贫困地区农村幼儿教师专业成长的现状、问题及对策——以甘肃农村幼儿教师为例》。作者分别是梁慧娟、王宝华、刘焱、陈妍、王杰。

表 6－5　**中国学前教育学术领域最具影响力的实证论文**

题目	作者	年度	被引（次）
北京市幼儿教师职业倦怠的状况及成因研究	梁慧娟	2004	363
家庭社会经济地位与儿童学习品质及入学认知准备之间的关系	王宝华	2010	157
《幼儿园教育环境质量评价量表》的特点、结构和信效度检验	刘焱	2008	144
学前教育专业本科生专业认同情况的校别比较	陈妍	2008	112
贫困地区农村幼儿教师专业成长的现状、问题及对策——以甘肃农村幼儿教师为例	王杰	2009	110
农村幼儿教师培训的现状、评价及其需求	张云亮	2012	103
影响幼儿教师专业成长的关键因素调查	彭兵	2009	96
幼儿教师日常教学评价行为的现状及存在的问题	叶平枝	2010	96
不同社会经济地位家庭儿童的入学语言准备状况比较	陈敏倩	2009	84
幼儿园集体教学中教师提问方式的特点与改进	支娜	2010	84
游戏时长对幼儿积木游戏行为与作品的影响	张莹	2009	83
家庭关系对流动儿童心理健康的影响	栾文敬	2013	83

续表

题目	作者	年度	被引（次）
3—6岁幼儿独立性和自我控制的发展特点及家庭影响因素	周少贤	2004	82
全面二孩政策与学前教育资源配置——基于未来20年适龄人口的预测	杨顺光	2016	82
我国部分地区幼儿园安全状况与安全教育调查	刘馨	2005	78
不同社会经济地位家庭儿童的入学数学准备状况比较	肖树娟	2009	77
中班幼儿角色游戏中合作能力发展的初步观察研究	曹中平	1994	76
儿童早期语言教育与其后继语文能力发展关系的研究报告——一项早期家庭教育的追溯研究	赵琳	2003	76
对学前双语教育现状的调查与反思	雒蕴平	2003	75
西北地区农村民办幼儿园教师队伍现状调查与分析	谢秀莲	2007	74

（六）比较教育学术领域

比较教育研究领域最具学术影响力的前五篇学术论文为《以学生学习为中心的高等教育质量评估——美国NSSE全国学生学习投入调查解析》《创新创业教育与创业型大学的创业网络构建——以斯坦福大学为例》《我国校本课程开发现状调研报告》《高中数学教材中例题的综合难度的国际比较》《美国高校三种典型课堂教学模式探讨——以教育类课程为例》。作者分别是罗晓燕、施冠群、崔允漷、王建磐、赵敏娜。

表6-6　**中国比较教育学术领域最具影响力的实证论文**

题目	作者	年度	被引（次）
以学生学习为中心的高等教育质量评估——美国NSSE全国学生学习投入调查解析	罗晓燕	2007	202
创新创业教育与创业型大学的创业网络构建——以斯坦福大学为例	施冠群	2009	185
我国校本课程开发现状调研报告	崔允漷	2002	182
高中数学教材中例题的综合难度的国际比较	王建磐	2014	177
美国高校三种典型课堂教学模式探讨——以教育类课程为例	赵敏娜	2004	125

续表

题目	作者	年度	被引（次）
关于教师的叙事研究	王枬	2003	124
基于问题的学习与传统教学模式的比较研究	赵海涛	2007	122
学生贷款偿还负担的国际比较及我国的实证研究	沈华	2004	118
家庭社会经济地位与中学生学业成绩的关系研究	庞维国	2013	110
对美国新一代《科学教育标准》的前瞻性分析基于2011年美国《科学教育的框架》和1996年《国家科学教育标准》的对比	王磊	2012	104
以学习进阶方式统整的美国科学教育课程——基于《K－12科学教育框架》的分析	李佳涛	2013	98
从一所学校看美国高等教育的国际化以宾夕法尼亚大学教育研究生院为例	赵中建	2001	98
美国大学与学院董事会成员的职业构成——10所著名大学的案例	张斌贤	2002	96
中小学教师对新课程改革认同感的个案分析——来自重庆市北碚实验区两所学校的调查报告	尹弘飚	2003	95
美国一流高校智库人员配置与管理模式研究——以斯坦福大学胡佛研究所为例	陈英霞	2014	94
基于FIAS分析模型的翻转课堂师生互动行为研究以中学物理课堂为例	陈珍国	2014	93
公立学校私营化：英国教育行动区案例研究	汪利兵	2001	89
美国大学评议会制度研究——以斯坦福大学为例	郭卉	2005	80
香港课程实施影响因素之分析	冯生尧	2001	79
教师评价政策：美国的经验和启示以美国中西部地区教师评价政策为例	孙翠香	2013	75

（七）综合类（基础教育）学术领域

综合类（基础教育）研究领域最具学术影响力的前五篇学术论文为《教师工作满意及其影响因素的研究》《农村留守儿童教育面临的问题及对策》《合作学习的教学策略——发展性教学实验室研究报告之二》《让学生发挥自学潜能让课堂焕发生命活力——福建省中小学指导—自主学习教改实验研究总结》《主体参与的教学策略——主体教育·发展性教学实验室研究报告之一》。作者分别是佚名、范先佐、裴娣娜、余文森、裴娣娜。

表 6-7 **中国综合类（基础教育）学术领域最具影响力的实证论文**

题目	作者	年度	被引（次）
教师工作满意及其影响因素的研究	—	1996	703
农村留守儿童教育面临的问题及对策	范先佐	2005	696
合作学习的教学策略——发展性教学实验室研究报告之二	裴娣娜	2000	656
让学生发挥自学潜能让课堂焕发生命活力——福建省中小学指导—自主学习教改实验研究总结	余文森	1999	518
主体参与的教学策略——主体教育·发展性教学实验室研究报告之一	裴娣娜	2000	396
建立数量结构与意义理解的联系——弗兰德互动分析技术的改进运用	宁虹	2003	359
中国基础教育均衡发展实证分析	翟博	2007	284
中国城镇学生教育补习研究	薛海平	2009	278
从中小学教师的知识状况看师范教育的课程改革	申继亮	2001	277
我国大学创新创业教育的现状调查与政策建议——基于 8 所大学的抽样分析	刘伟	2014	276
中小学教师胜任力模型：一项行为事件访谈研究	徐建平	2006	265
20 世纪 90 年代中国城镇教育收益率的变化与启示	陈晓宇	2003	258
我国大学生学情状态与影响机制的实证分析	史秋衡	2012	257
课堂提问基本模式以及学生提问的研究现状（上）	宋振韶	2003	256
努力建立大学生思想政治教育的组织保证和长效机制——高校辅导员、班主任队伍建设情况调研报告	赵庆典	2006	255
我国研究生创新能力现状及其影响因素分析——基于三次研究生教育质量调查的结果	袁本涛	2009	250
有效教师培训的七个关键环节——以国培计划——培训者研修项目培训管理者研修班为例	余新	2010	249
王小刚为什么不上学了——一位辍学生的个案调查	陈向明	1996	246
完善制度健全机制推动辅导员队伍健康发展——全国 103 所高校辅导员队伍建设状况调研报告	梁金霞	2006	238
中国中小学教师专业发展状况调查与政策分析报告	项目组	2011	228

（八）特殊教育学术领域

特殊教育研究领域最具学术影响力的前五篇学术论文为《中国中小学生积极心理品质量表编制报告》《中国大学生积极心理品质量表编制报告》《大学生手机成瘾与孤独感、人格特质的关系研究》《北京市公立学校与打工子弟学校流动儿童学校适应的比较研究》《大学生手机互联网依赖与孤独感的关系：网络社会支持的中介作用》。作者分别是官群、孟万金、王相英、李晓巍、姜永志。

表6－8　　中国特殊教育学术领域最具影响力的实证论文

题目	作者	年度	被引（次）
中国中小学生积极心理品质量表编制报告	官群	2009	248
中国大学生积极心理品质量表编制报告	孟万金	2009	227
大学生手机成瘾与孤独感、人格特质的关系研究	王相英	2012	151
北京市公立学校与打工子弟学校流动儿童学校适应的比较研究	李晓巍	2009	149
大学生手机互联网依赖与孤独感的关系：网络社会支持的中介作用	姜永志	2014	129
特殊儿童家庭社会支持情况调查报告	黄晶晶	2006	124
71例自闭症儿童的家庭需求及发展支持调查	黄辛隐	2009	123
残疾儿童随班就读质量影响因素的调查	王洙	2006	119
大学生社会支持、核心自我评价与主观幸福感的关系研究	杨晓峰	2009	118
特殊教育教师心理健康状况的调查研究	徐美贞	2004	116
聋哑学生心理健康状况的初步调查	林于萍	2000	111
重庆市康复机构中自闭症儿童家长需求的研究	林云强	2007	109
不同监护类型留守儿童与普通儿童心理发展状况的比较研究	高亚兵	2008	109
亲子关系对农村留守儿童主观幸福感的影响	陈亮	2009	107
聋人大学生心理健康状况及相关因素分析	李强	2004	106
流动儿童积极心理品质的发展特点研究	余益兵	2008	105
普通小学教师对特殊儿童接纳态度的研究	刘春玲	2000	104
特殊教育专业本科生专业认同现状的调查研究——以两所部属全国重点师范大学为例	官春兰	2011	99
流动儿童亲子沟通特点及其与心理健康的关系	陈丽	2012	98
有留守经历的中学生心理健康、心理弹性与主观幸福感的关系	宋广文	2013	95

（九）教师教育学术领域

教师教育研究领域最具学术影响力的前五篇学术论文为《我国中小学教师职业认同的结构与量表》《影响优秀教师成长的因素——对特级教师人生经历的样本分析》《教师专业发展阶段的调查研究及其对职后教师教育的启示》《高等师范课程比较研究与我国师范课程体系的建构》《中小学教师心理资本及其与工作投入关系的实证研究》。作者分别是魏淑华、胡定荣、钟祖荣、彭小虎、毛晋平。

表 6－9　　中国教师教育学术领域最具影响力的实证论文

题目	作者	年度	被引（次）
我国中小学教师职业认同的结构与量表	魏淑华	2013	280
影响优秀教师成长的因素——对特级教师人生经历的样本分析	胡定荣	2006	240
教师专业发展阶段的调查研究及其对职后教师教育的启示	钟祖荣	2012	171
高等师范课程比较研究与我国师范课程体系的建构	彭小虎	2000	157
中小学教师心理资本及其与工作投入关系的实证研究	毛晋平	2013	151
中学教师教学反思现状的调查分析与研究	邵光华	2010	124
农村学校教师流动及流失问题研究现状与发展趋势	周钧	2015	123
高等师范教育专业学生的中小学教师职业认同现状调查	程巍	2008	118
师范生 TPACK 知识的实证研究	董艳	2014	117
免费师范生的教师职业认同：结构与特点实证研究	赵宏玉	2011	114
北京市小学教师工作满意度实证研究	徐志勇	2012	109
大学生职业生涯规划的现状调研及应对策略	吴薇	2009	108
用基于问题学习模式改革本科生教学的一项行动研究	刘儒德	2002	103
农村幼儿教师生存状态的研究——以中部四省部分农村幼儿教师为例	杨莉君	2010	100
国家教师资格考试：必要性、导向及问题思考——基于对浙江、湖北两个试点省份首次考试情况的统计分析	王世存	2012	95
何为有效的教师专业发展——基于十四份有效的教师专业发展的特征列表的分析	周坤亮	2014	86

续表

题目	作者	年度	被引（次）
U-G-S教师教育模式建构研究——基于教师教育创新东北实验区建设的实践与思考	刘益春	2013	83
我国本科层次教师教育课程设置研究	周钧	2011	78
小学教师教学知识现状及其影响因素的调查研究	吴卫东	2005	76
试论新课程改革中的教学案例及其研究价值	商利民	2004	74

二　量化实证指数的子领域对比

对改革开放以来，中国教育学术研究的量化实证指数进行子领域对比，结果如图6-7所示。特殊教育学术研究的量化实证指数最高，居于第一方阵，量化实证指数为57。教育经济学术研究、电化教育学术研究处于第二方阵，量化实证指数分别为35和29。高等教育学术研究、比较教育学术研究的量化实证指数相对较低。

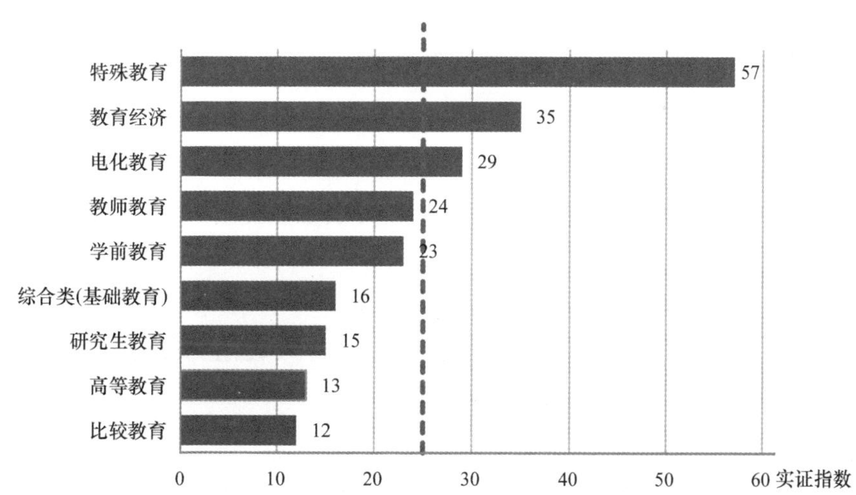

图6-7　中国教育学术研究量化实证指数的子领域对比排序（1978—2020）

三　质化实证指数的子领域对比

对改革开放以来，中国教育学术研究的质化实证指数进行子领域对比，结果如图6-8所示。教师教育学术研究、特殊教育学术研究、电化教育学术研究三者的质化实证指数最高，居于第一方阵，质化实证指数均为7。学前教育学术研究的质化实证指数为6，也相对较高，而高等教育学术研究的质化实证指数相对最低，仅为3。

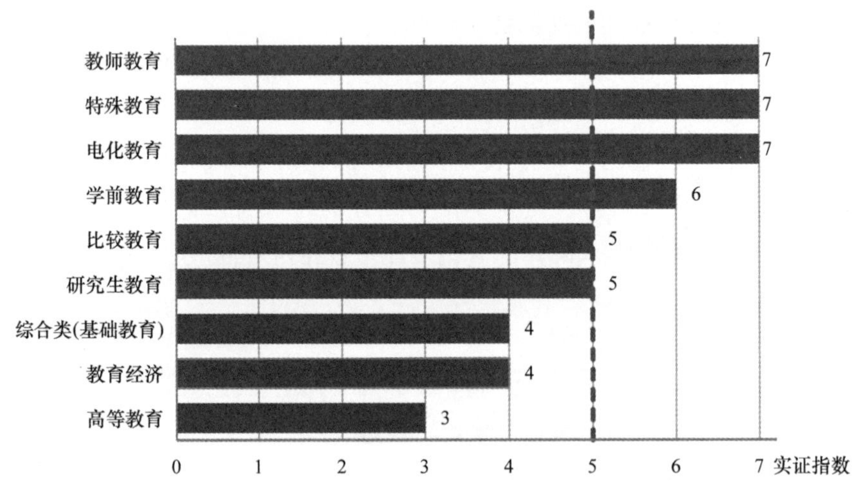

图6-8　中国教育学术研究质化实证指数的子领域对比排序（1978—2020）

第四节　中国教育学术研究实证指数的地区对比

一　总体实证指数的地区对比

对改革开放以来，中国教育学术研究实证指数的地区维度进行对比，结果如图6-9所示。

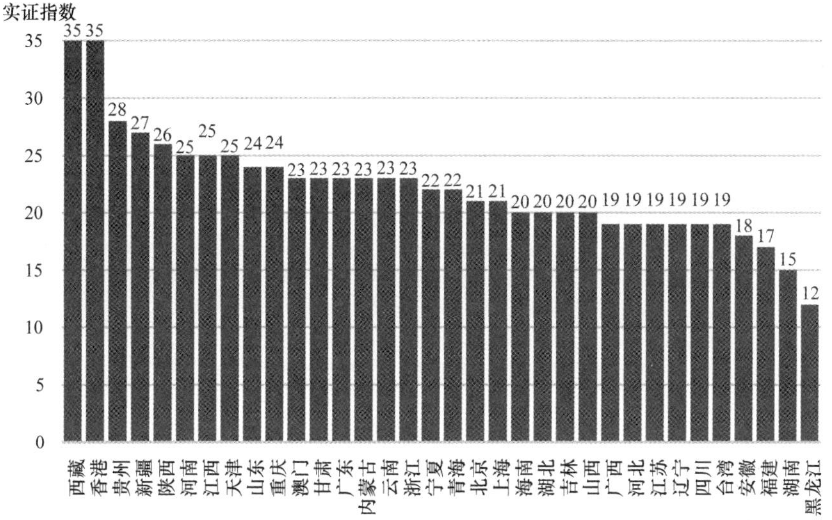

图 6－9　中国教育学术研究实证指数的地区对比（1978—2020）

总体而言，中西部地区的省份，教育学术论文的实证指数相对较高，而东部沿海地区教育学术论文的实证指数一般，甚至靠后。如果从教育学术话语特点的角度来讲，中西部地区的教育学术话语偏重实证，而东部沿海地区的教育学术话语偏重理论。

另外，再具体地来看，教育学术实证指数排在前十位的省份地区依次是西藏、香港、贵州、新疆、陕西、河南、江西、天津、山东、重庆。教育学术实证指数排在后十位的省份地区依次是广西、河北、江苏、辽宁、四川、台湾、安徽、福建、湖南、黑龙江。

二　量化实证指数的地区对比

对改革开放以来，中国教育学术研究量化实证指数的地区进行对比，结果如图 6－10 所示。教育学术研究的量化实证指数排在前十位的省份地区与总体的实证指数排序基本相同，只是有个别差异，依次是西藏、香港、贵州、新疆、陕西、河南、江西、山东、天津、重庆。教育学术研究的量化实证指数排在后十位的省份地区依次是辽宁、安徽、广西、河北、江苏、四川、福建、湖南、台湾、黑龙江。

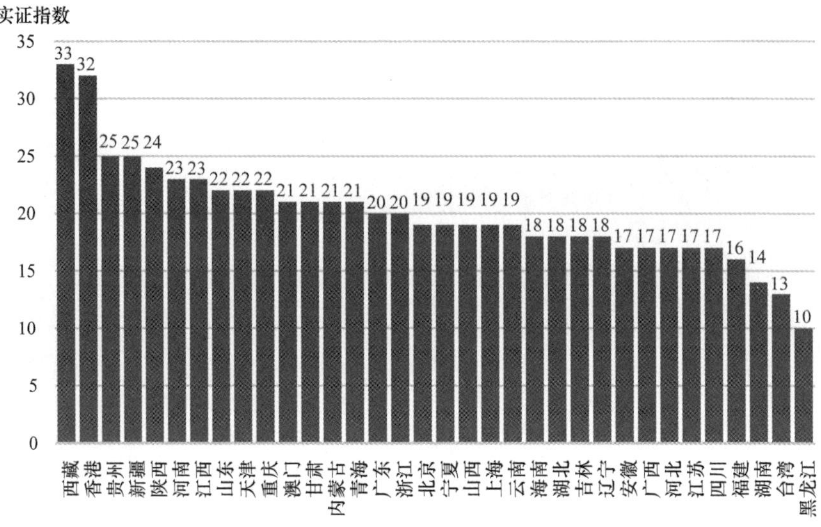

图 6－10　中国教育学术研究量化实证指数的地区对比（1978—2020）

三　质化实证指数的地区对比

对改革开放以来，中国教育学术研究质化实证指数的地区进行对比，结果如图 6－11 所示。教育学术研究的质化实证指数较高的省份地区依次是台湾、香港、宁夏、澳门、云南、广东、内蒙古、新疆、浙江。教育学术研究的质化实证指数较低的省份地区依次是安徽、福建、广西、海南、河北、湖南、辽宁、黑龙江、青海、西藏。

第五节　中国教育学术研究实证指数的期刊对比

一　总体实证指数的期刊对比

对改革开放以来，中国教育学术研究各个学术期刊的实证指数进行对比，结果如图 6－12 所示。实证指数排在前十位的教育学术刊物依次是《中国特殊教育》《现代教育技术》《远程教育杂志》《开放教育研究》《教育与经济》《北京大学教育评论》《复旦教育论坛》

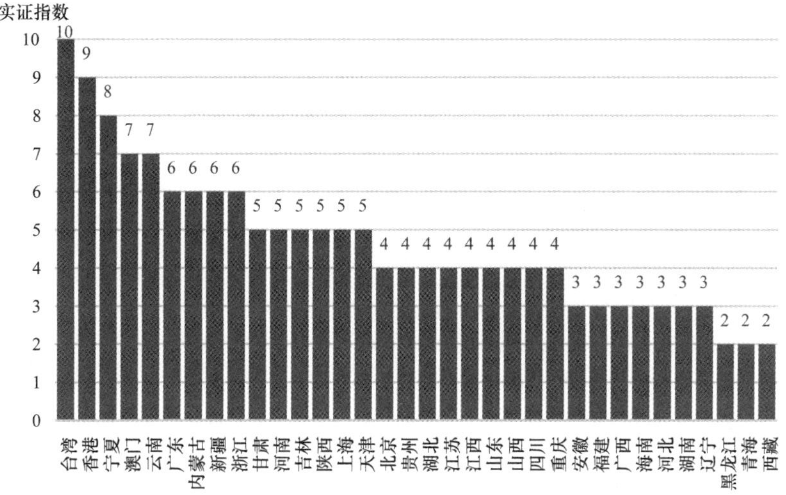

图 6 - 11　中国教育学术研究质化实证指数的地区对比（1978—2020）

《现代远程教育研究》《电化教育研究》《中国电化教育》。

实证指数排在后十位的教育学术刊物依次是《教育发展研究》、《比较教育研究》、《中国高教研究》《中国教育学刊》《高等教育研究》《外国教育研究》《课程教材教法》《现代大学教育》《江苏高教》《中国高等教育》。

二　量化实证指数的期刊对比

对改革开放以来，中国教育学术研究各个学术期刊的量化实证指数进行对比，结果如图 6 - 13 所示。量化实证指数排在前十位的教育学术刊物依次是《中国特殊教育》《远程教育杂志》《现代教育技术》《教育与经济》《开放教育研究》《复旦教育论坛》《电化教育研究》《北京大学教育评论》《现代远程教育研究》《中国电化教育》。

量化实证指数排在后十位的教育学术刊物依次是《国家教育行政学院学报》《中国高教研究》《高等教育研究》《中国教育学刊》《比较教育研究》《课程教材教法》《外国教育研究》《江苏高教》《现代大学教育》《中国高等教育》。

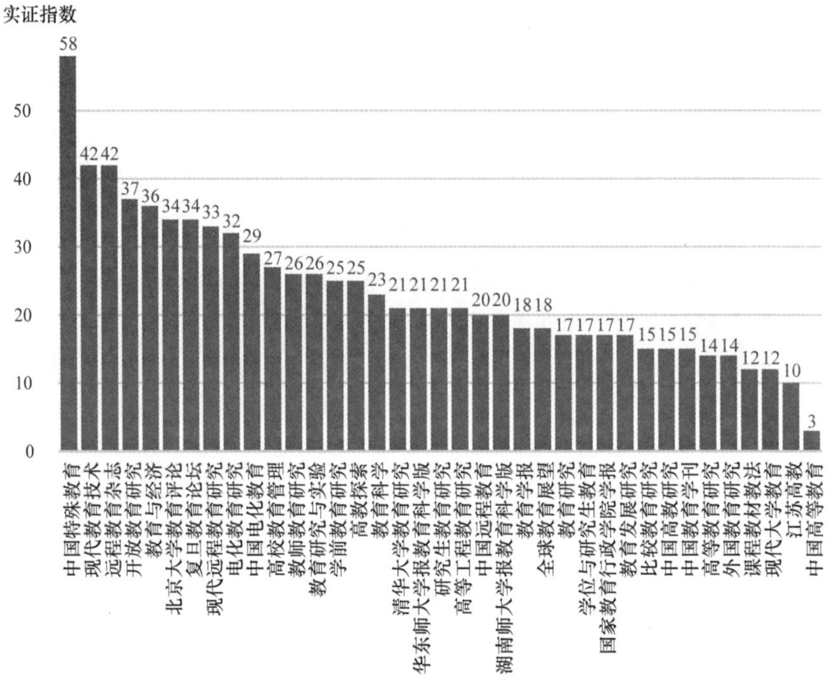

图 6－12　中国教育学术研究实证指数的期刊对比（1978—2020）

三　质化实证指数的期刊对比

对改革开放以来，中国教育学术研究各个学术期刊的质化实证指数进行对比。质化实证指数排在前十位的教育学术刊物依次是《现代教育技术》《开放教育研究》《北京大学教育评论》《中国特殊教育》《教师教育研究》《高校教育管理》《中国电化教育》《远程教育杂志》《电化教育研究》《学前教育研究》。

质化实证指数排在后十位的教育学术刊物依次是《高等教育研究》《华东师大学报教育科学版》《教育科学》《课程教材教法》《教育研究》《教育学报》《中国高教研究》《现代大学教育》《江苏高教》《中国高等教育》。

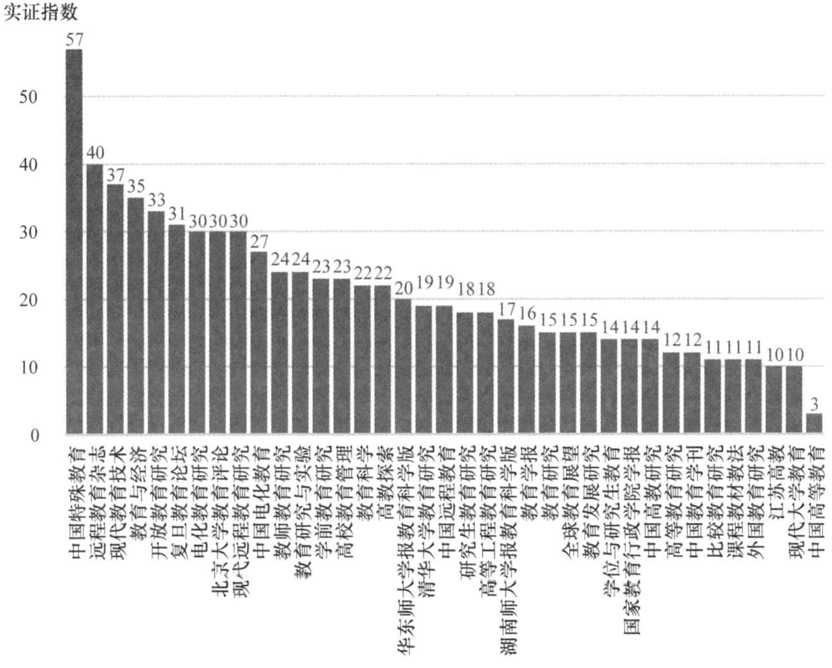

图 6-13　中国教育学术研究量化实证指数的期刊对比（1978—2020）

第六节　本章小结

纵向来看，中国教育实证研究的整体占比已经从 1978 年最初的零起点发展为 2020 年的 40% 左右，并且还有继续上升的势头。横向比较，2020 年中国社会科学的实证研究占比为 66.96%，而教育实证研究的占比仅为 40.8%，差距尚存。另外，教育实证研究占比无论在量化研究还是质化研究方面，都低于中国社会科学的整体水平。再从实证研究中的量化研究与质化研究的比较来看，教育学与社会科学都呈现出“量”高“质”低、“量”强“质”弱的特征，即量化研究在比重上远远大于质化研究。

对改革开放以来，中国社会科学的实证指数进行多学科对比显示，心理学的实证指数最高，中国文学的实证指数最低，教育学的实证指数居中，但低于中国社会科学的均线。另外，与其他应有实证属性的社会科学相比，教育学在实证化的道路上还需要特别加油加劲。

对改革开放以来，中国教育学术研究的实证指数进行子领域对比显示，特殊教育研究、教育经济学术研究、电化教育学术研究的实证指数相对较高，而比较教育学术研究、高等教育学术研究的实证指数相对较低。

从中国教育学术研究实证指数的地区维度对比来看，总体而言，中西部地区的省份，教育学术论文的实证指数相对较高，而东部沿海地区教育学术论文的实证指数一般，甚至靠后。如果从教育学术话语特点的角度来讲，中西部地区的教育学术话语偏重实证，而东部沿海地区的教育学术话语偏重理论。

最后，对中国教育学术研究各个学术期刊的实证指数进行对比显示，实证指数排在前十位的教育学术刊物依次是《中国特殊教育》《现代教育技术》《远程教育杂志》《开放教育研究》《教育与经济》《北京大学教育评论》《复旦教育论坛》《现代远程教育研究》《电化教育研究》《中国电化教育》。实证指数排在后十位的教育学术刊物依次是《教育发展研究》《比较教育研究》《中国高教研究》《中国教育学刊》《高等教育研究》《外国教育研究》《课程教材教法》《现代大学教育》《江苏高教》《中国高等教育》。

第七章　中国教育学术研究的基金项目分析

学术研究离不开各种基金项目的资助与支持。当前，我国国家级层面的基金项目支持主要分为国家自然科学基金与国家社会科学基金两大类。在国家社会科学基金中，教育学的基金资助则又属于单列项目。另外，还有各种多样、多元的省部级基金资助项目。作为社会科学学术科研的重要资助载体和平台，各级各类基金项目资助下产出的学术论文，集中体现了教育学术研究的最新进展与成果，是研判教育学术发展状况的关键性维度。基于此，本章主要分析中国教育学术研究的基金项目详情。

第一节　中国教育学术研究总体的基金支持情况

对改革开放以来，中国教育学术研究的基金支持发展趋势进行统计分析，结果如图 7－1 所示。

我国教育学术研究的产出成果，开始受到基金项目支持与资助，出现在 20 世纪 80 年代末，当时的篇均基金项目数为 0.0009。其后，在新世纪的最初十年，经历了指数级的飞速激增。在 2013 年之后，增速明显放缓。2020 年，我国教育学术论文的篇均基金项目数为 1.0460。这也就是说，在中国教育学术界，基本上达到了每一篇 CSSCI 教育学术论文都有基金项目支持、每一篇 CSSCI 教育学术论文都是

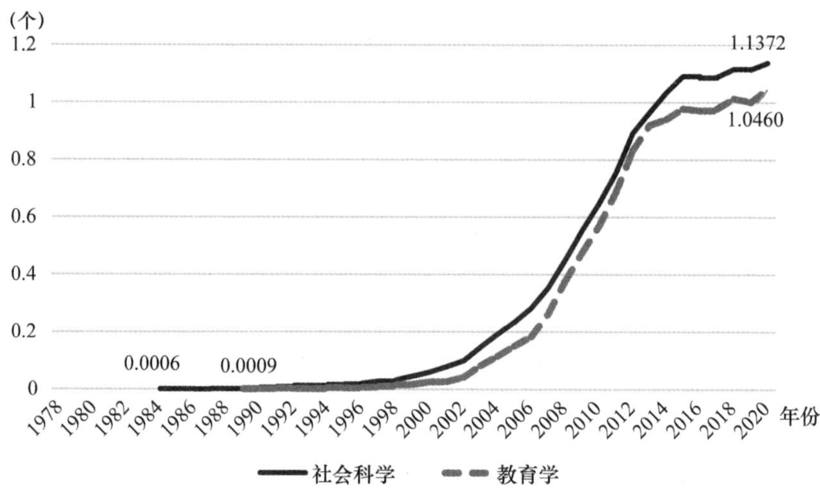

图 7－1　中国教育学术研究与中国社会科学的基金产出发展趋势（1978—2020）

基金项目的产出成果的水平。

另外，对中国教育学术论文和中国社会科学学术论文的篇均基金项目数进行对比可以发现，中国社会科学的基金项目支持的总体发展曲线与中国教育学术研究的基本相似，但不同点在于，中国教育学术论文在这个指标上长期低于中国社会科学的整体平均水平。2020 年，中国社会科学学术论文的篇均基金项目数为 1. 1372，高于教育学术论文的篇均基金项目数。

第二节　中国社会科学各学科基金支持情况对比

对改革开放以来，中国社会科学的篇均基金项目数进行对比分析，结果如图 7－2 所示。

统计发现，心理学的篇均基金项目数最多，为 1. 17，考古学的篇均基金项目数最少，仅为 0. 17。教育学术研究的篇均基金项目数在整个社会科学当中处于中等偏上的水平。

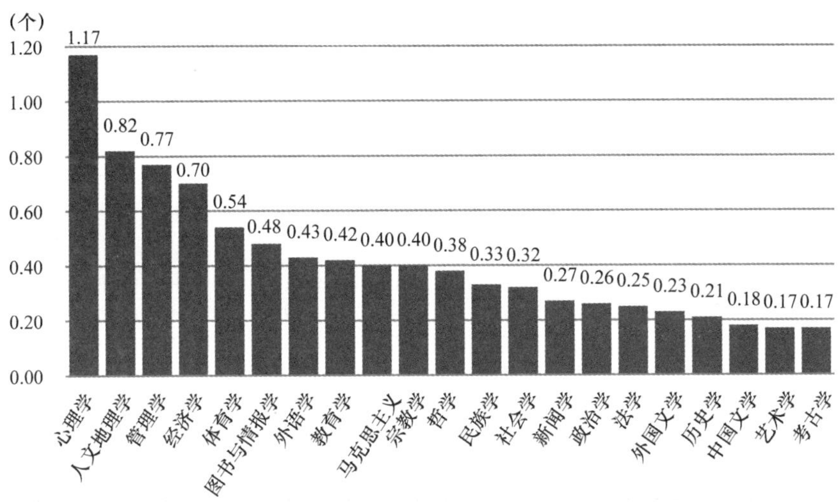

图 7－2　中国社会科学篇均基金项目数的多学科对比（1978—2020）

第三节　中国社会科学篇均基金项目数的严苛对比

上文是对中国社会科学篇均基金项目数较为宽松的一种对比。所谓宽松是指，每篇学术论文可能显示不止一个基金项目支持，如果是多个基金项目支持，那么在统计的时候都纳入其中了。但是，同一篇论文被标注为多个基金项目支持，这种做法实际上并妥当，也不规范。因为这有基金重复支持、基金成果滥用滥标注之嫌。

有鉴于此，近年来，越来越多的基金项目做出了较为严苛的规定，要求单篇论文只能标注唯一一个基金项目；另外，越来越多的学术刊物也做出了相应严苛规定，即单篇论文只能标注一个基金项目。此处，本研究也依据严苛标准进行统计分析，把标注了多个基金项目的学术论文，只算做有一个基金项目支持，然后再计算篇均基金项目数，以此而得到更为严苛的篇均基金项目数。

中国社会科学篇均基金项目数的严苛对比如图 7－3 所示。心理学的篇均基金项目数仍然为最高，篇均0.58个基金。其后，排在相对靠前位置的还有人文地理学、体育学、管理学。在严苛统计条件下，教育学的篇均基金项目数为0.29，相对位置仍然属于较为靠前的。

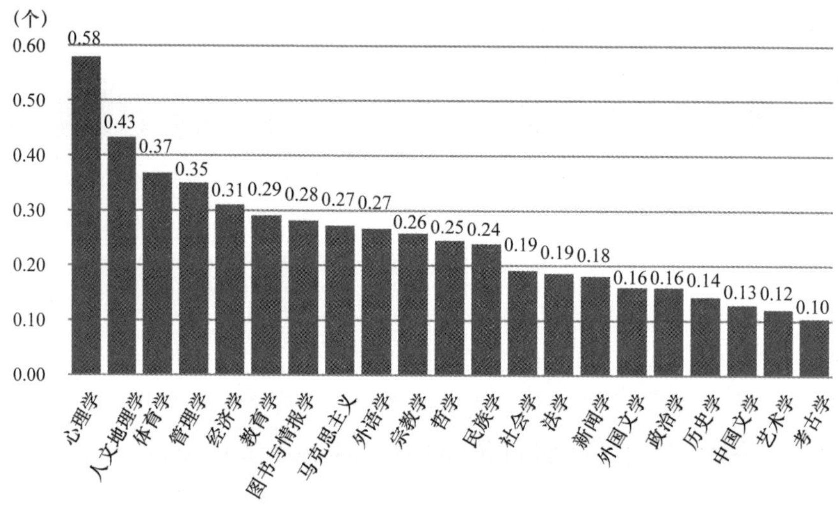

图7－3　中国社会科学篇均基金项目数的严苛对比（1978—2020）

第四节　中国社会科学不同类型基金项目数的多学科对比

对于社会科学不同类型基金项目数的多学科对比，采用两种口径多角度地进行。第一种口径，是将全部有效论文都作为分母基数，比较不同学科各级各类基金项目的资助支持情况。第二种口径，是仅仅将有基金支持的有效论文作为分母基数，比较不同学科各级各类基金项目的支持情况。

一　中国社会科学不同类型基金项目数的多学科对比（口径一）

（一）国家社会科学基金

采用第一种口径，将全部有效论文都作为分母基数，比较不同学科国家社会科学基金项目的资助支持情况，结果如图 7－4 所示。国家社会科学基金资助产出的学术论文比例最高的学科为宗教学，其后为哲学、民族学。可以看到，教育学术论文受到国家社会科学基金资助产出的比例较低，占比仅为 3.55%，排名相对靠后，仅排在倒数第二位。

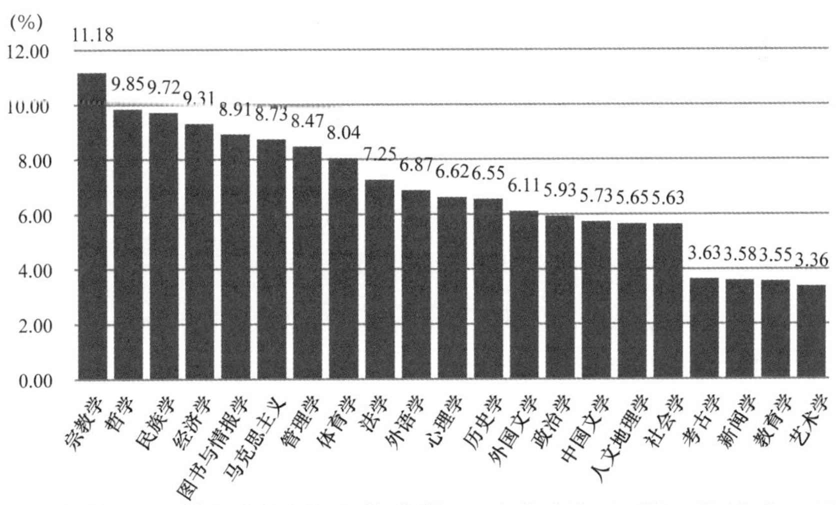

图 7－4　学术论文受国家社会科学基金支持的多学科对比（口径一）

（二）全国教育科学规划

采用第一种口径，将全部有效论文都作为分母基数，比较不同学科全国教育科学规划基金项目的资助支持情况，结果如图 7－5 所示。全国教育科学规划基金资助产出的学术论文比例最高的学科是心理学，占比为 13.96%；教育学紧随其后，占比为 12.13%。

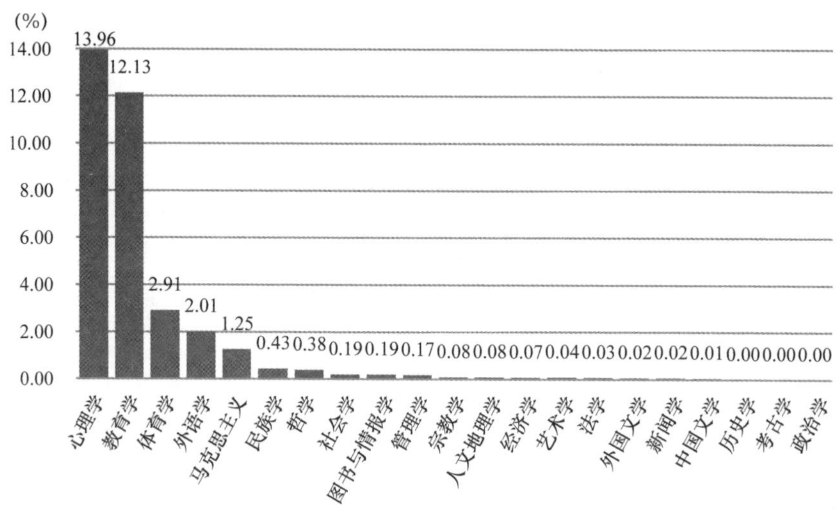

图 7－5　学术论文受全国教育科学规划基金支持的多学科对比（口径一）

（三）自然科学基金

采用第一种口径，将全部有效论文都作为分母基数，比较不同学科国家自然科学基金项目的资助支持情况，结果如图 7－6 所示。国家自然科学基金资助产出的学术论文比例最高的学科是心理学，占比为 42.45%；其后，人文地理学、管理学、经济学的占比也相对较高。但是也可以看到，教育学在自然科学基金的资助产出占比相对靠前，为 1.84%。

（四）教育部基金项目

采用第一种口径，将全部有效论文都作为分母基数，比较不同学科教育部基金项目的资助支持情况，结果如图 7－7 所示。教育部基金项目资助产出的学术论文比例最高的学科仍然是心理学，占比为 45.23%；其后，管理学、经济学、教育学的产出占比也相对较高，分别为 28.60%、25.42%、22.54%。

（五）其他基金项目

采用第一种口径，将全部有效论文都作为分母基数，比较不同学科其他基金项目的资助支持情况，结果如图 7－8 所示。其他基金项

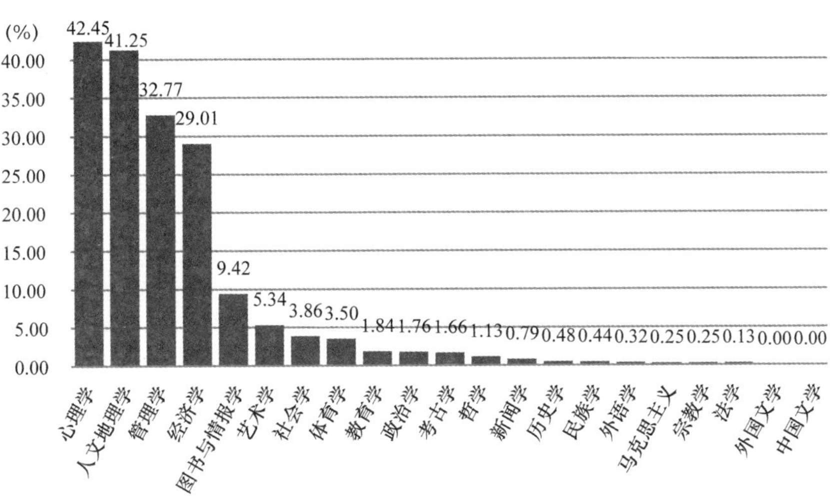

图 7－6　学术论文受国家自然科学基金支持的多学科对比（口径一）

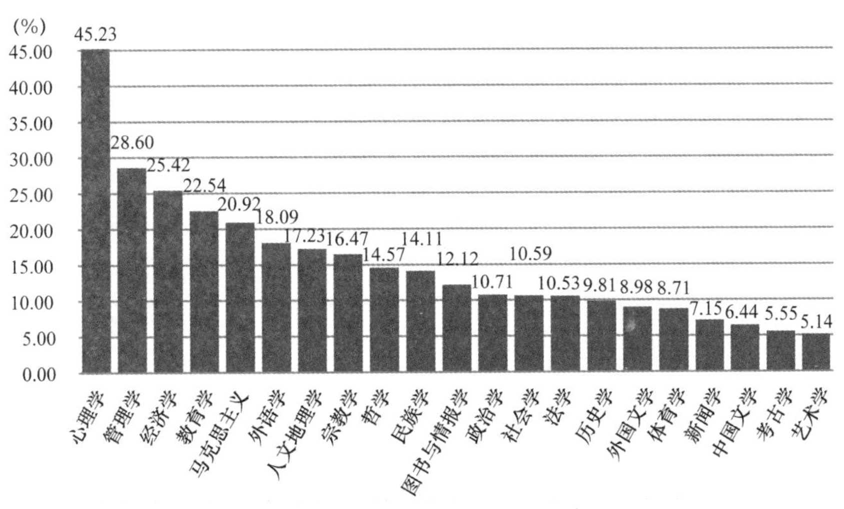

图 7－7　学术论文受教育部基金支持的多学科对比（口径一）

目资助产出的学术论文比例最高的学科是体育学，占比为 20%；其后，心理学、外语学、教育学的产出占比也相对较高，分别为 18%、12%、12%。

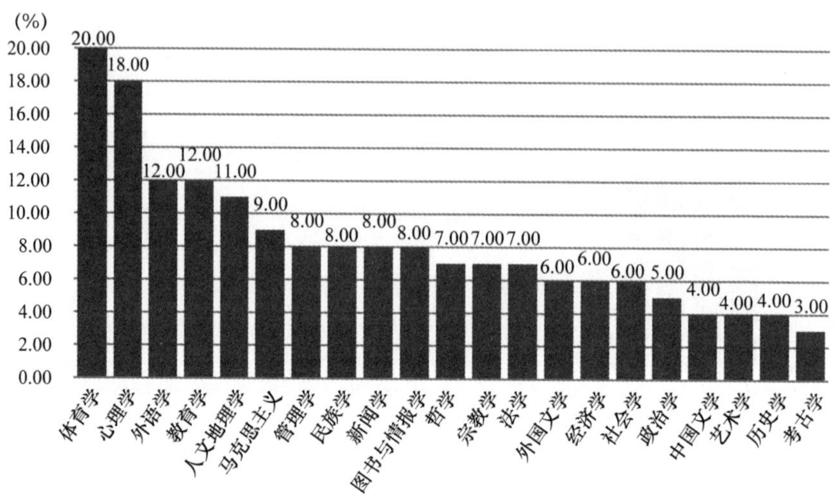

图7－8　学术论文受其他基金支持的多学科对比（口径一）

二　中国社会科学不同类型基金项目数的多学科对比（口径二）

（一）国家社会科学基金

采用第二种口径，仅仅将有基金支持的有效论文作为分母基数，比较不同学科国家社会科学基金项目的支持情况，结果如图7－9所示。国家社会科学基金项目资助产出的学术论文比例最高的学科是中国文学，占比为52.42%；其后，历史学、宗教学、哲学的产出占比也相对较高，分别为49.57%、48.25%、45.80%。教育学在国家社会科学基金的产出占比相对靠后，仅为14.34%。

（二）全国教育科学规划

采用第二种口径，仅仅将有基金支持的有效论文作为分母基数，比较不同学科全国教育科学规划基金项目的支持情况，结果如图7－10所示。全国教育科学规划基金项目资助产出的学术论文比例最高的学科首当其冲是教育学，占比为48.98%；其后，心理学、体育学、外语学、马克思主义的基金产出占比也相对较高，分别为24.94%、8.89%、8.21%、5.18%。

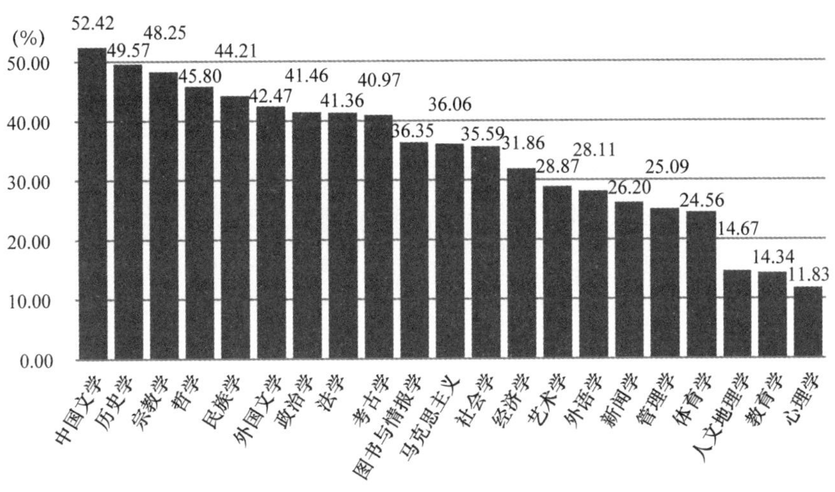

图7-9　学术论文受国家社会科学基金支持的多学科对比（口径二）

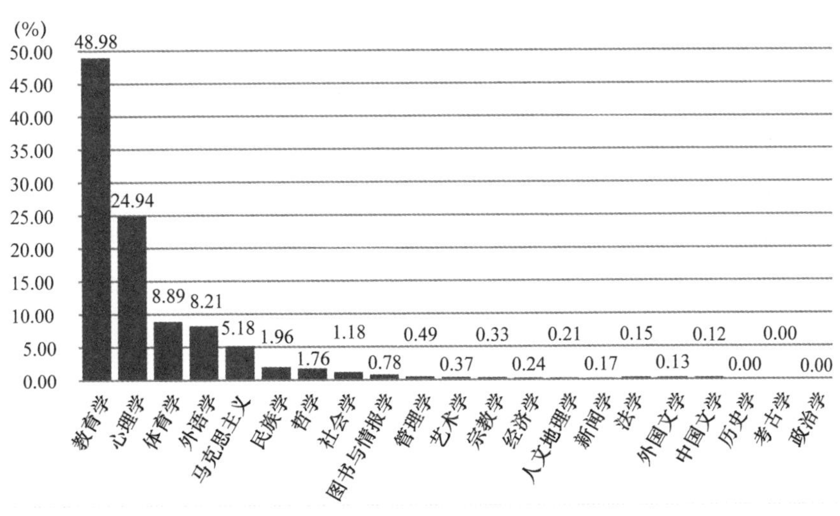

图7-10　学术论文受全国教育科学规划基金支持的多学科对比（口径二）

（三）国家自然科学基金

采用第二种口径，仅仅将有基金支持的有效论文作为分母基数，比较不同学科国家自然科学基金项目的支持情况，结果如图

7－11所示。国家自然科学基金项目资助产出的学术论文比例最高的学科是人文地理学，占比为107.09%；其后，经济学、管理学、心理学的国家自然科学基金产出占比也相对较高，分别为99.30%、97.03%、75.82%。另外，需要说明的是，之所以人文地理学会溢出100%的值域，原因在于论文产出可能会标注多个基金项目课题。这也反映出，人文地理学的学术论文进行多课题标注的情况非常普遍。

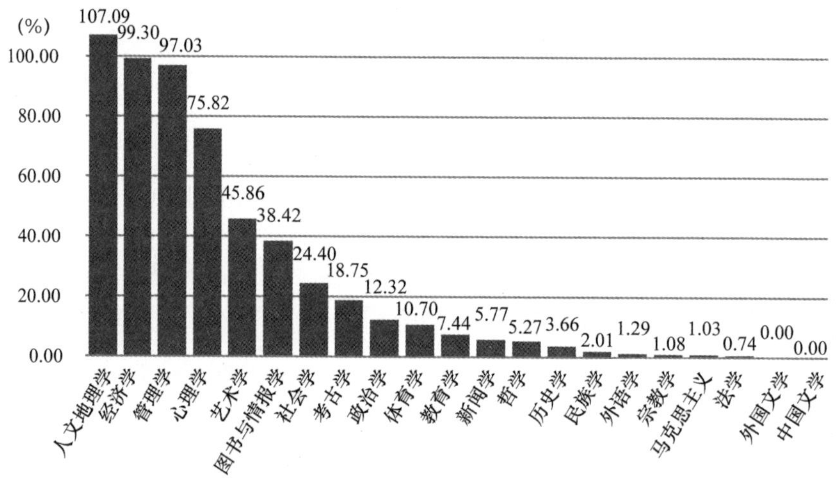

图7－11　学术论文受国家自然科学基金支持的多学科对比（口径二）

（四）教育部基金项目

采用第二种口径，仅仅将有基金支持的有效论文作为分母基数，比较不同学科教育部基金项目的支持情况，结果如图7－12所示。教育部基金项目资助产出的学术论文比例最高的学科是教育学，占比为90.99%；其后，经济学、马克思主义、管理学的教育部基金产出占比也相对较高，分别为87.02%、86.44%、84.69%。

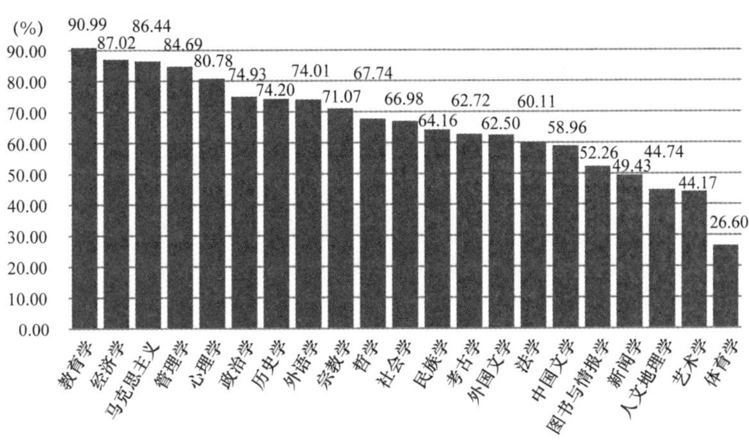

图 7－12　学术论文受教育部基金支持的多学科对比（口径二）

（五）其他基金项目

采用第二种口径，仅仅将有基金支持的有效论文作为分母基数，比较不同学科其他基金项目的支持情况，结果如图 7－13 所示。其他基金项目资助产出的学术论文比例最高的学科是体育学，占比为 62%；其后，新闻学、外语学、教育学的其他基金产出占比也相对较高，分别为 55%、49%、48%。

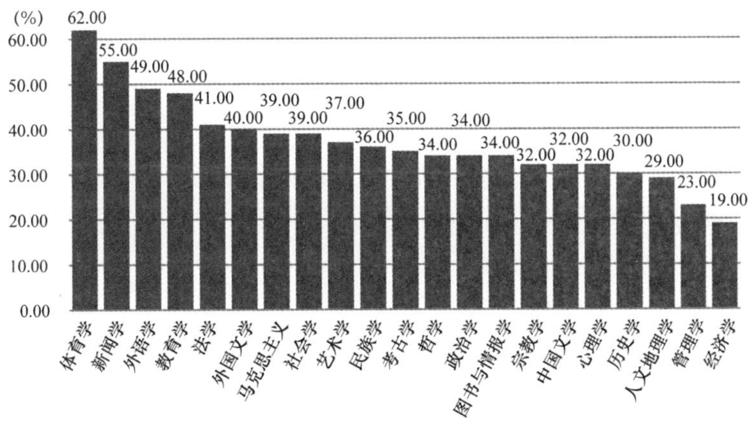

图 7－13　学术论文受其他基金支持的多学科对比（口径二）

第五节　中国社会科学学术论文多基金情况分析

当前，对于学术论文的多基金标注问题，虽然国家社会科学基金以及全国教育科学规划项目都明确规定，立项后凡以基金项目名义发表阶段性成果或最终成果，不得同时标注其他基金项目资助字样。但是，各个地方的各类基金在成果标注上的标准并不统一。

另外，在中国社会科学的不同学科，以及不同期刊中，对于多基金标注也有着不统一的规定。有的学术刊物明文规定，对于同一篇论文不得进行多基金项目标注，有的学术刊物则持一种无所谓的态度。

这就使得当下的中国社会科学学术成果在基金标注上五花八门、各自为政。为此，本部分内容专门对中国社会科学以及教育学科子领域的多基金标注情况进行统计分析，并提出相应的有针对性的建议。

一　中国社会科学的多基金标注情况

对中国社会科学的多基金标注情况进行统计分析，结果如表7－1所示。多基金标注的情况，累积占比达到10%左右。每10篇论文当中，就有1篇属于多基金标注，从这个角度来看，多基金标注的情况不容小觑。另外，再从有基金标注的论文成果中进行统计分析，结果表7－2所示。多基金标注的论文数量达到四成多，占比较高。

表7－1　**中国社会科学基金标注数目情况统计**

基金项目数	频次	百分比（%）	有效百分比（%）	累计百分比（%）
0	441957	73.2	73.2	73.2
1	94943	15.7	15.7	88.9
2	44672	7.4	7.4	96.3
3	14551	2.4	2.4	98.8
4	4927	0.8	0.8	99.6
5	1523	0.3	0.3	99.8

续表

基金项目数	频次	百分比（%）	有效百分比（%）	累计百分比（%）
6	638	0.1	0.1	99.9
7	234	0	0	100
8	146	0	0	100
9（含以上）	73	0	0	100
合计	603664	100	100	—

表7-2　中国社会科学多基金标注情况统计

基金项目数	频次	百分比（%）	有效百分比（%）	累计百分比（%）
1	94943	58.7	58.7	58.7
2	44672	27.6	27.6	86.3
3	14551	9	9	95.3
4	4927	3	3	98.4
5	1523	0.9	0.9	99.3
6	638	0.4	0.4	99.7
7	234	0.1	0.1	99.9
8	146	0.1	0.1	100
9（含以上）	73	0	0	100
合计	161707	100	100	—

二　中国社会科学多基金标注的学科对比

对中国社会科学多基金标注的学科情况进行对比，结果如图7-14所示。在多基金标注中，心理学学术论文占比最高，为14.3%，其后，占比较高的还有人文地理学、经济学、管理学等。教育学术论文的多基金情况占4.6%，属于相对靠前的位置。

例如，某学科中的一篇学术论文，同时受到如下基金项目的资助：国家自然基金青年项目（编号略）、××省自然基金自由申请项目（编号略）、××市哲学社会科学规划项目青年课题（编号略）、××省教育厅特色创新（教育科研类）高等教育研究项目（编号略）、重点课程建设项目（编号略）、中央高校基本业务费项目（编号略）、××省软科学研究计划项目（编号略）。

一篇社会科学类的学术论文，如此之高的含“金”量，有没有重复标注、重复资助之嫌，这是值得反思的。像这种情况还不是个例，在社会科学当中还比较多见，正如上文统计的，多基金标注的情况，累积占比达到10%左右。

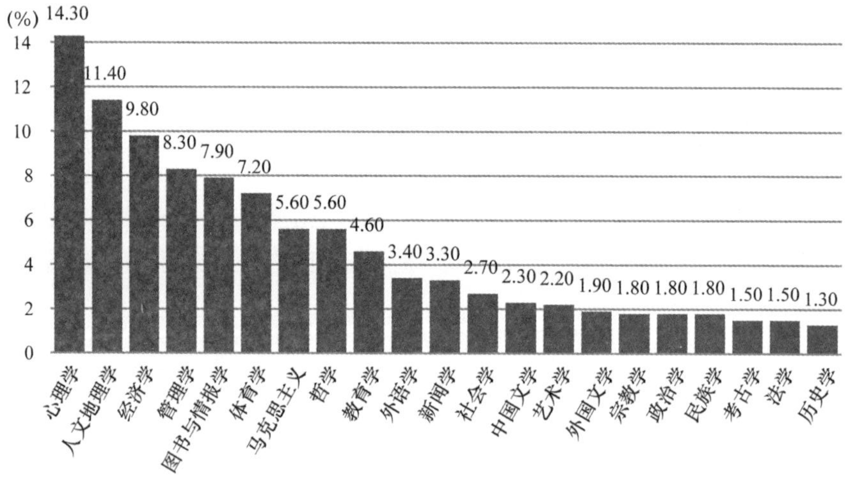

图7－14　中国社会科学多基金标注的学科对比

三　中国教育学术研究的多基金标注情况

对中国教育学术研究的多基金标注情况进行统计分析，结果如表7－3所示。多基金标注的情况，累积占比接近10%左右，略好于中国社会科学的整体水平。另外，再从有基金标注的论文成果中进行统计分析，结果表7－4所示。多基金标注的教育学术论文数量达到四成多，占比较高，情况略严重于社会科学的整体平均水平。

表 7－3　　中国教育学术研究的多基金标注情况

基金项目数	频次	百分比（%）	有效百分比（%）	累计百分比（%）
0	126201	70.9	70.9	70.9
1	35120	19.7	19.7	90.7
2	12409	7	7	97.6
3	3146	1.8	1.8	99.4
4	806	0.5	0.5	99.9
5	153	0.1	0.1	99.9
6	73	0	0	100
7	18	0	0	100
8	14	0	0	100
9（含以上）	6	0	0	100
合计	177946	100	100	—

表 7－4　　中国教育学术研究多基金占比情况统计

基金项目数	频次	百分比（%）	有效百分比（%）	累计百分比（%）
1	35120	67.9	67.9	67.9
2	12409	24	24	91.9
3	3146	6.1	6.1	97.9
4	806	1.6	1.6	99.5
5	153	0.3	0.3	99.8
6	73	0.1	0.1	99.9
7	18	0	0	100
8	14	0	0	100
9（含以上）	6	0	0	100
合计	51745	100	100	—

四　中国教育学术研究不同期刊的多基金标注情况

进一步分析中国教育学术研究各个子领域的多基金标注情况，结果如图 7－15 所示。多基金标注占比较高的刊物主要有《现代教育技术》《江苏高教》《电化教育研究》等。

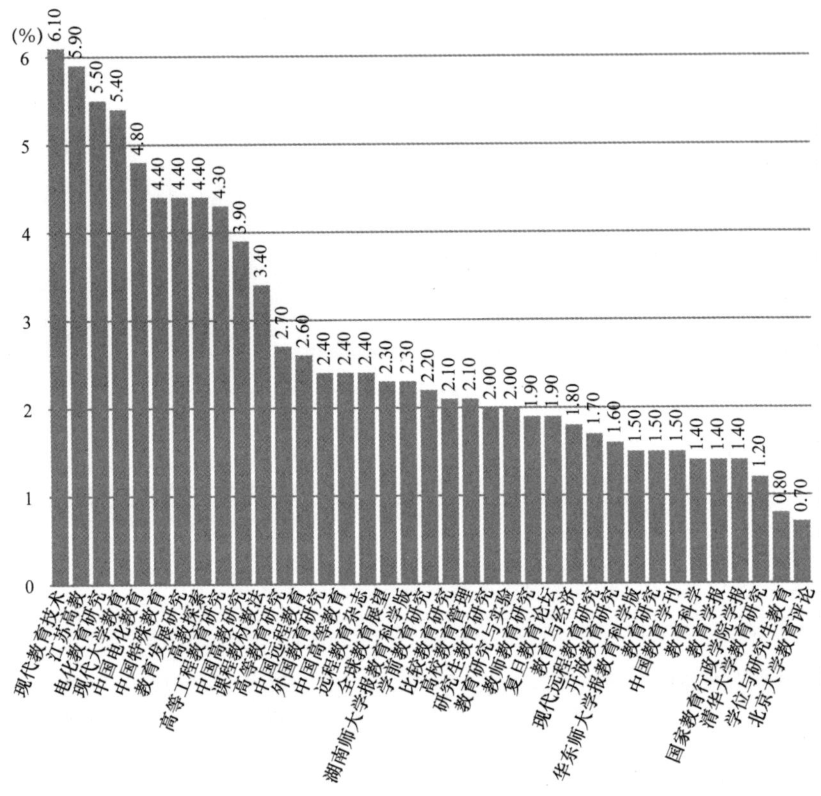

图 7－15　中国教育学术研究不同期刊的多基金标注占比

综上一些内容可以发现，多基金标注的情况在中国社会科学和教育学科当中都时常可以见到。多基金标注，有重复资助之嫌，实际上降低了基金资助的产出效益，不利于基金项目的健康发展。而且从横向考虑来看，多基金项目标注，实际上也是对那些唯一基金标注的学术研究者的一种变相不公平。因此，应当从顶层设计出发，对基金项目的唯一标注性做出统一的明确规定，具体需要从两方面着手。一是学术刊物应当对学术论文的唯一标注性做出明确规定；二是各级各类基金项目，应当对论文成果的唯一标注性形成明确的约束。

第六节　中国教育学术研究的基金产出地区比较

对中国教育学术研究的基金产出进行地区比较，结果如图7－16所示。基金项目的成果占比最高的地区是北京，占15.9%，其后，江苏、上海、浙江、广东、湖北的基金项目成果占比也相对较高。而中西部地区的基金项目成果产出占比相对较低。

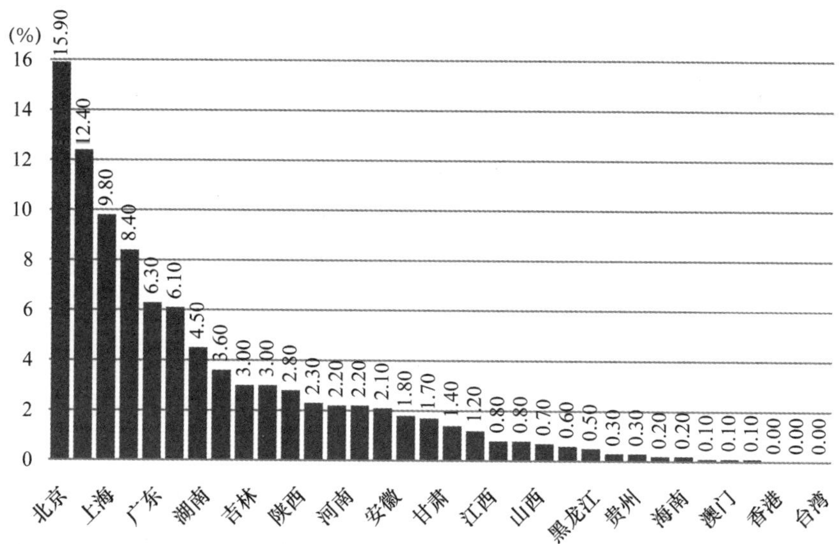

图7－16　中国教育学术研究的基金产出地区比较

第七节　本章小结

对改革开放以来，中国教育学术研究的基金支持发展趋势进行统计分析发现，我国教育学术研究的产出成果，开始受到基金项目支持与资助，出现在20世纪80年代末。其后，在新世纪的最初十年，经历了指数级的飞速激增。在2013年之后，增速明显放缓。2020年，我国教育学术论文的篇均基金项目数为1.0460。另外，对比分析发现，教育学术研究的篇均基金项目数在整个社会科学当中处于中等偏上的水平，但中国教育学术论文在这个指标上长期低于中国社会科学的整体平均水平。

本章研究重点对多基金标注情况进行统计分析发现，中国教育学术研究的多基金标注累积占比接近10%左右，略好于中国社会科学的整体水平。但再从有基金标注的论文成果中进行统计分析发现，多基金标注的教育学术论文数量达到四成多，占比较高，情况略严重于社会科学的整体平均水平。

同一篇论文被标注为多个基金项目支持，这种做法实际上并妥当，也不规范。因为此举有基金重复支持、基金成果滥用滥标注之嫌。多基金标注，其本质是对学术公共资源的违规使用与浪费，实际上降低了基金资助的产出效益，不利于基金项目的健康发展。而且从横向考虑来看，多基金项目标注，实际上也是对那些唯一基金标注的学术研究者的一种变相不公平。

因此，应当从顶层设计出发，对基金项目的唯一标注性做出统一的明确规定，具体需要从两方面着手。一是学术刊物应当对学术论文的唯一标注性做出明确规定；二是各级各类基金项目，应当对论文成果的唯一标注性形成明确的约束。如此，既能维护学者产出效益上的公平，也更能激发每项基金的产出活力。

第八章　中国教育学术研究的合作协同分析

关于学术研究合作协同性的探讨最早始于1966年，普赖斯（Price）与比弗（Beaver）在论文《无形学院中的合作》（*Collaborationinan Invisible College*）中阐述他们的开创性工作①，此后有关研究陆续涌现。"学术研究的合作协同性是对科学专业化程度的反映"②，不但"有助于提升科研产出的效率"③，而且还"有助于提升科研产出的质量"④。学术研究的合作协同性主要表现为学者合作（合著）与学术机构合作（合著）两种形式。本章着重对中国教育学术研究中的合作协同性展开分析。

第一节　中国教育学术研究的合作发展

以下将分别对学者之间的合作协同发展趋势、机构之间的合作协同发展趋势进行统计分析。

---

① Solla Price, Donald Beaver, "Collaboration in an Invisible College", *American Psychologist*, Vol. 21, No. 11, October1966, p. 1011.

② Nevenka Pravdic, Vesna Oluic-Vukovic, "Dual Approach to Multiple Authorship in the Study of Collaboration/Scientific Output Relationship", *Scientometrics*, Vol. 10, No. 5 - 6, May1986, p. 259.

③ Sooho Lee, Barry Bozeman, "The Impact of Research Collaboration on Scientifi Cproductivity", *Social Studies of Science*, Vol. 35, No. 5, June 2005, p. 673.

④ S. M. Lawani, "Some Bibliometric Correlates of Quality in Scientific Research", *Scientometrics*, Vol. 9, No. 1 - 2, January1986, p. 13.

一　中国教育学术研究的学者合作协同发展趋势

如图 8－1 所示，中国教育学术研究的学者合作协同发展趋势的曲线呈“U”形。在刚刚改革开放之初，中国教育学术研究的合作协同性较强，篇均为 1.9 个作者。但是在 20 世纪 80 年代之后，合作趋势一度下滑，1986 年为最低点，篇均作者 1.22 个。从 20 世纪 80 年代后期开始，中国教育学术研究的学者合作协同性一直保持了直线上升的良好态势，学者合作协同性不断加强。当前，篇均作者为 2.05 位。

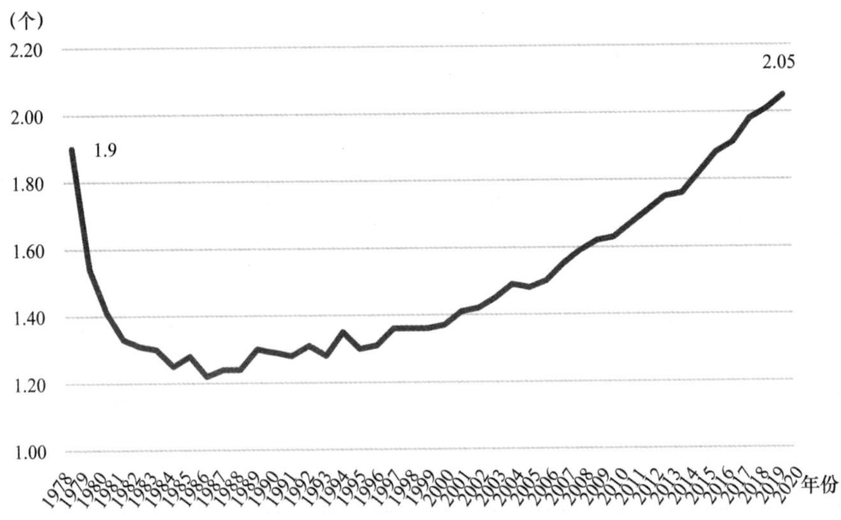

图 8－1　中国教育学术研究的学者合作协同发展趋势（1978—2020）

二　中国教育学术研究的机构合作协同发展趋势

如图 8－2 所示，中国教育学术研究的机构合作协同发展阶段主要可以分为两部分。

第一个阶段，是改革开放初至 2005 年之前，属于非常平稳的发展时期。此阶段，曲线基本没有明显的上升态势，长期保持较为平缓

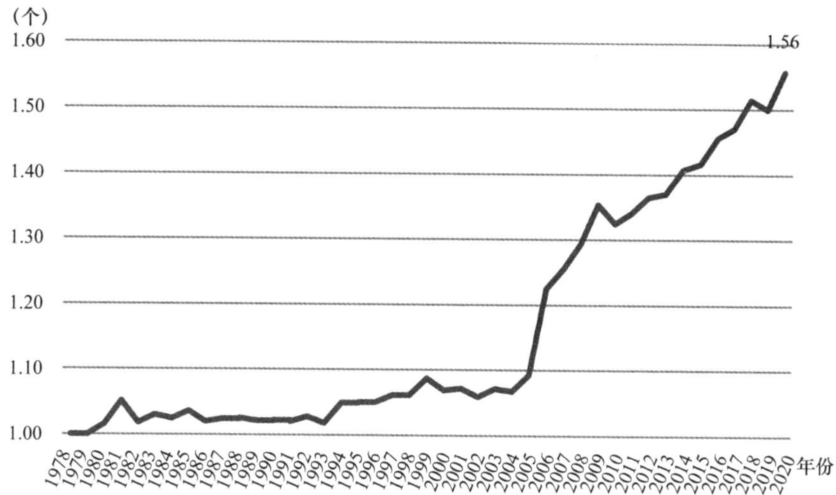

图 8－2　中国教育学术研究的机构合作协同发展趋势（1978—2020）

的状况。第二阶段，是 2005 年之后至今，属于机构合作协同飞速发展的时期。此阶段，曲线上升态势非常明显，陡然激增，表明机构合作协同发展态势良好。2020 年，机构合作情况为篇均 1.56 个。

以上通过对学者合作协同与机构合作协同的分析，展现出自改革开放以来，中国教育学术研究中的合作协同不断显著加强，并且，当前仍然具有良好的发展势头。

第二节　中国教育学术研究与中国社会科学整体水平合作发展对比

一　学者合作协同发展对比

对中国教育学术研究的学者合作与中国社会科学的整体平均水平进行对比，结果如图 8－3 所示。总体而言，中国教育学术研究的学者合作协同性长期略低于中国社会科学的整体平均水平。但是，近几年来，中国教育学术研究在学者合作协同上，逐渐赶超了中国社会科学的整体平均水平。

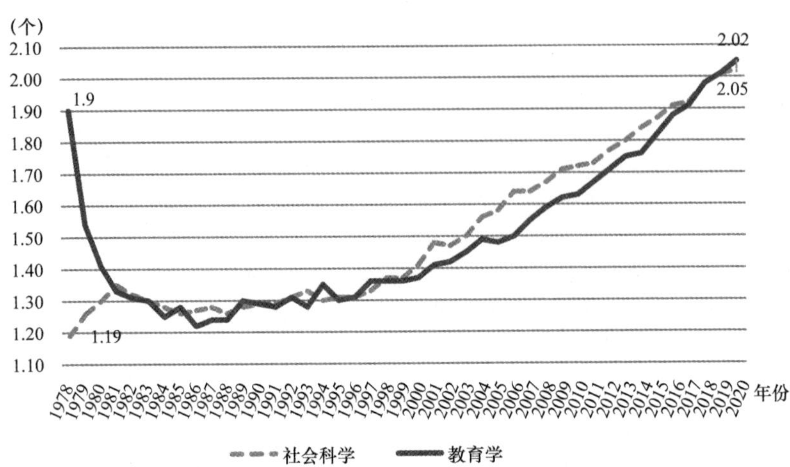

图8－3　中国社会科学与教育学术研究的学者合作趋势对比（1978—2020）

二　机构合作协同发展对比

对中国教育学术研究的机构合作与中国社会科学的整体平均水平进行对比，结果如图8－4所示。总体而言，中国教育学术研究的机构合作协同性长期低于中国社会科学的整体平均水平。但是，也是近几年来，中国教育学术研究在机构合作协同上，逐渐赶超了中国社会科学的整体平均水平。

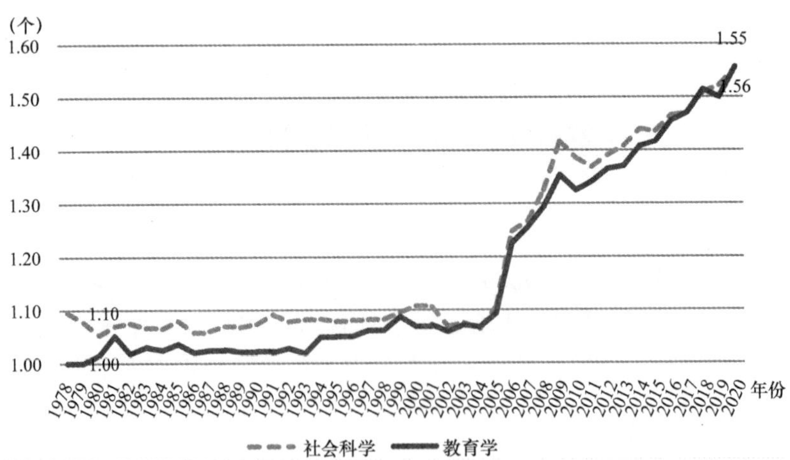

图8－4　中国社会科学与教育学术研究的机构合作趋势对比（1978—2020）

通过上述分析可以发现，中国教育学术研究的合作协同性的发展曲线与中国社会科学整体平均水平的发展曲线大致上旗鼓相当，曲线的走势起伏也基本相似，只不过，之前长期略低于中国社会科学的整体平均水平；而近些年来，已经逐渐赶上并超过了中国社会科学的整体均值。

第三节　中国教育学术研究合作协同性的多学科比较

一　学者合作协同性的多学科比较

对中国社会科学的学者合作协同性进行多学科比较，结果如图 8 - 5所示。心理学学术研究的学者合作协同度最高，为篇均 2. 87 个作者。其后是体育学、人文地理学，学者合作协同度也较高，篇均作者都在两个以上。教育学术研究的学者合作协同度在各学科中也处于相对靠前的位置，为篇均 1. 53 个作者。学者合作协同度较低的学科有宗教学、历史学、中国文学，这些学科都比较偏人文。这说明，越是偏重人文味道的学科，其学者合作协同度会相对略低一些。

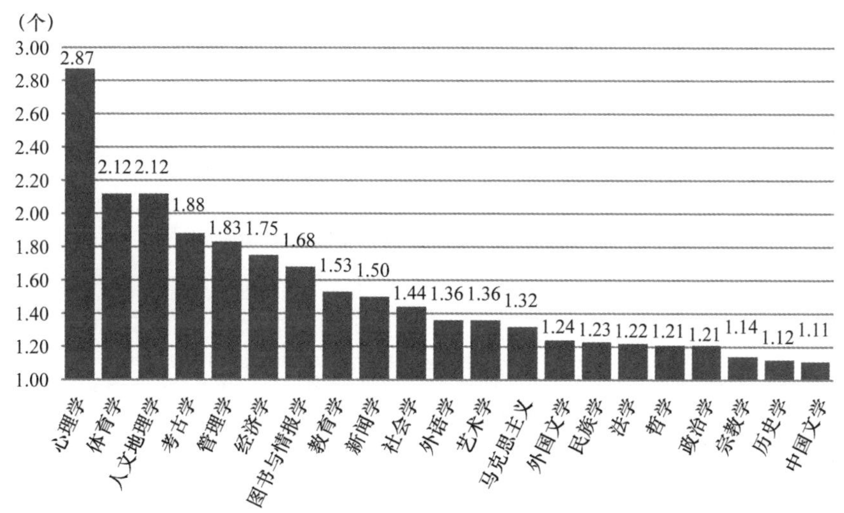

图 8 - 5　中国社会科学学者合作协同性的多学科比较

二　机构合作协同性的多学科比较

对中国社会科学的机构合作协同性进行多学科比较，结果如图8－6所示。心理学学术研究的机构合作协同度最高，为篇均1.73个机构。其后是人文地理学、体育学，机构合作协同度也较高，篇均机构分别为1.61个、1.49个。教育学术研究的机构合作协同度在各学科中也处于中等略靠前的位置，为篇均1.23个机构。机构合作协同度较低的学科有外国文学、法学、中国文学、历史学，这些学科都比较偏人文。这说明，越是偏重人文味道的学科，机构合作协同度也会相对略低一些，这是由于人文学科的合作需求相对较弱。

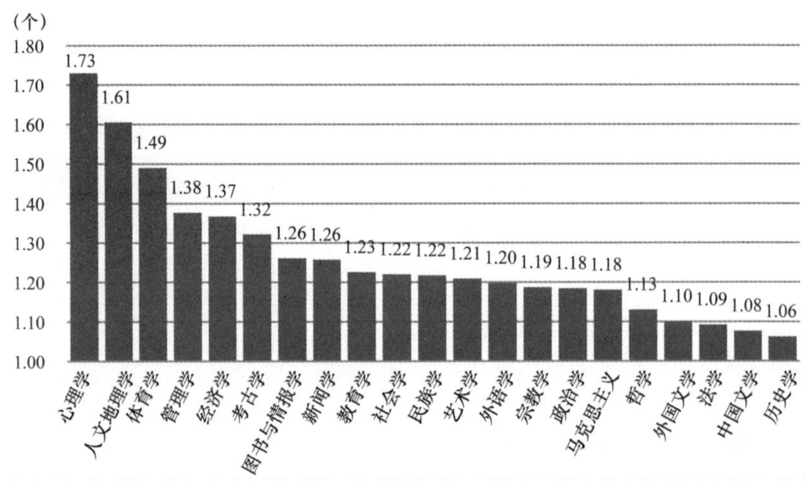

图8－6　中国社会科学机构合作协同性的多学科比较

第四节　中国教育学术研究合作协同性的子领域比较

一　学者合作协同性的子领域比较

对中国教育学术研究的学者合作协同性进行子领域比较，结果如

图 8 - 7 所示。

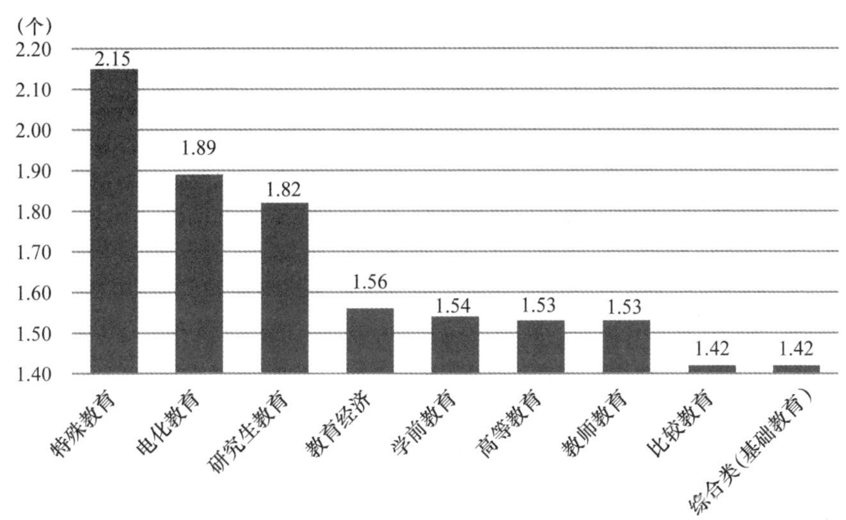

图 8 - 7　中国教育学术研究学者合作协同性的子领域比较

特殊教育学术领域的学者合作协同度最高，为篇均 2. 15 个作者。另外，电化教育、研究生教育的学者合作协同度也相对较高，篇均作者分别为 1. 89 个、1. 82 个。学者合作协同度居中的子领域有教育经济、学前教育、高等教育、教师教育。学者合作协同度相对较低的子领域为比较教育、综合类（基础教育）。

二　机构合作协同性的子领域比较

对中国教育学术研究的机构合作协同性进行子领域比较，结果如图 8 - 8 所示。特殊教育学术领域的机构合作协同度最高，为篇均 1. 59 个机构。另外，研究生教育、电化教育的机构合作协同度也相对较高，篇均机构分别为 1. 37 个、1. 36 个。机构合作协同度居中的子领域有高等教育、综合类（基础教育）、教育经济、比较教育、学前教育。而机构合作协同度相对较低的子领域为教师教育。

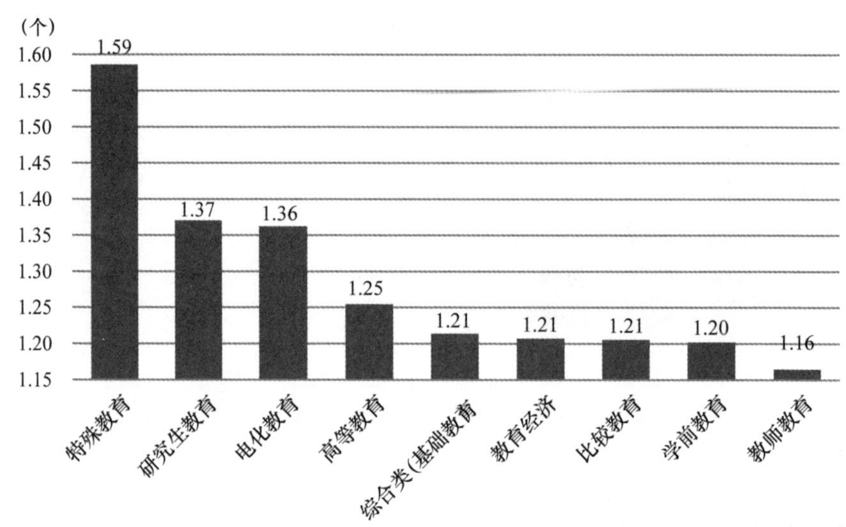

图 8－8　中国教育学术研究机构合作协同性的子领域比较

第五节　中国教育学术研究合作协同性的地区比较

一　学者合作协同性的地区比较

对中国教育学术研究的学者合作协同性进行地区比较，结果如图8－9所示。西藏地区的学者合作协同度最高，为篇均1.93个作者。其后学者合作协同度较高排在前五位的地区依次是吉林、河北、陕西、重庆。而学者合作协同度较低排在后五位的地区依次是河南、澳门、福建、青海、台湾。还可以发现，中西部地区、东北地区的省份更倾向于学者合作协同，而沿海发达地区省份的合作协同度相对较低一些。

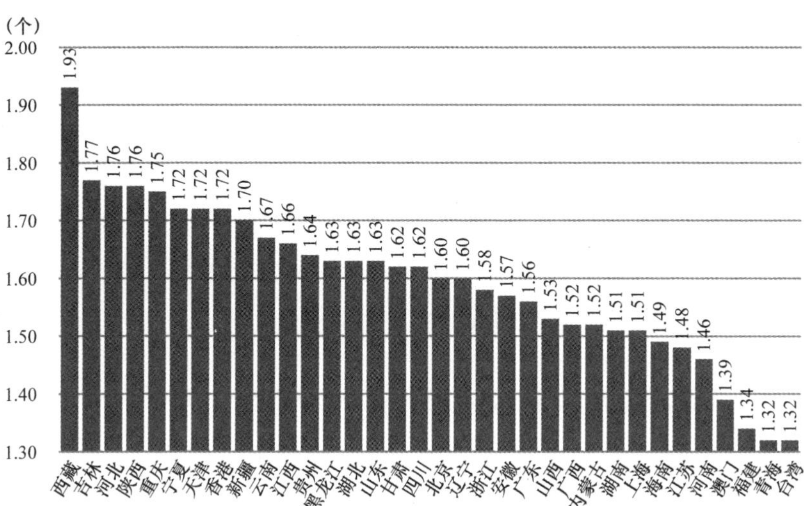

图 8－9　中国教育学术研究学者合作协同性的地区比较

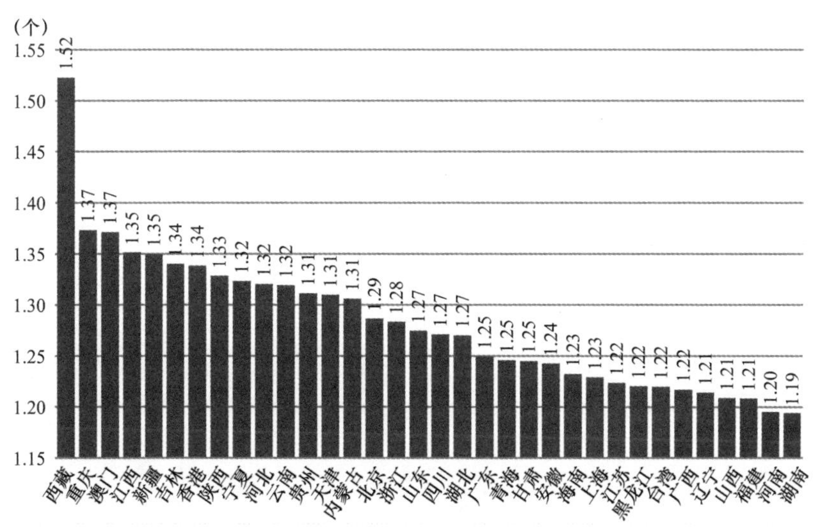

图 8－10　中国教育学术研究机构合作协同性的地区比较

二　机构合作协同性的地区比较

对中国教育学术研究的机构合作协同性进行地区比较，结果如图 8－10所示。西藏地区的机构合作协同度最高，为篇均 1.52 个机构。其后机构合作协同度较高排在前五位的地区依次是重庆、澳门、江西、新疆。而机构合作协同度相对较低排在后五位的地区依次是辽宁、山西、福建、河南、湖南。

第六节　中国教育学术研究合作协同性的期刊比较

一　学者合作协同性的期刊比较

对中国教育学术研究的学者合作协同性进行期刊比较，结果如图 8－11所示。

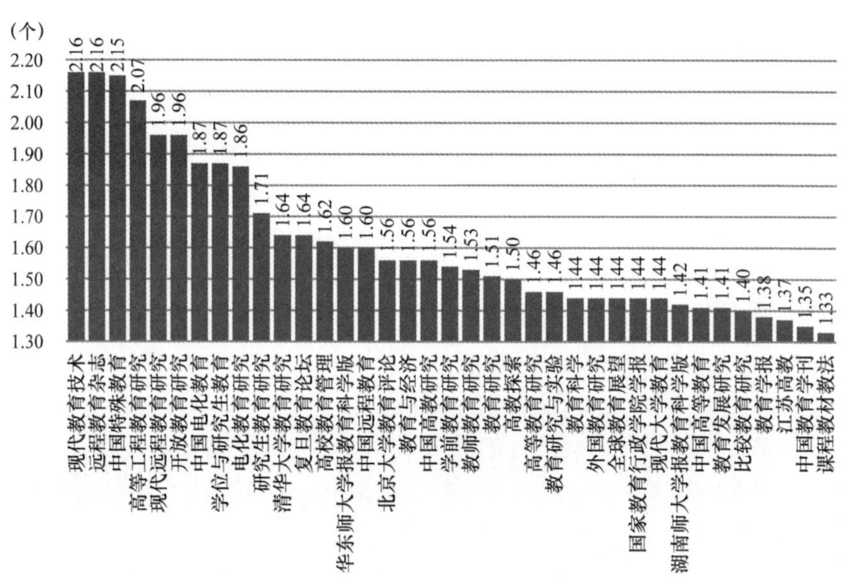

图 8－11　中国教育学术研究学者合作协同性的期刊比较

学者合作协同度较高、篇均两个以上合作者的刊物有《现代教育技术》《远程教育杂志》《中国特殊教育》《高等工程教育研究》。学者合作协同度较低相对排位靠后的刊物有《教育学报》《江苏高教》

《中国教育学刊》《课程·教材·教法》。

二　机构合作协同性的期刊比较

对中国教育学术研究的机构合作协同性进行期刊比较，结果如图 8－12所示。机构合作协同度较高排位相对靠前的刊物有《高等工程教育研究》《中国特殊教育》《远程教育杂志》《现代远程教育研究》。机构合作协同度较高排位相对靠后的刊物有《教师教育研究》《课程·教材·教法》《高等教育研究》《中国高等教育》。

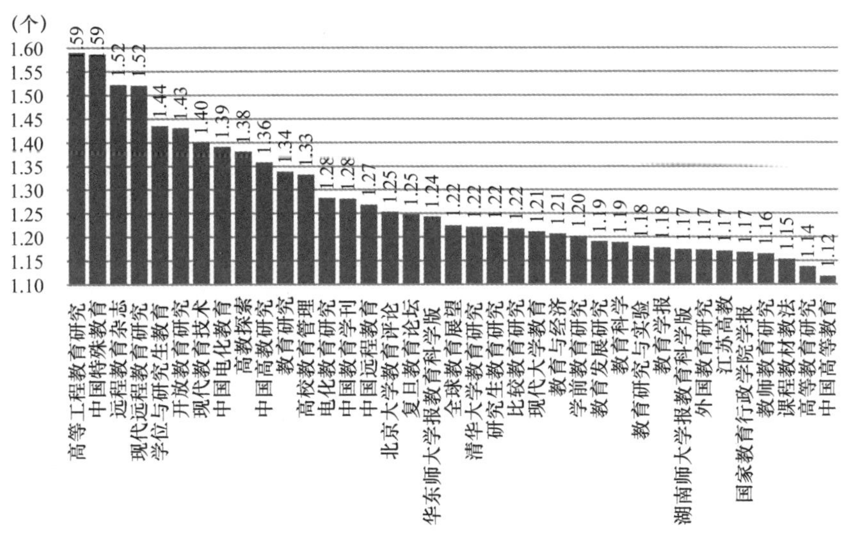

图 8－12　中国教育学术研究机构合作协同性的期刊比较

第七节　中国教育学术研究合作协同性的方法论比较

一　学者合作协同性的方法论比较

对中国教育学术研究学者合作协同度进行方法论的对比分析，结果如表 8－1 所示。实证类论文和非实证类论文的学者合作协同度存在非常显著的差异性（$t=-89.321$，$P<0.001$）；实证类论文的学者合作协同度（2.01）显著高于非实证类论文（1.47）。

表8-1　不同方法论论文学者合作协同性的差异显著性检验

	样本数	平均数	标准差	t值	P值
非实证类论文	135996	1.47	0.799	-89.321	0.000**
实证类论文	35712	2.01	1.087		

二　机构合作协同性的方法论比较

对中国教育学术研究机构合作协同度进行方法论的对比分析，结果如表8-2所示。实证类论文和非实证类论文的机构合作协同度存在非常显著的差异性（$t=-62.458$，$P<0.001$）；实证类论文的机构合作协同度（1.48）显著高于非实证类论文（1.20）。

表8-2　不同方法论论文机构合作协同性的差异显著性检验

	样本数	平均数	标准差	t值	P值
非实证类论文	108158	1.20	0.52675	-62.458	0.000**
实证类论文	31481	1.48	0.71786		

第八节　本章小结

自改革开放以来，中国教育学术研究中的合作协同不断显著加强，并且，当前仍然具有良好的发展势头。但总体而言，中国教育学术研究的学者合作协同性、机构合作协同性均长期略低于中国社会科学的整体平均水平，直到近几年来，合作协同性逐渐赶超了中国社会科学的整体平均水平。

本章研究还发现，越是偏重人文味道的学科，其学者合作协同度会相对略低一些。而教育学术研究的学者合作协同度在各学科中处于相对靠前的位置，为篇均 1.53 个作者。另外，对中国教育学术研究的学者合作协同性进行子领域比较，特殊教育学术领域的学者合作协同度最高，为篇均 2.15 个作者。电化教育、研究生教育的学者合作协同度也相对较高，篇均作者分别为 1.89 个、1.82 个。而学者合作协同度相对较低的子领域为比较教育、综合类（基础教育）。

对中国教育学术研究的学者合作协同性进行地区比较，西藏地区的学者合作协同度最高，为篇均 1.93 个作者。其后学者合作协同度较高排在前五位的地区依次是吉林、河北、陕西、重庆。而学者合作协同度较低排在后五位的地区依次是河南、澳门、福建、青海、台湾。还可以发现，中西部地区、东北地区的省份更倾向于学者合作协同，而沿海发达地区省份的合作协同度相对较低一些。

对中国教育学术研究的学者合作协同性进行期刊比较，学者合作协同度较高、篇均两个以上合作者的刊物有《现代教育技术》《远程教育杂志》《中国特殊教育》《高等工程教育研究》。学者合作协同度较低相对排位靠后的刊物有《教育学报》《江苏高教》《中国教育学刊》《课程·教材·教法》。

对中国教育学术研究的合作协同度进行方法论的对比分析发现，实证类论文和非实证类论文的合作协同度存在非常显著的差异性，实证类论文的合作协同度显著高于非实证类论文。

总之，随着各领域学术研究复杂程度的不断加深，尤其受跨学科知识交叉需要驱动，学者之间以及学术机构之间合作往来日益频繁，合作也日益深入。需要清楚地意识到，在这种背景之下，我国教育学术研究再无法沿袭过去的“单打独斗”“单兵作战”模式，学术合作不仅已成为趋势，更将成为学术创新的主流模式。今后我国教育学术研究应当进一步有意识地促进不同学术合作，加强学术交流。

第九章　中国教育学术研究的知识图谱分析

知识图谱是显示知识发展进程与结构关系的一系列各种不同的图形，用可视化技术描述知识资源及其载体，挖掘、分析、构建、绘制和显示知识及它们之间的相互联系。知识图谱关注的基本细胞是学术论文中的关键词。

“关键词是作者论文核心内容的简明表述，是表达论文主题概念的自然语言词汇。一个学科较长时间大量学术论文关键词的集合，可以揭示出该学科的总体内容特征及其发展趋势。”① 对关键词的分析主要采用共词聚类分析法，即“采用聚类的计算方法，对文章中共现的词对（主题词或关键词）的关联性进行运算，将关系密切的词聚集归类，从而达到挖掘隐含信息的目的”②。

本章研究将以学术关键词为基本细胞，对中国教育学术研究中的知识图谱分领域、分年代进行全面的回顾与分析，并将综合借助VOSviewer软件、Pajek软件，将数据的分析结果通过可视化方法全面多维地呈现出来。

---

① 陈立新：《信息计量学——理论探索与案例研究》，科学技术文献出版社2017年版，第46页。

② 钟伟金、李佳、杨兴菊：《共词分析法研究（三）——共词聚类分析法的原理与特点》，《情报杂志》2008年第7期。

第一节　中国教育学术研究的知识图谱分析

一　总体的学术研究知识图谱分析

这里需要首先说明一下。在知识图谱的运算中，中心度一般用 Q 值来表示，是知识单元聚类分析中用于说明知识团簇趋于聚合或离散的一个指标。其值域介于 0 和 1，越接近 1 越说明，一个知识领域中的知识团簇聚合性越高。知识聚类团簇数在网路结构分析中，一般用 NC 来表示。生词度是本研究的自创指标，其计算公式为式二。生词度的值域介于 0 和 100，越接近 100 越说明，一个知识领域中的生词度越大。生词度过高或过低都不适宜，应当保持适度。

$$生词度 = \frac{某知识领域词频为一次（只出现一次）的关键词数量}{某知识领域关键词总量} \times 100$$

（式二）

对中国教育学术研究的知识单元的聚类与生词度进行分析，结果如表 9 - 1 所示。总体而言，改革开放以来至今，中国教育学术领域中的知识聚合中心度为 0.40，生词度为 64.58，学术知识团簇总共聚类为 8 大区块。

从变化趋势上看，20 世纪中心度趋于加强，生词度趋于降低，这说明中国教育学术研究的知识体系在 20 世纪出现了明显的加强趋势。但是，进入 21 世纪后，中心度趋于降低，生词度趋于提升。这说明，中国教育学术研究的知识领域在进入 21 世纪后急剧分化，各个子领域的独立性得到了加强。

表 9 - 1　　中国教育学术研究的知识单元聚类与生词度及各年代比较

	中心度 Q	知识聚类团簇数 NC	生词度
总体（1978—2020）	0.40	8	64.58
20 世纪 80 年代	0.37	6	62.74
20 世纪 90 年代	0.47	7	60.91

续表

	中心度 Q	知识聚类团簇数 NC	生词度
21 世纪头十年	0.40	5	67.12
21 世纪第二个十年	0.35	5	70.38

从具体的知识团簇区块网络来看，结果如图 9－1 所示，图中越居于图形中央位置的区块，越属于领域知识中的核心单元。区块一的核心知识概念主要包括：企业、企业管理、农村、办学、学堂、学校、必修课、教育工作者、校长、民办学校、经济、经费、财政管理。

区块二的核心知识概念主要包括：北美洲、美国。从国家的网络节点大小来看，我国在教育学术领域中最主要研究的是美国教育，其后是日本教育和英国教育。

区块三的核心知识概念主要包括：市场经济、思想体系、思想政治工作、思想政治教育、政治、社会主义、经济体制、青年。

区块四的核心知识概念主要包括：中华人民共和国、学习者、成人高等学校、教育行政组织、教育部、远程教学、远程教育。

区块五的核心知识概念主要包括：教学方式、班级授课制、课堂教学。

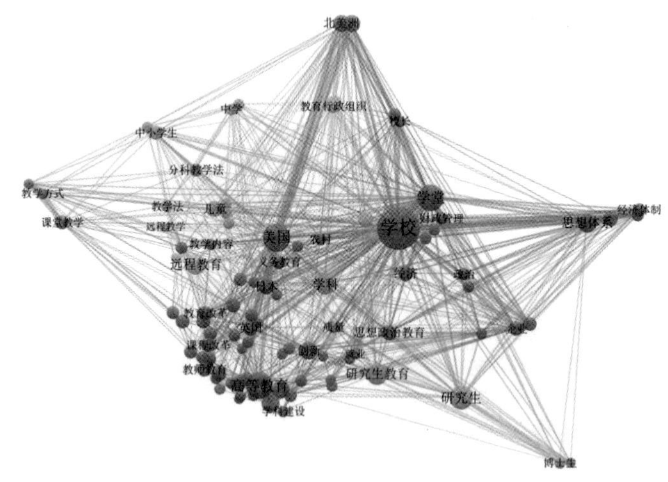

图 9－1　中国教育学术研究的知识图谱（1978—2020）

区块六的核心知识概念主要包括：博士生、学科、研究生、研究生教育、质量。

区块七的核心知识概念主要包括：中学、中学生、中小学生、中等学校、儿童、分科教学法、小学、幼儿园、教学法、概念。

区块八的核心知识概念主要包括：义务教育、人才培养、信息技术、创新、发展、基础教育、大学、大学生、学科建设、就业、改革、教师专业发展、教师教育、教育信息化、教育公平、日本、研究型大学、课程设置、英国、道德教育等等。

二 不同年代的学术研究知识图谱分析

（一）20 世纪 80 年代

20 世纪 80 年代，中国教育学术领域中的知识聚合中心度为 0.37，生词度为 62.74，学术知识团簇总共聚类为六大区块。从具体的知识团簇区块网络来看，结果如图 9－2 所示。

区块一的核心知识概念主要包括：劳动、同学、学堂、学校、思想体系、思想政治工作、思想政治教育、成人高等学校、政治、教育工作者、毕业生、社会主义、青年。

区块二的核心知识概念主要包括：北美洲、日本、美国。

区块三的核心知识概念主要包括：教育行政组织、教育部、苏联。

区块四的核心知识概念主要包括：企业、企业管理、农村、投资、生产力、社会主义初级阶段、社会主义社会、经济、经费、财政管理。

区块五的核心知识概念主要包括：个性心理特征、中学、中学生、中小学生、中等专业学校、儿童、分科教学法、学时、小学、必修课、思维形式、教学大纲、教学方式、教学法、教学过程、教育改革、概念、班级授课制、视听教材。

区块六的核心知识概念主要包括：会议、博士生、学科、研究生、研究生教育、课题、质量。

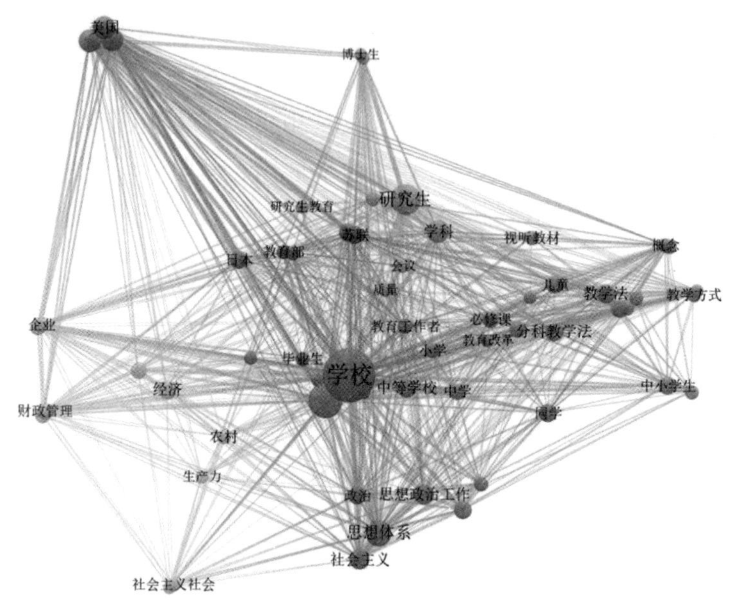

图 9－2　中国教育学术研究的知识图谱（20 世纪 80 年代）

（二）20 世纪 90 年代

20 世纪 90 年代，中国教育学术领域中的知识聚合中心度为 0.47，生词度为 60.91，学术知识团簇总共聚类为七大区块。从具体的知识团簇区块网络来看，结果如图 9－3 所示。

区块一的核心知识概念主要包括：事业、企业、企业管理、农村、办学、学堂、学校、必修课、教育工作者、经济、经费、财政管理、青年。

区块二的核心知识概念主要包括：中华人民共和国、市场经济、思想体系、思想政治教育、政治、社会主义、社会主义市场经济体制、经济体制。

区块三的核心知识概念主要包括：儿童、北美洲、幼儿园、日本、美国。

区块四的核心知识概念主要包括：中央广播电视大学、会议、广播电视大学、成人高等学校、电大教育、远程教育。

区块五的核心知识概念主要包括：思维形式、概念。

区块六的核心知识概念主要包括：中学、中学生、中小学生、中等学校、分科教学法、小学、教学内容、教学大纲、教学方式、教学方法、班级授课制、电化教学、素质教育、计算机、课堂教学。

区块七的核心知识概念主要包括：博士生、学位、学科、研究生、研究生教育。

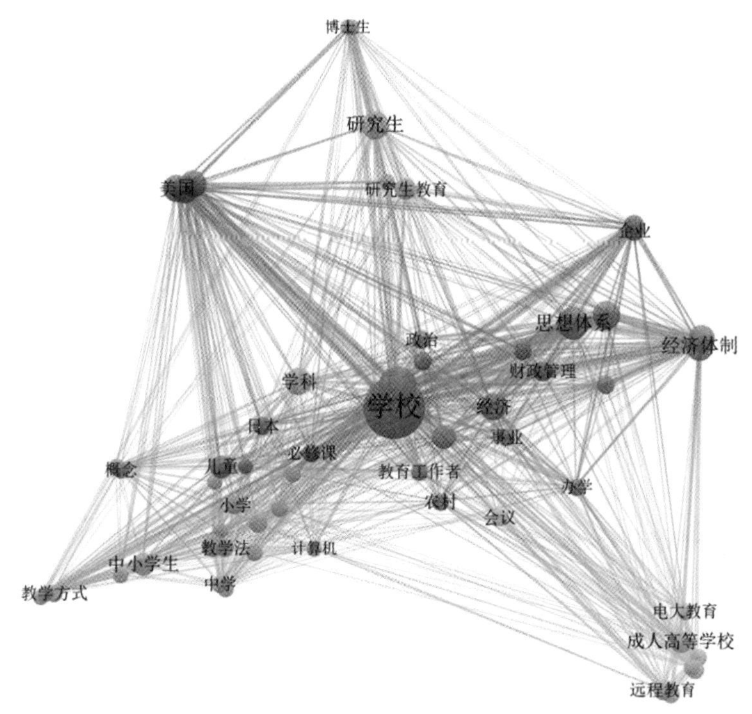

图 9－3　中国教育学术研究的知识图谱（20 世纪 90 年代）

（三）21 世纪头十年

21 世纪头十年，中国教育学术领域中的知识聚合中心度为 0.40，生词度为 67.12，学术知识团簇总共聚类为五大区块。从具体的知识团簇区块网络来看，结果如图 9－4 所示。

区块一的核心知识概念主要包括：企业、企业管理、创新、学堂、学校、学科、学科建设、民办学校、研究型大学、研究生、研究生教育、质量、高等职业教育。

区块二的核心知识概念主要包括：中华人民共和国、教育信息化、教育行政组织、教育部、现代远程教育、网络教育、远程教学、远程教育。

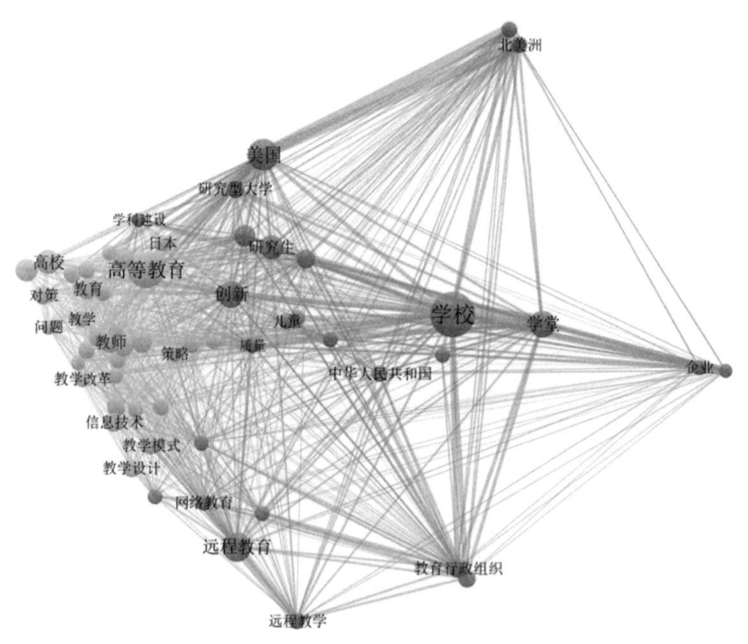

图 9-4　中国教育学术研究的知识图谱（21 世纪头十年）

区块三的核心知识概念主要包括：北美洲、美国。

区块四的核心知识概念主要包括：中小学、信息技术、发展、基础教育、大学、大学生、对策、改革、教学、教学改革、教学模式、教学设计、教师、教师专业发展、教师教育、教育公平、教育技术、教育改革、日本、模式、研究性学习、素质教育、英国、课堂教学、课程、课程改革、高等学校、高等教育。

区块五的核心知识概念主要包括：儿童、幼儿园。

（四）21 世纪第二个十年

21 世纪第二个十年，中国教育学术领域中的知识聚合中心度为 0.35，生词度为 70.38，学术知识团簇总共聚类为五大区块。从具体的知识团簇区块网络来看，结果如图 9－5 所示。

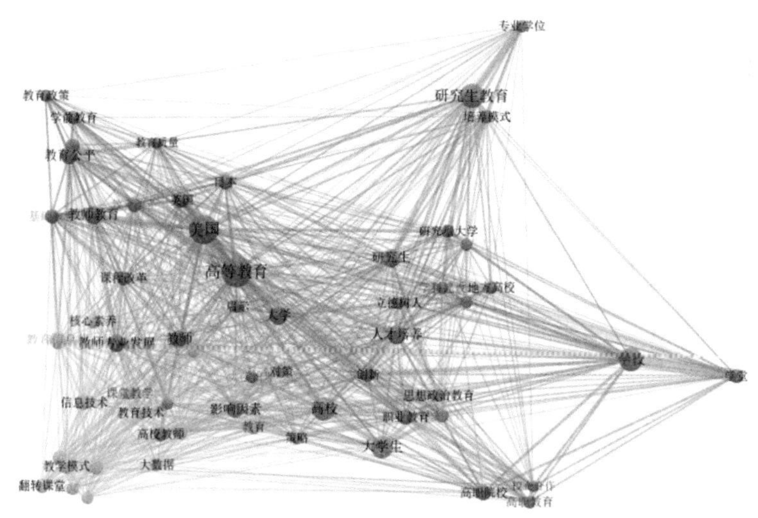

图 9－5　中国教育学术研究的知识图谱（21 世纪第二个十年）

区块一的核心知识概念主要包括：世界一流大学、人才培养、创新、地方高校、学堂、学校、学科、学科建设、校企合作、研究型大学、立德树人、职业教育、高职教育、高职院校。

区块二的核心知识概念主要包括：专业学位、培养模式、研究生、研究生教育。

区块三的核心知识概念主要包括：义务教育、基础教育、大学、大学治理、学前教育、教师、教师专业发展、教师教育、教育公平、教育改革、教育政策、教育质量、日本、美国、英国、课程改革、高等教育。

区块四的核心知识概念主要包括：MOOC、人工智能、信息技术、在线学习、大数据、教学改革、教学模式、教育信息化、教育技术、核心素养、翻转课堂、课堂教学、远程教育。

区块五的核心知识概念主要包括：创业教育、大学生、实证研究、对策、影响因素、思想政治教育、策略、高校、高校教师。

第二节　中国教育经济学术研究的知识图谱分析

一　总体的学术研究知识图谱分析

对中国教育经济学术研究的知识单元的聚类与生词度进行分析，结果如表9－2所示。总体而言，改革以来至今，中国教育经济学术领域中的知识聚合中心度为0.31，生词度为74.52，学术知识团簇总共聚类为六大区块。

表9－2　中国教育经济学术研究的知识单元聚类与生词度及各年代比较

	中心度 Q	知识聚类团簇数 NC	生词度
总体（1978—2020）	0.31	6	74.52
20 世纪 80 年代	0.32	5	75.78
20 世纪 90 年代	0.31	6	72.86
21 世纪头十年	0.39	7	79.10
21 世纪第二个十年	0.56	7	82.36

从变化趋势上看，中国教育经济学术研究的知识中心度不断加强，而生词度在不断上升。这说明，中国教育经济学术研究的知识体系逐渐趋于成熟，知识的聚合性较强；同时，高生词度也说明能够吐故纳新，在研究指向上既注意与时俱进，同时又有自身相对稳定的核心知识探讨区域。

从具体的知识团簇区块网络来看，结果如图9－6所示。

区块一的核心知识概念主要包括：义务教育、人力资本、学费、对策、就业、收入、教育、教育公平、教育投资、经济增长、高校、高等教育。

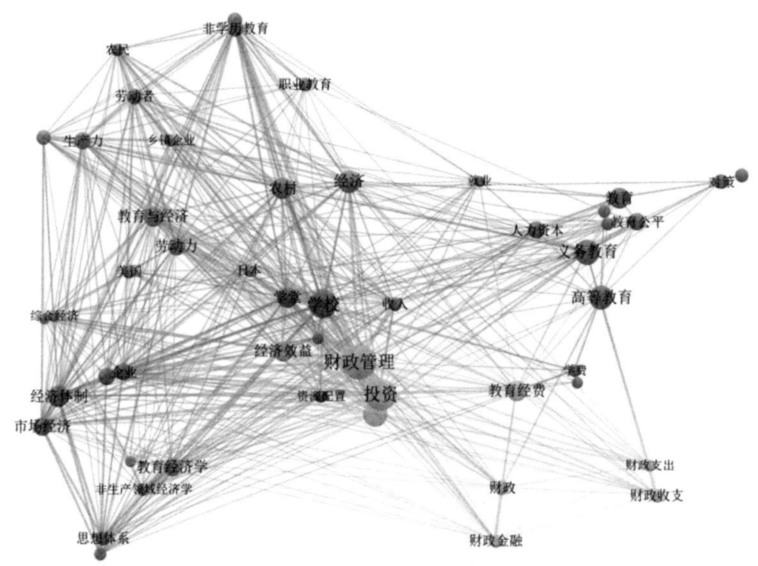

图 9－6 中国教育经济学术研究的知识图谱（1978—2020）

区块二的核心知识概念主要包括：乡镇企业、农村、农民、劳动力、劳动者、教育与经济、生产力、生产方式、职业技术教育、职业教育、非学历教育。

区块三的核心知识概念主要包括：企业、企业管理、办学、学堂、学校、市场经济、思想体系、社会主义、经济体制、资源配置。

区块四的核心知识概念主要包括：投资、教育经费、财政、财政支出、财政收支、财政管理、财政金融。

区块五的核心知识概念主要包括：中华人民共和国、国民经济、教育经济学、日本、综合经济、美国、非生产领域经济学。

区块六的核心知识概念主要包括：经济效应。

二 不同年代的学术研究知识图谱分析

（一）20 世纪 80 年代

20 世纪 80 年代，中国教育经济学术领域中的知识聚合中心度为 0.32，生词度为 75.78，学术知识团簇总共聚类为五大区块。从具体的知识团簇区块网络来看，结果如图 9 - 7 所示。

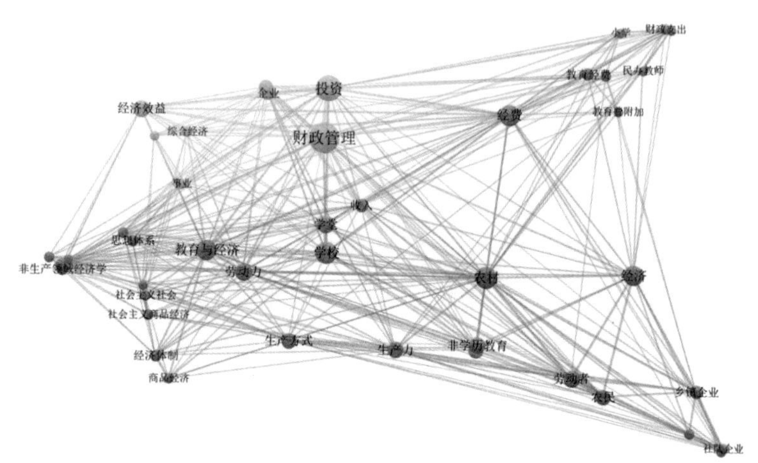

图 9 - 7　中国教育经济学术研究的知识图谱（20 世纪 80 年代）

区块一的核心知识概念主要包括：人力资本理论、劳动力、劳动生产率、商品经济、思想体系、教育与经济、教育经济学、生产力、生产方式、社会主义、社会主义初级阶段、社会主义商品经济、经济体制、非生产领域经济学。

区块二的核心知识概念主要包括：义务教育、小学、收入、教育经费、教育附加费、民办教师、财政支出、财政收支。

区块三的核心知识概念主要包括：乡镇企业、农村、农村工业、农村经济发展、农民、劳动者、社队企业、经济。

区块四的核心知识概念主要包括：事业、企业、企业管理、国民经济、投资、经济效益、综合经济、财政管理。

区块五的核心知识概念主要包括：学堂、学校、职业技术教育、非学历教育。

（二）20 世纪 90 年代

20 世纪 90 年代，中国教育经济学术领域中的知识聚合中心度为 0. 31，生词度为 72. 86，学术知识团簇总共聚类为六大区块。从具体的知识团簇区块网络来看，结果如图 9 - 8 所示。

区块一的核心知识概念主要包括：义务教育、事业、办学效益、投入、投资、教育事业费、教育经费、财政、财政收支、财政管理、财政金融。

区块二的核心知识概念主要包括：乡镇企业、产业、农村、劳动者、国民收入、国民经济净产值、生产力、生产方式、程度、经济、经济收入、经济效益。

区块三的核心知识概念主要包括：办学、劳动力、学堂、学校、市场经济、思想体系、教职工、社会主义、经济体制、经济学。

区块四的核心知识概念主要包括：中华人民共和国、北美洲、国民经济、收入、综合经济、美国、非生产领域经济学。

区块五的核心知识概念主要包括：教育与经济、职业技术教育、非学历教育。

区块六的核心知识概念主要包括：企业、企业管理。

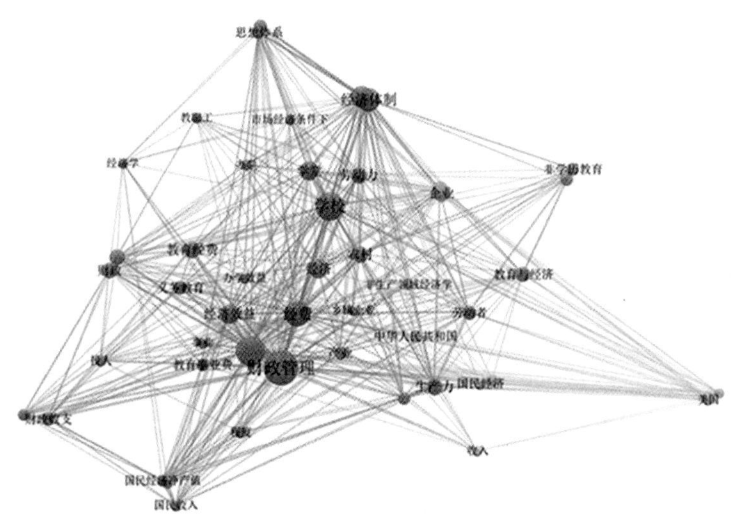

图 9 - 8　中国教育经济学术研究的知识图谱（20 世纪 90 年代）

（三）21 世纪头十年

21 世纪头十年，中国教育经济学术领域中的知识聚合中心度为 0.39，生词度为 79.10，学术知识团簇总共聚类为七大区块。从具体的知识团簇区块网络来看，结果如图 9－9 所示。

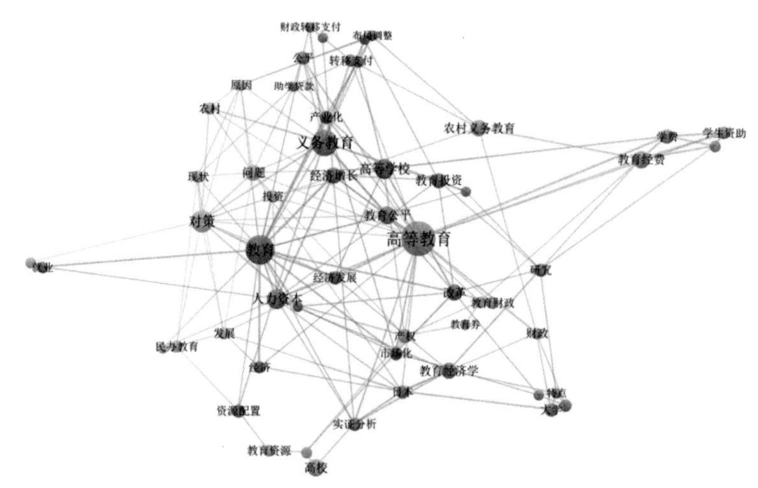

图 9－9　中国教育经济学术研究的知识图谱（21 世纪头十年）

区块一的核心知识概念主要包括：WTO、产业化、分析、就业、市场化、改革、教育、经济、经济发展、高等学校。

区块二的核心知识概念主要包括：人力资本、启示、大学、实证分析、教育投资、教育经济学、日本、特点、研究、经济增长、美国。

区块三的核心知识概念主要包括：农村中小学、布局调整。

区块四的核心知识概念主要包括：农村、原因、发展、大学生、对策、投资、教育产业化、民办教育、现状、问题。

区块五的核心知识概念主要包括：义务教育、公平、助学贷款、成本分担、教育公平、教育支出、财政支付转移、资源配置。

区块六的核心知识概念主要包括：农村义务教育、学生贷款、学生资助、学费、教育经费、财政、高等教育。

区块七的核心知识概念主要包括：产权、基础教育、教育券、教育成本、教育财政、教育资源、高校。

（四）21 世纪第二个十年

21 世纪第二个十年，中国教育经济学术领域中的知识聚合中心度为 0.56，比之以前，取得了大幅度的提升；生词度为 82.36，学术知识团簇总共聚类为七大区块。从具体的知识团簇区块网络来看，结果如图 9－10 所示。

区块一的核心知识概念主要包括：义务教育、均衡发展、基础教育、学校布局调整、教育公平、教育扶贫、教育支出、教育质量、精准扶贫、绩效评价、职业教育、财政分权、资源配置、转移支付。

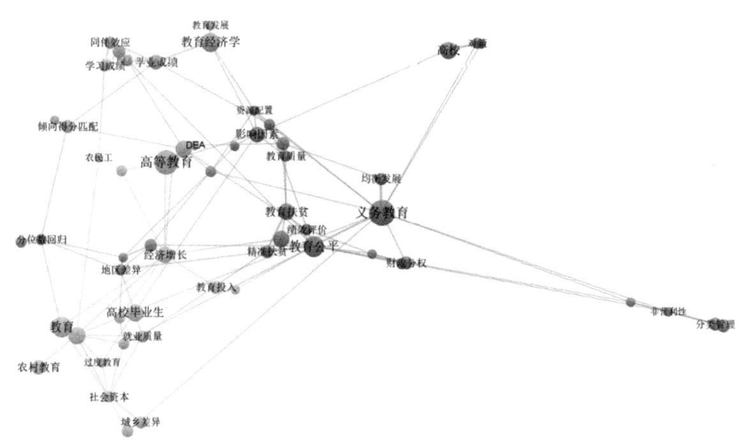

图 9－10　中国教育经济学术研究的知识图谱（21 世纪第二个十年）

区块二的核心知识概念主要包括：分类管理、民办学校、民办教育、非营利性。

区块三的核心知识概念主要包括：中等职业教育、对策、影响因素、问题、高校。

区块四的核心知识概念主要包括：人力资本、农村教育、农民工、受教育水平、城乡差异、大学生、实证研究、就业质量、教育、教育投入、教育投资、社会资本、经济增长、过度教育、面板数据、高校毕业生。

区块五的核心知识概念主要包括：分位数回归、地区差异、教育收益率、教育经费、教育财政、普通高中。

区块六的核心知识概念主要包括：倾向得分匹配法、同伴效应、学业成绩、教育发展、教育经济学、流动儿童。

区块七的核心知识概念主要包括：DEA、倾向得分匹配、学前教育、教育回报率、经费投入、高等教育。

第三节　中国研究生教育学术研究的知识图谱分析

一　总体的学术研究知识图谱分析

对中国研究生教育学术研究的知识单元的聚类与生词度进行分析，结果如表9－3所示。总体而言，改革以来至今，中国研究生教育学术领域中的知识聚合中心度为0.27，生词度为71.85，学术知识团簇总共聚类为五大区块。从变化趋势上看，研究生教育的知识中心度有持续走低的态势，而生词度在不断上升。这说明，中国研究生教育领域的学术知识累积尚不稳定，知识离散度较大，还没有形成相对稳定的知识体系。

表9－3　中国研究生教育学术研究的知识单元聚类与生词度及各年代比较

	中心度 Q	知识聚类团簇数 NC	生词度
总体（1978—2020）	0.27	5	71.85
20 世纪 80 年代	0.26	6	73.03
20 世纪 90 年代	0.30	5	73.77
21 世纪头十年	0.29	5	75.35
21 世纪第二个十年	0.21	6	75.87

从具体的知识团簇区块网络来看，结果如图9－11所示。

区块一的核心知识概念主要包括：创新、创新能力、博士生、导师、思想政治工作、思想政治教育、招生单位、指导、研究生、研究生招生、硕士生、英语教学、课题。

区块二的核心知识概念主要包括：专业学位、人才培养、博士生教育、培养模式、培养质量、学位、学位制度、学位授予质量、学位论文、工程硕士、教育硕士、研究生教育、经济、高等教育。

区块三的核心知识概念主要包括：一级学科、专业学位研究生教育、中国学位委员会、博士生导师、学位授予、学位授权点、学科课程、学科、学科建设、导师队伍、研究生培养、研究生培养质量、研究生教育改革、研究生院、质量。

区块四的核心知识概念主要包括：MBA、北美洲、美国、课程设置。

区块五的核心知识概念主要包括：思想体系、社会主义。

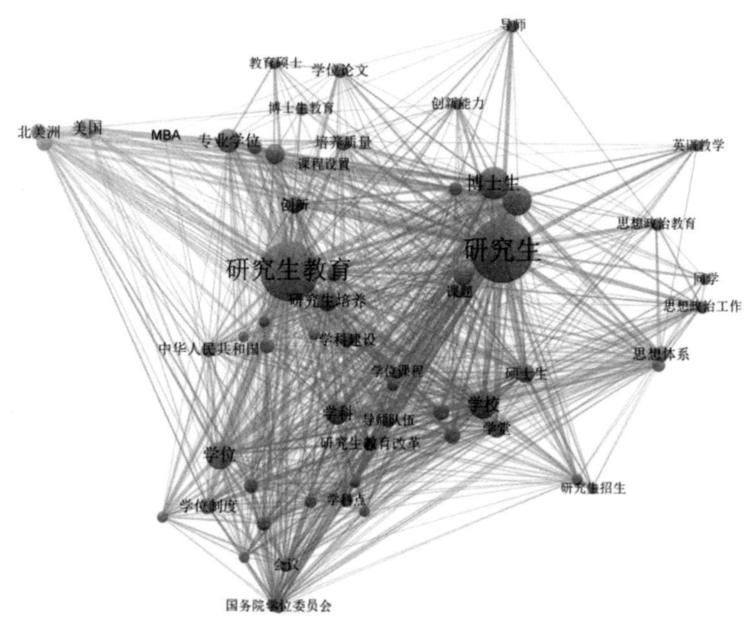

图 9－11　中国研究生教育学术研究的知识图谱（1978—2020）

二　不同年代的学术研究知识图谱分析

（一）20 世纪 80 年代

20 世纪 80 年代，中国研究生教育学术领域中的知识聚合中心度为 0.26，生词度为 73.03，学术知识团簇总共聚类为六大区块。从具体的知识团簇区块网络来看，结果如图 9－12 所示。

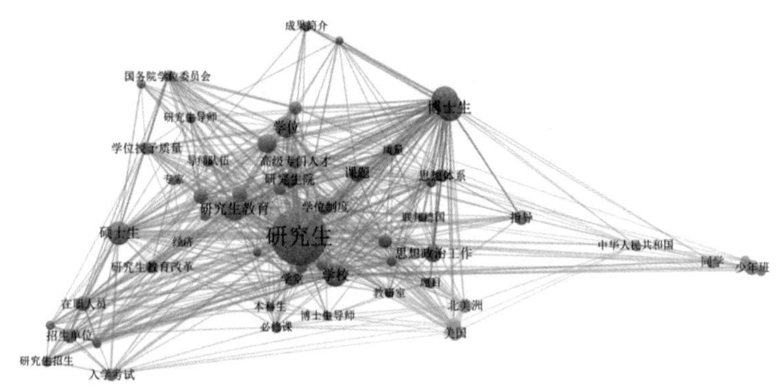

图 9－12　中国研究生教育学术研究的知识图谱（20 世纪 80 年代）

区块一的核心知识概念主要包括：博士、博士生、课题、质量。

区块二的核心知识概念主要包括：入学考试、博士生导师、在职人员、必修课、招生单位、指导、政治、本科毕业生、用人单位、研究生、研究生招生、研究生教育改革、硕士生、社会科学。

区块三的核心知识概念主要包括：学堂、学校、思想体系、思想政治工作、教研室、本科生、毕业论文、研究生培养、研究生院、社会主义、经费、联邦德国。

区块四的核心知识概念主要包括：北美洲、美国。

区块五的核心知识概念主要包括：专家、中国学位委员会、学位、学位制度、学位授予、学位授予质量、学科课程、学科、导师队伍、研究生培养工作、研究生培养质量、研究生导师、研究生教育、硕士研究生、经济、高级专门人才。

区块六的核心知识概念主要包括：同学、少年大学生、少年班、超常教育。

（二）20 世纪 90 年代

20 世纪 90 年代，中国研究生教育学术领域中的知识聚合中心度为 0.30，生词度为 73.77，学术知识团簇总共聚类为五大区块。从具体的知识团簇区块网络来看，结果如图 9－13 所示。

区块一的核心知识概念主要包括：博士生、学位课程、必修课、思想政治工作、思想政治教育、招生单位、指导、政治、研究生、硕士生、英语教学、课题。

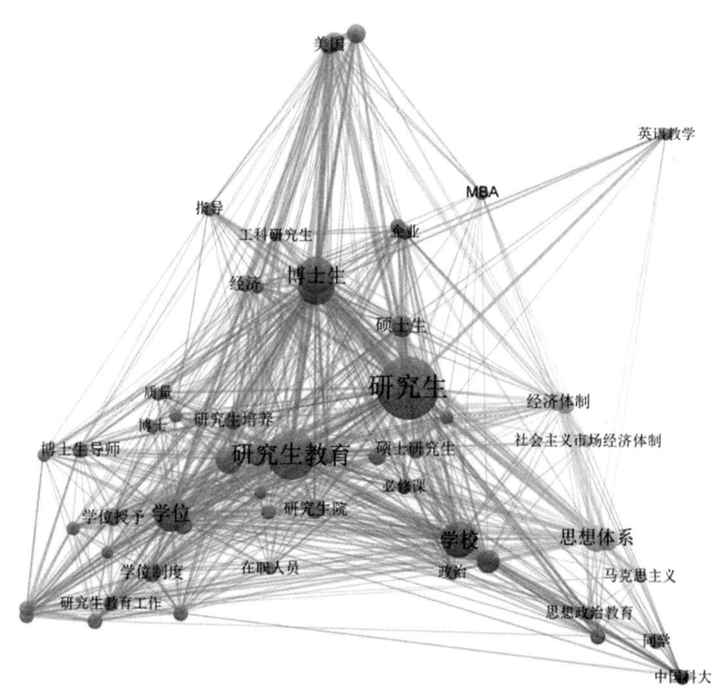

图 9－13 中国研究生教育学术研究的知识图谱（20 世纪 90 年代）

区块二的核心知识概念主要包括：一级学科、中华人民共和国、中国学位委员会、博士点、不博士生导师、国务院学位委员会、在职人员、学位、学位制度、学位授予、学位授予质量、学位授权点、学科、学科点、导师队伍、研究生培养、研究生教育、研究生教育改革、研究生院、硕士研究生、质量、高级专门人才。

区块三的核心知识概念主要包括：中国科学技术大学、企业、企业管理、同学、学堂、学校。

区块四的核心知识概念主要包括：市场经济、思想体系、社会主义、社会主义市场经济体制、经济体制、马克思主义。

区块五的核心知识概念主要包括：MBA、北美洲、工科研究生、经济、美国。

（三）21 世纪头十年

21 世纪头十年，中国研究生教育学术领域中的知识聚合中心度为 0. 29，生词度为 75. 35，学术知识团簇总共聚类为五大区块。从具体的知识团簇区块网络来看，结果如图 9 – 14 所示。

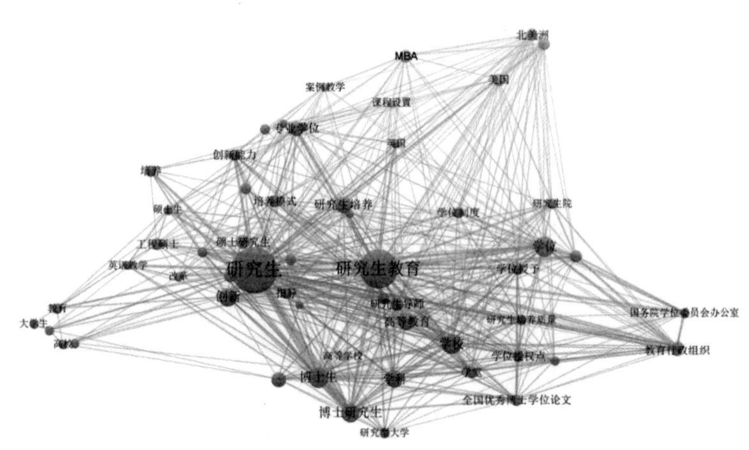

图 9 – 14　中国研究生教育学术研究的知识图谱（21 世纪头十年）

区块一的核心知识概念主要包括：全国优秀博士学位论文、创新、博士生、培养质量、大学生、学位论文、教学、研究生、研究生培养质量、研究生导师、硕士生、英语教学、高校。

区块二的核心知识概念主要包括：专业学位、中华人民共和国、人才培养、培养模式、培养目标、学位、学位制度、改革、教育硕士、教育行政组织、研究生教育、研究生院、英国、高等教育。

区块三的核心知识概念主要包括：学位授予、学位授权点、学堂、学校、学科、学科建设、学科点、导师队伍、研究型大学。

区块四的核心知识概念主要包括：MBA、北美洲、案例教学、美国、课程设置、高等学校。

区块五的核心知识概念主要包括：专业学位研究生教育、工程硕士、教学改革、研究生培养、硕士研究生、素质教育、质量。

（四）21世纪第二个十年

21世纪第二个十年，中国研究生教育学术领域中的知识聚合中心度为0.21，生词度为75.87，学术知识团簇总共聚类为六大区块。从具体的知识团簇区块网络来看，结果如图9－15所示。

区块一的核心知识概念主要包括：专业学位、专业学位研究生、临床医学、人才培养、全日制、全日制工程硕士、国际化、培养模式、学位论文、实践能力、工程硕士、教育博士、教育硕士、研究生招生、研究生教育、质量保障。

区块二的核心知识概念主要包括：创新、创新能力、博士生、培养质量、导师、师生关系、思想政治教育、改革、教学模式、满意度、研究生、硕士研究生、课程设置。

区块三的核心知识概念主要包括：一级学科、专业学位研究生教育、博士研究生、全国优秀博士学位论文、学位、学位授权点、学校。

区块四的核心知识概念主要包括：博士生教育、对策、日本、研究生培养、美国、英国、质量、跨学科、高等教育。

区块五的核心知识概念主要包括：研究生导师、立德树人。

区块六的核心知识概念主要包括：一流学科、世界一流大学、协同创新、双一流、学科、学科建设、教育质量、研究型大学、研究生教育学、联合培养、高校。

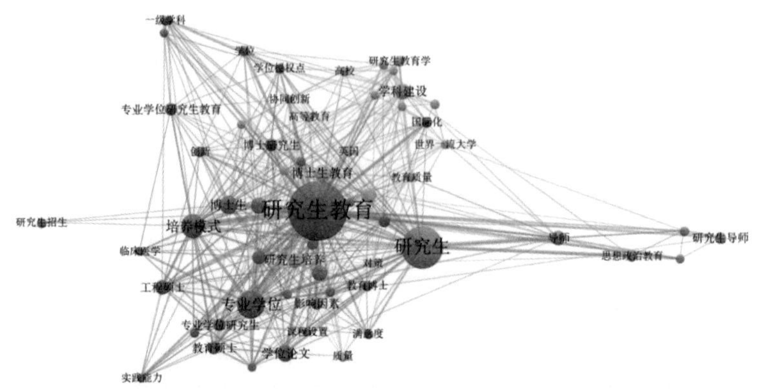

图 9－15　中国研究生教育学术研究的知识图谱（21 世纪第二个十年）

第四节　中国电化教育学术研究的知识图谱分析

一　总体的学术研究知识图谱分析

对中国电化教育学术研究知识单元的聚类与生词度进行分析，结果如表 9－4 所示。总体而言，改革以来至今，中国电化教育学术领域中的知识聚合中心度为 0.43，生词度为 69.56，学术知识团簇总共聚类为六大区块。

从变化趋势上看，电化教育的知识中心度有持续走低的态势，而生词度则在不断上升。这说明，中国电化教育领域的学术知识累积尚不稳定，知识离散度较大，还没有形成相对稳定的知识体系。当然，这也可能和这个子领域的特殊性质有关，因为这个子领域是与当前较为前沿的信息化、大数据、人工智能等紧密关联的。如果从这个角度来理解本领域的知识中心度问题，那么知识的离散度高、生词度高也是合理的。

表9-4　中国电化教育学术研究的知识单元聚类与生词度及各年代比较

	中心度 Q	知识聚类团簇数 NC	生词度
总体（1978—2020）	0.43	6	69.56
20 世纪 80 年代	0.37	6	72.39
20 世纪 90 年代	0.38	5	69.93
21 世纪头十年	0.32	5	71.48
21 世纪第二个十年	0.22	5	73.06

从具体的知识团簇区块网络来看，结果如图9-16所示。

区块一的核心知识概念主要包括：中央广播电视大学、广播电视大学、成人高等教育、电大教育、电大系统。

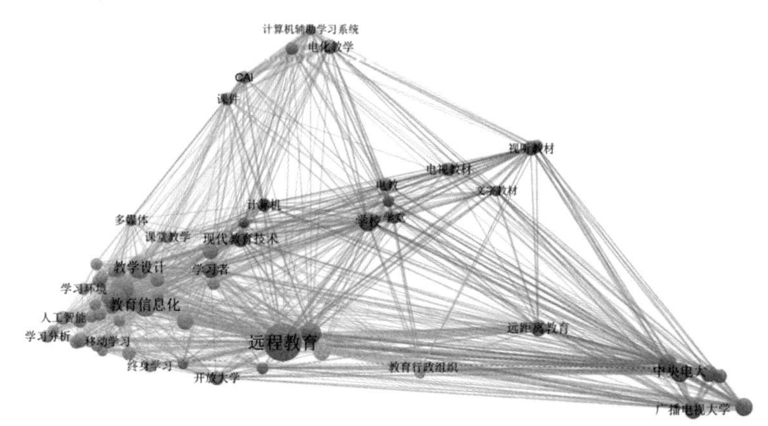

图9-16　中国电化教育学术研究的知识图谱（1978—2020）

区块二的核心知识概念主要包括：学习者、开放大学、远程学习、远程开放教育、远程教学、远程教育、远距离教育。

区块三的核心知识概念主要包括：中小学、学堂、学校、教学媒体、文字教材、现代教育技术、电教、电教教材、电视教材、视听教材、计算机。

区块四的核心知识概念主要包括：教育行政组织、现代远程教育。

区块五的核心知识概念主要包括：电化教学、计算机辅助学习系统、计算机辅助教学、课件。

区块六的核心知识概念主要包括：MOOC、互联网、人工智能、信息技术、信息素养、协作学习、在线学习、多媒体、大数据、学习分析、学习环境、建构主义、开放教育、教学模式、教学设计、教师专业发展、教师培训、教育信息化、教育技术、教育技术学、模式、移动学习、终身学习、网络学习、网络教学、网络教育、网络课程、美国、翻转课堂、自主学习、设计、课堂教学、高等教育。

二　不同年代的学术研究知识图谱分析

（一）20 世纪 80 年代

20 世纪 80 年代，中国电化教育学术领域中的知识聚合中心度为 0.37，生词度为 72.39，学术知识团簇总共聚类为六大区块。从具体的知识团簇区块网络来看，结果如图 9－17 所示。

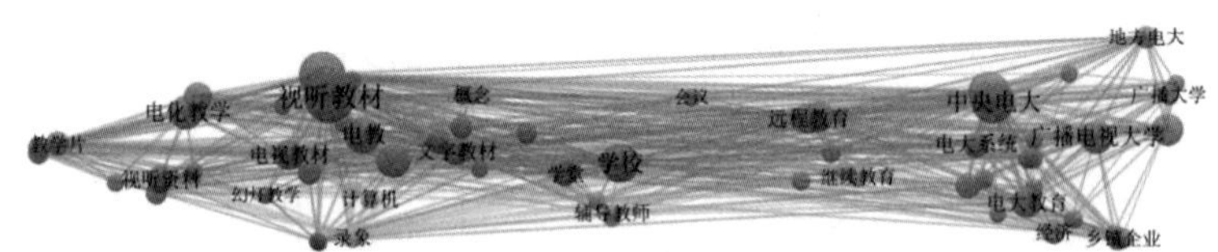

图 9－17　中国电化教育学术研究的知识图谱（20 世纪 80 年代）

区块一的核心知识概念主要包括：事业、学堂、学校、学科、影片、教学影片、教学法、文字教材、电化教学、电化教育工作、电教、电教媒体、电教手段、电教教材、电教设备、电教课、电视教材、画面、科学教育片、视听教材。

区块二的核心知识概念主要包括：中央广播电视大学、乡镇企业、农村、分校、办学、地方电大、广播电视大学、思想政治工作、成人高等学校、教学班、毕业生、电大、电大事业、电大办学、电大教师、电大系统、电大教育、省级电大、经济、远程教育。

区块三的核心知识概念主要包括：幻灯教学、幻灯片、电化教学馆、电教馆、视听资料。

区块四的核心知识概念主要包括：录像、计算机。

区块五的核心知识概念主要包括：思维形式、概念。

区块六的核心知识概念主要包括：主讲教师、电信、电视、继续工程教育、继续教育、节目、辅导教师。

（二）20 世纪 90 年代

20 世纪 90 年代，中国电化教育学术领域中的知识聚合中心度为 0.38，生词度为 69.93，学术知识团簇总共聚类为五大区块。从具体的知识团簇区块网络来看，结果如图 9－18 所示。

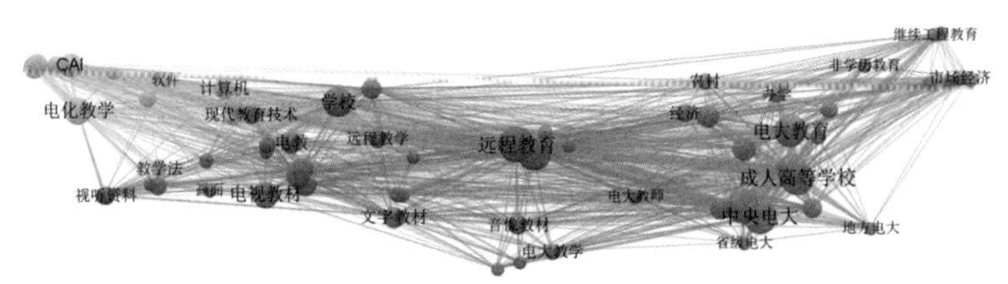

图 9－18　中国电化教育学术研究的知识图谱（20 世纪 90 年代）

区块一的核心知识概念主要包括：主讲教师、文字教材、电信、电大教学、电大教师、电视、节目、辅导教师、远程教学、远程教育、音像教材。

区块二的核心知识概念主要包括：中华人民共和国、中央电大、农村、办学、县级电大、地方电大、广播电视大学、成人高等学校、注册视听生、电大办学、电大教育、电大系统、省级电大、经济、非学历教育。

区块三的核心知识概念主要包括：中小学生、学堂、学校、投影片、教学媒体、教学设计、现代教育技术、电化教学中心、电教、电教工作、电教教材、电视教材、画面、视听教材、视听资料。

区块四的核心知识概念主要包括：CAI、多媒体技术、媒体、学习者、教学法、教学软件、电化教学、计算机、计算机辅助教学、计算机辅助学习系统、课件、软件。

区块五的核心知识概念主要包括：市场经济、思想体系、社会主义、经济体制、继续工程教育、继续教育。

（三）21 世纪头十年

21 世纪头十年，中国电化教育学术领域中的知识聚合中心度为 0.32，生词度为 71.48，学术知识团簇总共聚类为五大区块。从具体的知识团簇区块网络来看，结果如图 9－19 所示。

区块一的核心知识概念主要包括：学习支持服务、学习者、移动学习、网络教育、美国、资源、远程学习、远程开放教育、远程教学、远程教育。

区块二的核心知识概念主要包括：中央广播电视大学、教育行政组织、现代远程教育、网上大学、网络教育学院。

区块三的核心知识概念主要包括：中小学、学堂、学校、校园网、计算机。

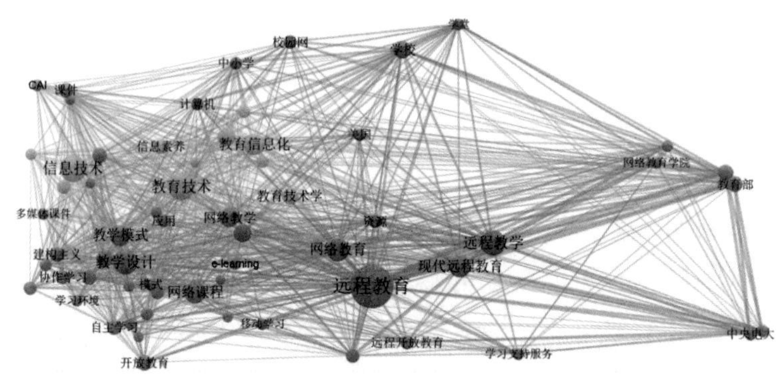

图 9－19　中国电化教育学术研究的知识图谱（21 世纪头十年）

区块四的核心知识概念主要包括：信息技术、信息技术教育、信息素养、创新、教师培训、教育信息化、教育技术、教育技术学、整合、现代教育技术、电化教育、课程整合。

区块五的核心知识概念主要包括：CAI、e-learning、信息技术与课程整合、协作学习、多媒体、学习环境、建构主义、开放教育、教学模式、教学设计、教学资源、知识管理、研究性学习、网络学习、网络教学、网络课程、计算机辅助教学、课堂教学。

（四）21 世纪第二个十年

21 世纪第二个十年，中国电化教育学术领域中的知识聚合中心度为 0.22，生词度为 73.06，学术知识团簇总共聚类为五大区块。从具体的知识团簇区块网络来看，结果如图 9 – 20 所示。

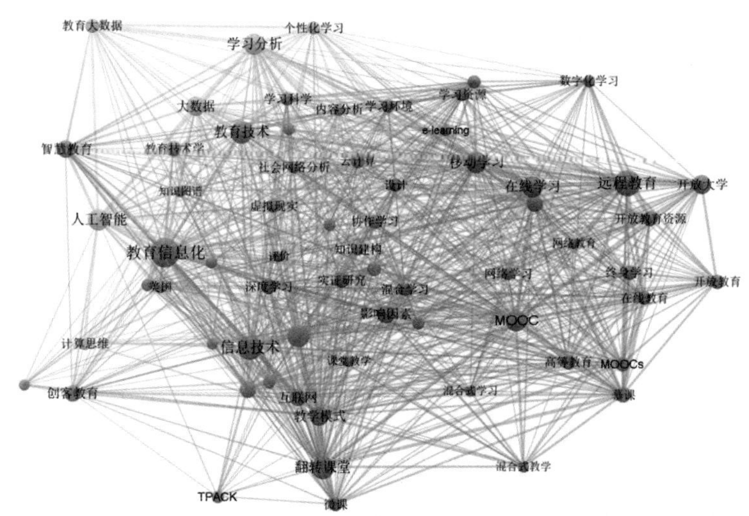

图 9 – 20　中国电化教育学术研究的知识图谱（21 世纪第二个十年）

区块一的核心知识概念主要包括：MOOC、在线教育、微课、慕课、教学模式、深度学习、混合学习、混合式教学、翻转课堂、自主学习、高等教育。

区块二的核心知识概念主要包括：TPACK、云计算、互联网、信息技术、信息素养、基础教育、教师专业发展、教师培训、教育信息化、智慧教育、电子书包、网络学习空间、课堂教学。

区块三的核心知识概念主要包括：e – learning、在线学习、学习环境、学习资源、实证研究、开放大学、开放教育、开放教育资源、数字化学习、泛在学习、混合式学习、移动学习、终身学习、网络学习、网络教育、网络课程、设计、评价、远程教育。

区块四的核心知识概念主要包括：个性化学习、人工智能、大数据、学习分析、教育大数据、计算思维。

区块五的核心知识概念主要包括：STEM 教育、内容分析、创客教育、协作学习、学习科学、教学设计、教育技术、教育技术学、教育游戏、知识图谱、知识建构、社会网络分析、美国、虚拟现实。

第五节　中国高等教育学术研究的知识图谱分析

一　总体的学术研究知识图谱分析

对中国高等教育学术研究的知识单元的聚类与生词度进行分析，结果如表 9－5 所示。总体而言，改革以来至今，中国高等教育学术领域中的知识聚合中心度为 0.34，生词度为 64.95，学术知识团簇总共聚类为六大区块。

从变化趋势上看，高等教育的知识中心度基本保持相当的稳定性，而生词度略有上升。这说明，中国高等教育领域的学术知识累积相对比较稳定，属于稳中求变的知识发展形态。

表 9－5　中国高等教育学术研究的知识单元聚类与生词度及各年代比较

	中心度 Q	知识聚类团簇数 NC	生词度
总体（1978—2020）	0.34	6	64.95
20 世纪 80 年代	0.35	6	64.32
20 世纪 90 年代	0.33	7	64.32
21 世纪头十年	0.35	8	67.19
21 世纪第二个十年	0.34	6	70.67

从具体的知识团簇区块网络来看，结果如图 9－21 所示。

区块一的核心知识概念主要包括：专业设置、办学、学堂、学校、学科、思想政治工作、思想政治教育、政治、民办高校、研究生、青年、高校教师。

区块二的核心知识概念主要包括：市场经济、思想体系、社会主义、经济体制、高等教育改革。

区块三的核心知识概念主要包括：企业、企业管理、经济、高等职业教育、高职教育、高职院校。

区块四的核心知识概念主要包括：北美洲、美国。

区块五的核心知识概念主要包括：教育行政组织、教育部。

区块六的核心知识概念主要包括：世界一流大学、人才培养模式、创业教育、创新、地方高校、大学、大学生、学科建设、就业、工程教育、必修课、教学内容、教学改革、教学方法、教学质量、教育改革、本科教育、研究型大学、研究生教育、素质教育、课程体系、质量、通识教育、高校、高等工程教育、高等教育。

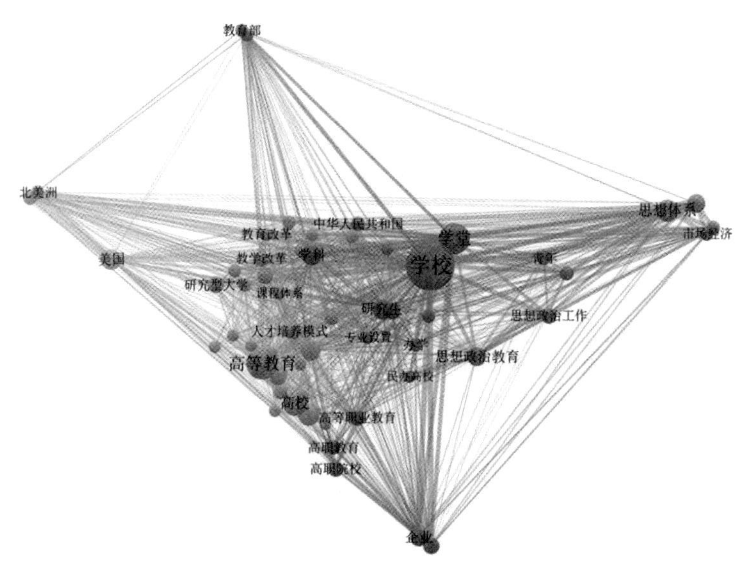

图 9－21 中国高等教育学术研究的知识图谱（1978—2020）

二　不同年代的学术研究知识图谱分析

（一）20 世纪 80 年代

20 世纪 80 年代，中国高等教育学术领域中的知识聚合中心度为 0.35，生词度为 64.32，学术知识团簇总共聚类为六大区块。从具体的知识团簇区块网络来看，结果如图 9－22 所示。

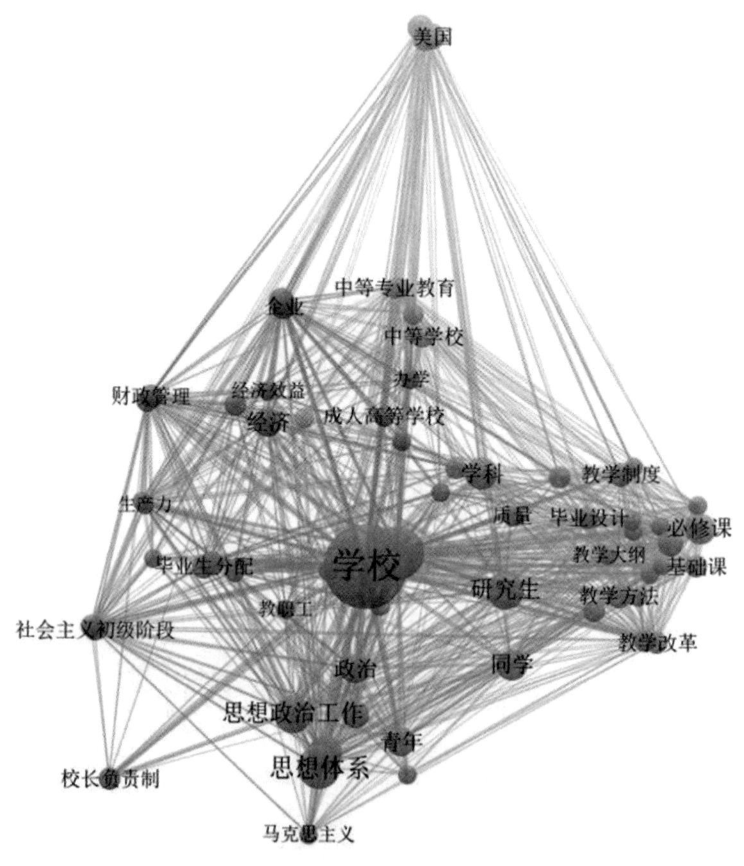

图 9－22　中国高等教育学术研究的知识图谱（20 世纪 80 年代）

区块一的核心知识概念主要包括：办学、学堂、学校、成人高等学校、教职工、校长负责制、毕业分配、毕业生、社会主义现代化建设、质量。

区块二的核心知识概念主要包括：同学、学生思想政治工作、思想体系、思想政治教育、政治、研究生、社会主义、青年、马克思主义。

区块三的核心知识概念主要包括：企业、企业管理、投资、生产力、生产方式、社会主义初级阶段、社会主义商品经济、社会主义建设、社会主义社会、经济、经济效益、经费、课题、财政管理。

区块四的核心知识概念主要包括：北美洲、美国。

区块五的核心知识概念主要包括：三大作风、专业设置、专业课、基础课、学时、实践性教学环节、必修课、提高教学质量、教学制度、教学大纲、教学改革、教学方法、教学法、教育改革、毕业设计、理论联系实际、生产实习、知识面、课程设置、高等工程教育。

区块六的核心知识概念主要包括：中等教育、中等专业学校、中等专业教育、中等学校、事业。

（二）20 世纪 90 年代

20 世纪 90 年代，中国高等教育学术领域中的知识聚合中心度为 0.33，生词度为 64.32，学术知识团簇总共聚类为七大区块。从具体的知识团簇区块网络来看，结果如图 9－23 所示。

区块一的核心知识概念主要包括：专业设置、办学效益、基础课、学科、师资队伍建设、必修课、提高教学质量、教职工、教育产业、教育工作者、校办产业、毕业设计、清华大学、研究生、素质教育。

区块二的核心知识概念主要包括：市场经济、思想体系、社会主义、社会主义市场经济体制、经济体制、邓小平理论、马克思主义、高等教育改革。

区块三的核心知识概念主要包括：企业、企业管理、生产力、经济、经费、财政管理。

区块四的核心知识概念主要包括：北美洲、研究生教育、美国、高等工程教育。

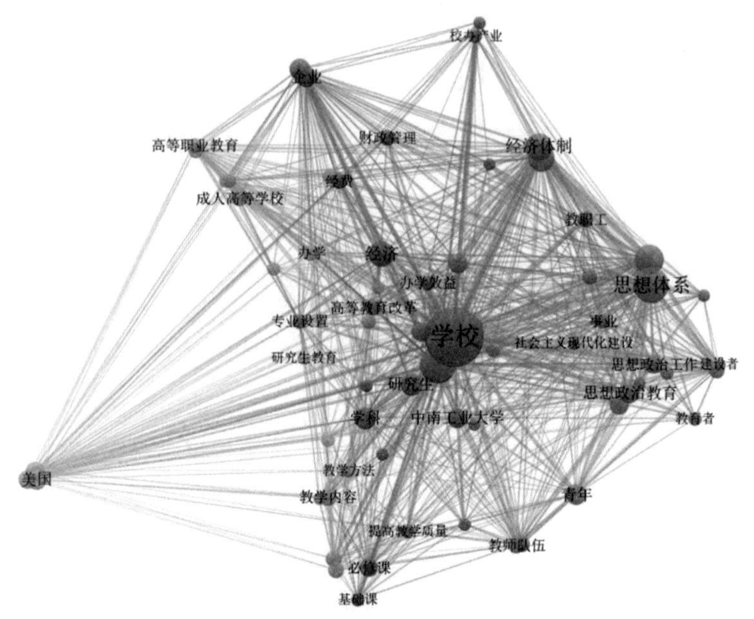

图 9－23　中国高等教育学术研究的知识图谱（20 世纪 90 年代）

区块五的核心知识概念主要包括：事业、人生观、地位、师资队伍、建设者、德育工作、思想政治工作、思想政治教育、接班人、政治、教师队伍、社会主义现代化建设、青年。

区块六的核心知识概念主要包括：我国高等教育、教学内容、教学改革、教学方法、教育改革、课程设置。

区块七的核心知识概念主要包括：办学、广东、成人高教、成人高等学校、成人高等教育、普通高等学校、江苏、高等职业技术教育、高等职业教育。

（三）21 世纪头十年

21 世纪头十年，中国高等教育学术领域中的知识聚合中心度为 0.35，生词度为 67.19，学术知识团簇总共聚类为八大区块。从具体的知识团簇区块网络来看，结果如图 9－24 所示。

区块一的核心知识概念主要包括：世界一流大学、人才培养模式、办学特色、地方高校、学科、学科建设、思想政治工作、本科教育、研究型大学、综合性大学、高等教育研究。

区块二的核心知识概念主要包括：企业、企业管理、高等职业技术教育、高等职业教育、高职院校。

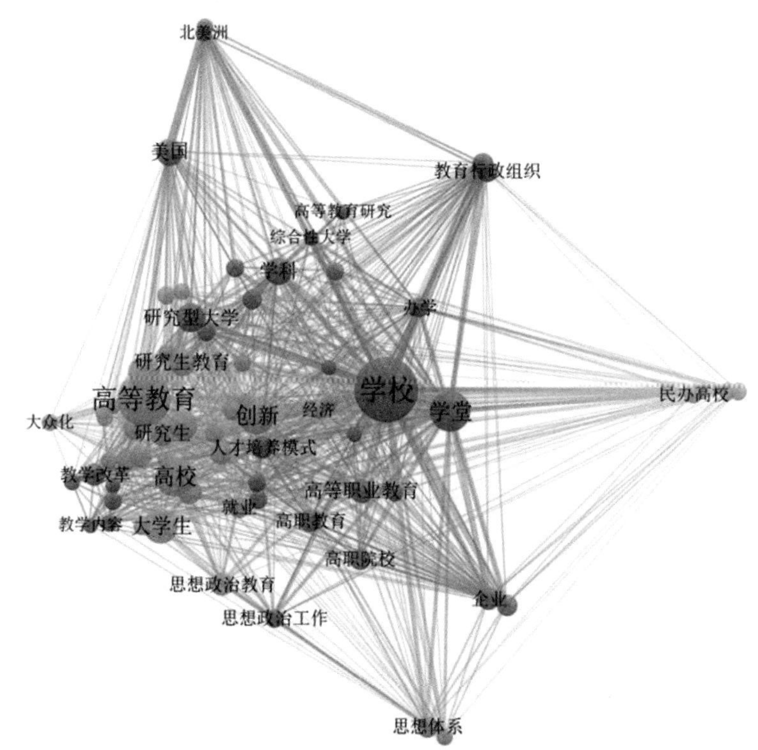

图 9－24　中国高等教育学术研究的知识图谱（21 世纪头十年）

区块三的核心知识概念主要包括：教育行政组织、教育部。

区块四的核心知识概念主要包括：民办大学、民办高校、高等教育大众化。

区块五的核心知识概念主要包括：中华人民共和国、美国、北美洲。

区块六的核心知识概念主要包括：思想体系、社会主义。

区块七的核心知识概念主要包括：人才培养、全球化、创新、发展、培养模式、大众化、大学、大学生、学术权力、学术自由、就业、思想政治教育、改革、教学、模式、独立学院、研究生教育、科学发展观、素质教育、经济、课程、质量、通识教育、高校教师。

区块八的核心知识概念主要包括：教学内容、教学改革、教学方法、教学模式、教学质量、教育改革、教育质量、课程体系。

（四）21 世纪第二个十年

21 世纪第二个十年，中国高等教育学术领域中的知识聚合中心度为 0.34，生词度为 70.67，学术知识团簇总共聚类为六大区块。从具体的知识团簇区块网络来看，结果如图 9 – 25 所示。

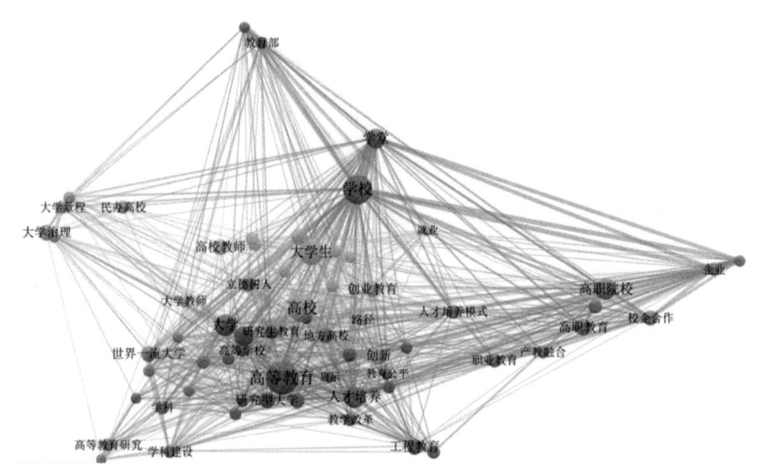

图 9 – 25　中国高等教育学术研究的知识图谱（21 世纪第二个十年）

区块一的核心知识概念主要包括：学堂、学校、教育行政组织、教育部、高等教育质量。

区块二的核心知识概念主要包括：产教融合、人才培养模式、企业、企业管理、校企合作、职业教育、高等职业教育、高职院校。

区块三的核心知识概念主要包括：人才培养、协同创新、国际化、培养模式、大学、工程教育、教学改革、教育公平、新工科、本科教育、研究型大学、研究生教育、美国、英国、课程体系、通识教育、院校研究。

区块四的核心知识概念主要包括：创业教育、创新创业教育、大学教师、大学生、就业、对策、影响因素、思想政治教育、研究生、社会主义核心价值观、路径、高校、高校教师。

区块五的核心知识概念主要包括：一流大学、一流本科、世界一流大学、中华人民共和国、双一流建设、地方高校、学科建设、学科、立德树人、高等教育学、高等教育研究。

区块六的核心知识概念主要包括：大学治理、大学章程、学术权力、民办高校、现代大学制度。

第六节　中国学前教育学术研究的知识图谱分析

一　总体的学术研究知识图谱分析

对中国学前教育学术研究的知识单元的聚类与生词度进行分析，结果如表 9－6 所示。总体而言，改革以来至今，中国学前教育学术领域中的知识聚合中心度为 0.22，生词度为 74.18，学术知识团簇总共聚类为三大区块。

表 9－6　中国学前教育学术研究的知识单元聚类与生词度及各年代比较

	中心度 Q	知识聚类团簇数 NC	生词度
总体（1978—2020）	0.22	3	74.18
20 世纪 90 年代	0.22	4	74.76
21 世纪头十年	0.22	4	77.66
21 世纪第二个十年	0.50	5	78.57

从变化趋势上看，学前教育的知识中心度在 21 世纪头十年，大幅度显著提升，而生词度在不断上升。这说明，中国学前教育领域学术知识的累积性近些年显著得到加强，知识趋向于良好的聚合状态；而生词度也在不断提升，说明能够不断吸纳新的知识增长点进来。

从具体的知识团簇区块网络来看，结果如图 9－26 所示。

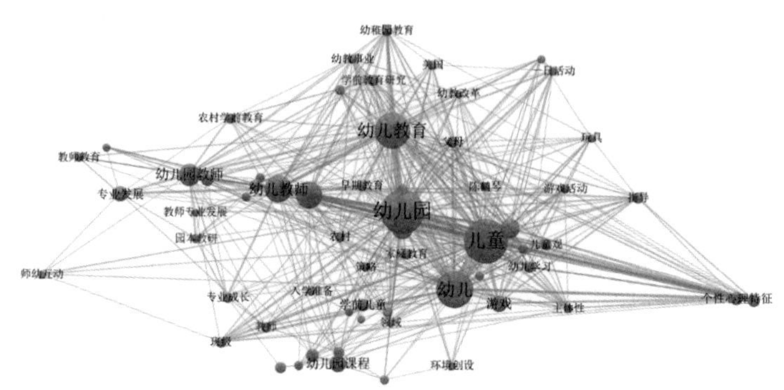

图 9－26　中国学前教育学术研究的知识图谱（1978—2020）

区块一的核心知识概念主要包括：个性心理特征、主体性、儿童、儿童教育、兴趣、师幼互动、幼儿、幼儿学习、指导、教育者、游戏、父母、玩具、班级、策略。

区块二的核心知识概念主要包括：一日活动、儿童观、农村、区域活动、园长、学前教育研究、家庭教育、幼儿发展、幼儿园、幼儿园工作规程、幼儿园教育、幼儿教育、幼教事业、幼教改革、早期教育、早期阅读、环境创设、美国、艺术、语言教育、陈鹤琴、领域。

区块三的核心知识概念主要包括：专业发展、专业成长、入学准备、农村学前教育、园本教研、园本课程、学前儿童、学前教育专业、幼儿园教学、幼儿园教师、幼儿园管理、幼儿园课程、幼小衔接、心理健康、教师专业发展、教师、教师教育、教育公平、教育质量、音乐教育。

二　不同年代的学术研究知识图谱分析

（一）20 世纪 90 年代

20 世纪 90 年代①，中国学前教育学术领域中的知识聚合中心度

① 注：学前教育学术研究领域收集不到 20 世纪 80 年代的数据，所以本研究从 90 年代开始。

为0.22，生词度为74.76，学术知识团簇总共聚类为四大区块。从具体的知识团簇区块网络来看，结果如图9-27所示。

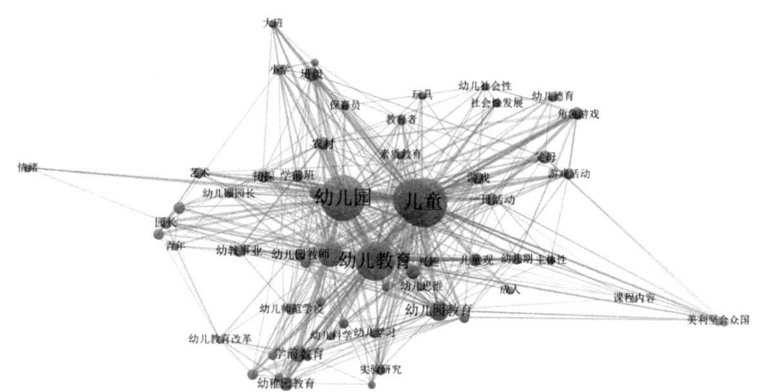

图9-27　中国学前教育学术研究的知识图谱（20世纪90年代）

区块一的核心知识概念主要包括：个性心理特征、主体性、儿童、兴趣、大班、实验班、幼儿学习、幼儿思维、幼儿期、情绪、游戏、父母、玩具、班级、科学启蒙教育、素质教育、艺术、课题。

区块二的核心知识概念主要包括：一日活动、保育员、儿童观、农村、园长、学前教育研究、学前教育、学前班、小学、幼儿园、幼儿园教师、幼儿园管理、幼儿师范学校、幼儿教师、幼儿教育、幼儿教育改革、幼小衔接、幼师生、幼教事业、幼教改革、教职工、教育者、青年、领域。

区块三的核心知识概念主要包括：学科、实验研究、幼儿发展、幼儿园教育、幼儿德育、幼儿社会性、幼儿科学、指导、社会性发展、角色游戏、象征性游戏。

区块四的核心知识概念主要包括：北美洲、美国、课程内容。

（二）21世纪头十年

21世纪头十年，中国学前教育学术领域中的知识聚合中心度为0.22，生词度为77.66，学术知识团簇总共聚类为四大区块。从具体的知识团簇区块网络来看，结果如图 9－28 所示。

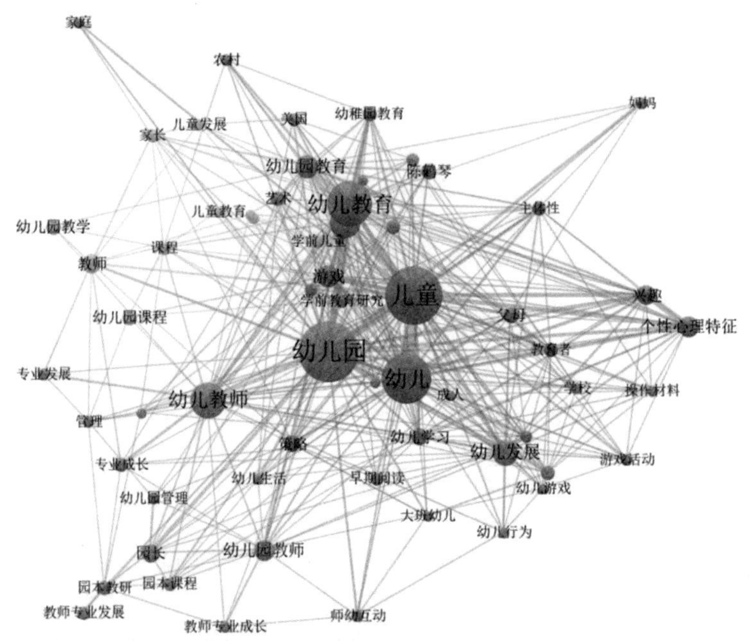

图 9－28　中国学前教育学术研究的知识图谱（21 世纪头十年）

区块一的核心知识概念主要包括：主体性、同伴交往、大班幼儿、家庭、师幼互动、幼儿、幼儿游戏、幼儿行为、成人、指导、操作材料、教育者、早期阅读、游戏、父母、玩具、策略。

区块二的核心知识概念主要包括：专业发展、专业成长、价值取向、儿童早期、儿童观、农村、园本课程、园本教研、园长、妈妈、学前教育、学期教育研究、幼儿发展、幼儿园、幼儿园教师、幼儿园教育、幼儿园管理、幼儿教师、幼儿生活、幼儿教育、教师专业发展、教师专业成长、早期教育、美国、艺术、陈鹤琴。

区块三的核心知识概念主要包括：个性心理特征、兴趣、幼儿学习。

区块四的核心知识概念主要包括：儿童发展、儿童教育、学前儿童、家庭教育、家长、幼儿园教学、幼儿园课程、教师、科学教育、课程。

（三）21 世纪第二个十年

21 世纪第二个十年，中国学前教育学术领域中的知识聚合中心度为 0.50，生词度为 78.57，学术知识团簇总共聚类为五大区块。从具体的知识团簇区块网络来看，结果如图 9－29 所示。

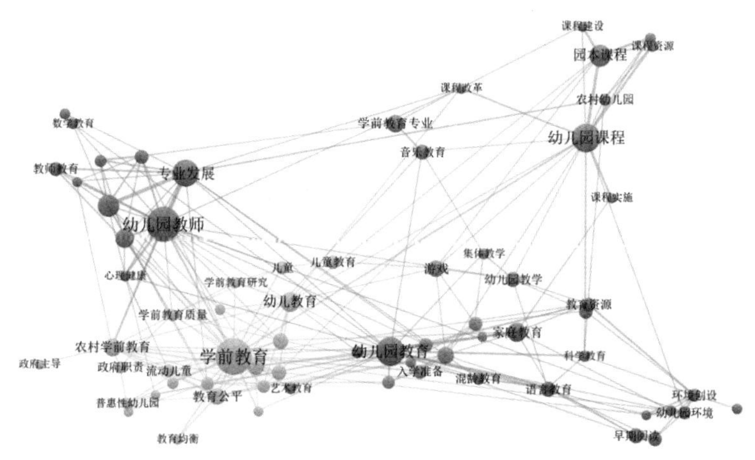

图 9－29　中国学前教育学术研究的知识图谱（21 世纪第二个十年）

区块一的核心知识概念主要包括：专业发展、专业成长、园本教研、师幼互动、幼儿园教师、幼儿园管理、幼儿教师、心理健康、教师教育、教师管理、数学教育。

区块二的核心知识概念主要包括：农村幼儿园、园本课程、学前教育专业、幼儿园课程、课程实施、课程建设、课程开发、课程改革、课程资源、音乐教育。

区块三的核心知识概念主要包括：区域活动、图画书、家庭教育、幼儿体育、幼儿园教育、幼儿园环境、教育环境、教育策略、早期阅读、混龄教育、环境创设、环境教育、科学教育、语言教育、艺术教育、道德教育。

区块四的核心知识概念主要包括：儿童、儿童教育、农村学前教育、农村教育、学前教育研究、学前教育质量、幼儿园、幼儿园教育质量、幼儿教育、政府主导、政府职责、政府责任、教师专业发展、教育公平、教育均衡、教育改革、教育管理、教育质量、民办幼儿园、流动儿童。

区块五的核心知识概念主要包括：入学准备、处境不利儿童、学习品质、学前儿童、幼儿园教学、幼小衔接、教养方式、早期教育、游戏、集体教学。

第七节　中国比较教育学术研究的知识图谱分析

一　总体的学术研究知识图谱分析

对中国比较教育学术研究的知识单元的聚类与生词度进行分析，结果如表 9 - 7 所示。总体而言，改革以来至今，中国比较教育学术领域中的知识聚合中心度为 0. 30，生词度为 70. 92，学术知识团簇总共聚类为五大区块。

从变化趋势上看，比较教育的知识中心度有持续走低的态势，特别是近些年中心度显著下滑。这说明，中国比较教育领域的学术知识累积尚不稳定，知识离散度较大，尚未形成相对稳定的知识体系。

表 9 - 7　**中国比较教育学术研究的知识单元聚类与生词度及各年代比较**

	中心度 Q	知识聚类团簇数 NC	生词度
总体（1978—2020）	0. 30	5	70. 92
20 世纪 80 年代	0. 35	5	70. 49
20 世纪 90 年代	0. 32	7	71. 48
21 世纪头十年	0. 30	7	74. 25
21 世纪第二个十年	0. 24	5	77. 43

从具体的知识团簇区块网络来看，结果如图 9 - 30 所示。

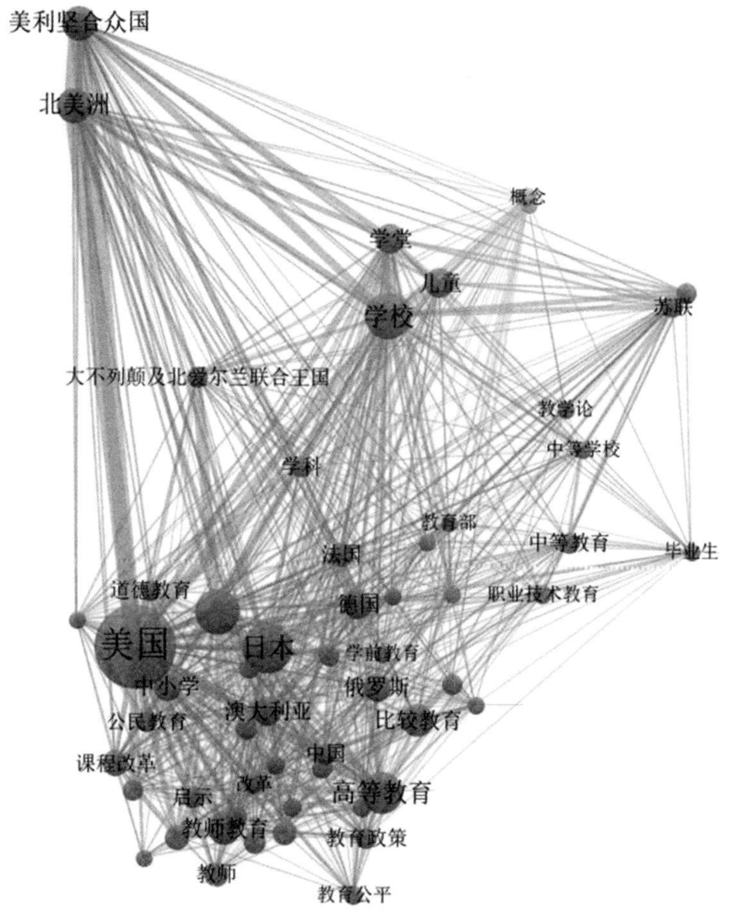

图 9－30 中国比较教育学术研究的知识图谱（1978—2020）

区块一的核心知识概念主要包括：北美洲、美国。

区块二的核心知识概念主要包括：中等学校、中等教育、儿童、初等教育、学科、师范教育、教学论、教育部、毕业生、职业技术教育、苏联。

区块三的核心知识概念主要包括：中国、中小学、俄罗斯、全球化、公民教育、加拿大、印度、启示、基础教育、北爱尔兰、大学、学前教育、德国、改革、教师、教师专业发展、教师教育、教育公平、教育改革、教育政策、新加坡、日本、比较教育、比较研究、澳大利亚、私立大学、科学教育、职业教育、英国、课程、课程改革、课程标准、道德教育、韩国、高等教育。

区块四的核心知识概念主要包括：思维形式、概念。

区块五的核心知识概念主要包括：研究论文、香港中文大学。

二　不同年代的学术研究知识图谱分析

（一）20 世纪 80 年代

20 世纪 80 年代，中国比较教育学术领域中的知识聚合中心度为 0.35，生词度为 70.49，学术知识团簇总共聚类为五大区块。从具体的知识团簇区块网络来看，结果如图 9－31 所示。

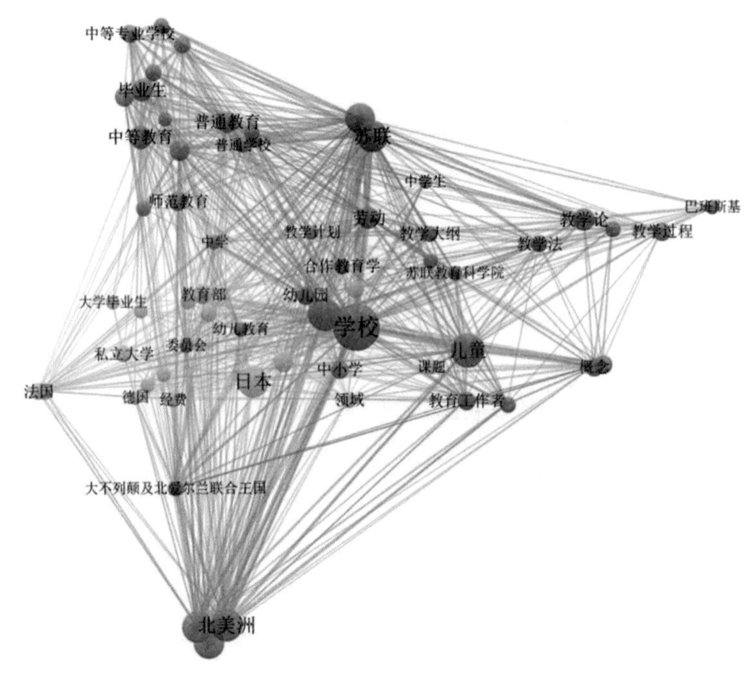

图 9－31　中国比较教育学术研究的知识图谱（20 世纪 80 年代）

区块一的核心知识概念主要包括：儿童、劳动、合作教育学、幼儿园、幼儿教育、心理学、思维形式、教育家、教育工作者、概念、苏联教育科学院。

区块二的核心知识概念主要包括：中小学、北美洲、北爱尔兰、委员会、美国、英国。

区块三的核心知识概念主要包括：巴班斯基、教学大纲、教学方法、教学论、教学过程、苏联。

区块四的核心知识概念主要包括：八十年代、初等教育、大学毕业生、学科、德国、教育行政组织、教育部、文部省、日本、法国、私立大学、经费、联邦德国、课题、领域、高等教育机构。

区块五的核心知识概念主要包括：中学、中学毕业生、中学生、中等专业学校、中等专业教育、中等教育、国民经济、师范学院、师范教育、教学计划、普通学校、毕业生、职业定向、职业技术学校、职业技术教育、职业训练。

（二）20 世纪 90 年代

20 世纪 90 年代，中国比较教育学术领域中的知识聚合中心度为 0.32，生词度为 71.48，学术知识团簇总共聚类为七大区块。从具体的知识团簇区块网络来看，结果如图 9－32 所示。

区块一的核心知识概念主要包括：北美洲、美国。

区块二的核心知识概念主要包括：儿童、德国、学堂、学校、教育工作者、教育者、职业培训、苏霍姆林斯基。

区块三的核心知识概念主要包括：加拿大、北爱尔兰、英国。

区块四的核心知识概念主要包括：学习者、思维形式、教学论、概念、研究者、课程编制、课题、领域。

区块五的核心知识概念主要包括：不发达国家、初等教育、大洋洲、委员会、小学教育、师范教育、教育行政组织、教育部、法国、澳大利亚、经费、联合国教科文组织、韩国。

区块六的核心知识概念主要包括：中学、中等学校、中等教育、俄罗斯、学校课程、教学法、普通教育、毕业生、职业技术教育、苏联。

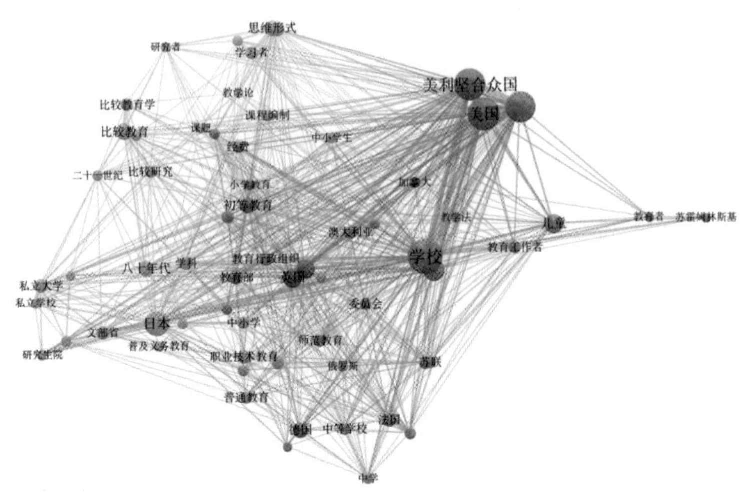

图 9－32　中国比较教育学术研究的知识图谱（20 世纪 90 年代）

区块七的核心知识概念主要包括：中小学、中小学生、九十年代、二十一世纪、八十年代、大学毕业生、学科、文部省、新加坡、日本、普及义务教育、比较教育学、比较研究、研究生院、私立大学、私立学校、高等教育改革。

（三）21 世纪头十年

21 世纪头十年，中国比较教育学术领域中的知识聚合中心度为 0. 30，生词度为 74. 25，学术知识团簇总共聚类为七大区块。从具体的知识团簇区块网络来看，结果如图 9－33 所示。

区块一的核心知识概念主要包括：北美洲、教育公平、教育改革、研究型大学、美国、高校。

区块二的核心知识概念主要包括：俄罗斯、公民教育、加拿大、印度、基础教育、发展、德国、改革、政策、教师教育、教育政策、模式、法国、澳大利亚、研究生教育、终身学习、职业教育、英国、高等教育。

区块三的核心知识概念主要包括：东北师范大学、研究论文、社会科学理论、香港中文大学。

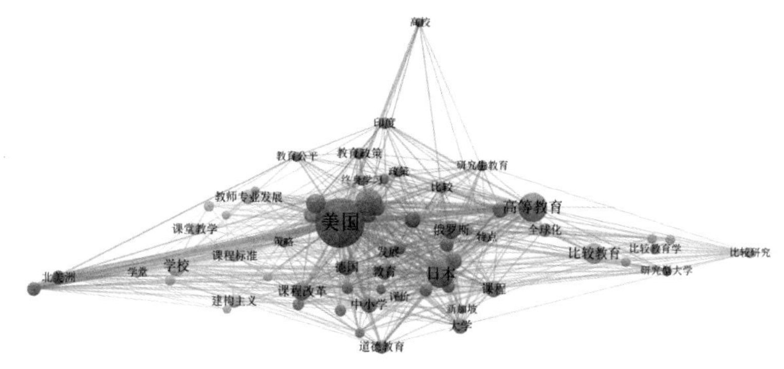

图 9－33　中国比较教育学术研究的知识图谱（21 世纪头十年）

区块四的核心知识概念主要包括：儿童、全纳教育、反思、学科、建构主义、教学设计、教师专业发展、课堂教学、课程标准。

区块五的核心知识概念主要包括：中国、中小学、大学、小学、教学、新加坡、日本、比较、科学教育、评价、课程、课程改革、道德教育、韩国。

区块六的核心知识概念主要包括：专业发展、国外、教师。

区块七的核心知识概念主要包括：全球化、国际教育、教育研究中心、方法论、比较教育、比较教育学、比较研究。

（四）21 世纪第二个十年

21 世纪第二个十年，中国比较教育学术领域中的知识聚合中心度显著下滑为 0.24，生词度为 77.43，学术知识团簇总共聚类为五大区块。从具体的知识团簇区块网络来看，结果如图 9－34 所示。

区块一的核心知识概念主要包括：师范大学、研究论文、社会科学理论、香港中文大学。

区块二的核心知识概念主要包括：中国、中小学、公平、公民教育、加拿大、国际教育、大学、学前教育、德国、改革、政策、教师专业发展、教师教育、教育公平、教育政策、教育质量、校园欺凌、澳大利亚、比较研究、科学教育、美国、职业教育、联合国教科文组织、英国、道德教育、高校。

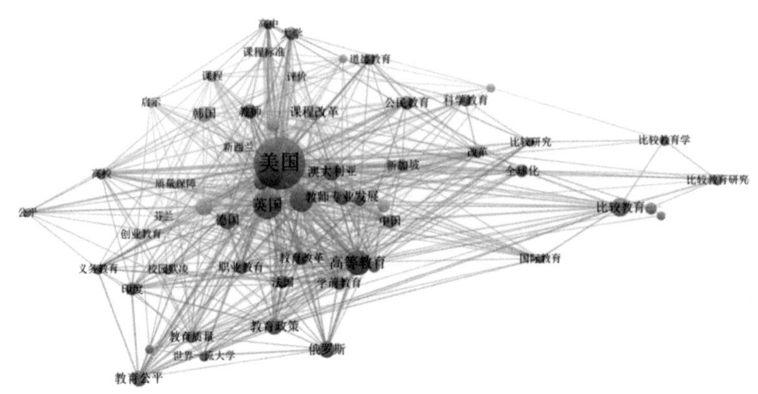

图 9 – 34　中国比较教育学术研究的知识图谱（21 世纪第二个十年）

区块三的核心知识概念主要包括：世界一流大学、义务教育、俄罗斯、印度、教师、教育改革、日本、法国、高中、高等教育。

区块四的核心知识概念主要包括：创业教育、基础教育、教学、法国、核心素养、欧盟、芬兰、评价、课程、课程改革、课程标准、质量保障、韩国。

区块五的核心知识概念主要包括：全球化、教育、新加坡、比较教育学、美国大学。

第八节　中国综合类（基础教育为主）学术研究的知识图谱分析

一　总体的学术研究知识图谱分析

对中国基础教育学术研究的知识单元的聚类与生词度进行分析，结果如表 9 – 8 所示。总体而言，改革以来至今，中国基础教育学术领域中的知识聚合中心度为 0.42，生词度为 67.38，学术知识团簇总共聚类为九大区块。

表 9－8　**中国基础教育学术研究的知识单元聚类与生词度及各年代比较**

	中心度 Q	知识聚类团簇数 NC	生词度
总体（1978—2020）	0.42	9	67.38
20 世纪 80 年代	0.39	6	67.52
20 世纪 90 年代	0.42	7	65.30
21 世纪头十年	0.42	6	70.40
21 世纪第二个十年	0.32	6	73.84

从变化趋势上看，进入 21 世纪第二个十年，基础教育的知识中心度显著下滑，而生词度在不断上升。这说明，中国基础教育领域的学术知识累积尚不稳定，当然，由于是综合领域，也很有可能是说明此领域的知识还在进一步的分化当中。

从具体的知识团簇区块网络来看，结果如图 9－35 所示。

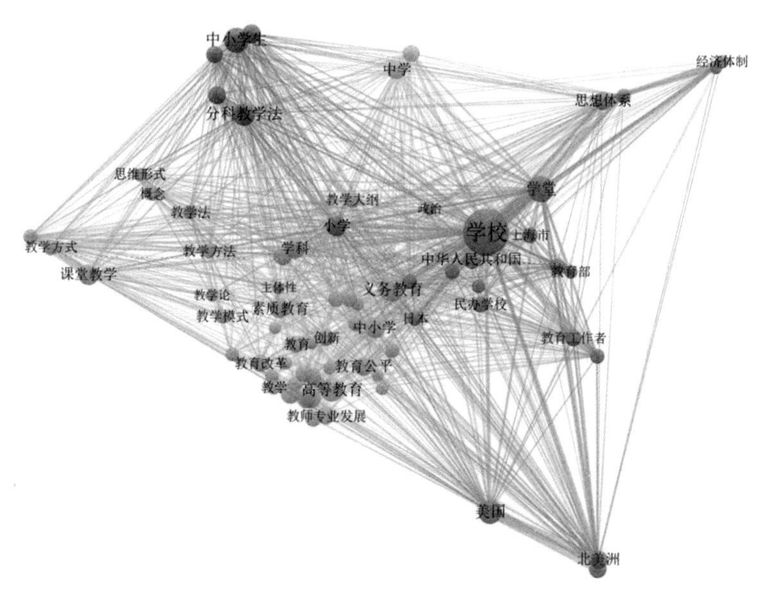

图 9－35　中国基础教育学术研究的知识图谱（1978—2020）

区块一的核心知识概念主要包括：上海、农村、教育工作者、校长、民办学校、经济。

区块二的核心知识概念主要包括：北美洲、日本、美国。

区块三的核心知识概念主要包括：中学生、中小学生、分科教学法、小学、小学生、语文教学。

区块四的核心知识概念主要包括：中学、中等学校。

区块五的核心知识概念主要包括：中华人民共和国、市场经济、思想体系、政治、社会主义、经济体制。

区块六的核心知识概念主要包括：儿童、教学方式、教学方法、教学模式、班级授课制、课堂教学。

区块七的核心知识概念主要包括：思维形式、概念。

区块八的核心知识概念主要包括：教育行政组织、教育部。

区块九的核心知识概念主要包括：中小学、中小学教师、主体性、义务教育、创新、基础教育、大学、大学生、学科、思想政治教育、教学、教学大纲、教学改革、教学论、教师、教师专业发展、教师教育、教育公平、教育改革、教育质量、普通高中、核心素养、素质教育、职业教育、英国、课程、课程改革、课程标准、道德教育、高校、高等教育。

二　不同年代的学术研究知识图谱分析

（一）20 世纪 80 年代

20 世纪 80 年代，中国基础教育学术领域中的知识聚合中心度为 0.39，生词度为 67.52，学术知识团簇总共聚类为六大区块。从具体的知识团簇区块网络来看，结果如图 9 – 36 所示。

区块一的核心知识概念主要包括：上海、中华人民共和国、农村、劳动、学堂、学校、思想体系、投资、政治、教育行政组织、教育部、生产力、生产方式、社会主义、社会主义初级阶段、经济、经费、财政管理。

区块二的核心知识概念主要包括：中学生、中小学生、中小学、中等专业学校、义务教育、儿童、分科教学法、实验班、小学、小学生、年级、思想政治教育、指导、教学内容、教学大纲、教学改革、数学、语文教学、课文、课程设置。

区块三的核心知识概念主要包括：中学、中等学校。

区块四的核心知识概念主要包括：北美洲、教育家、教育工作者、日本、美国、苏联。

区块五的核心知识概念主要包括：个性心理特征、兴趣、同学、教学方式、班级授课制、课堂教学。

区块六的核心知识概念主要包括：学科、心理学、思维形式、概念、课题。

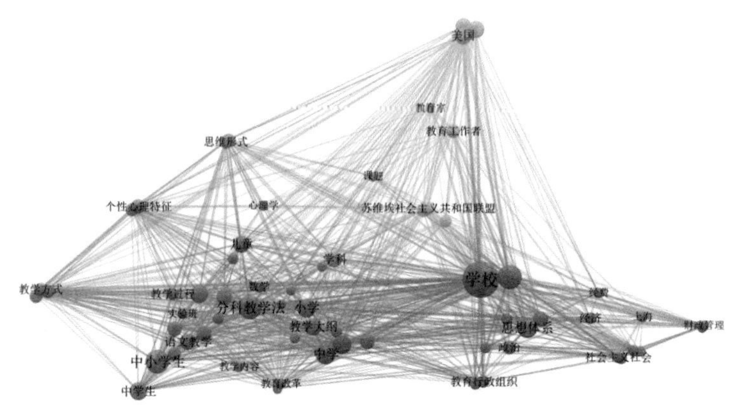

图 9－36　中国基础教育学术研究的知识图谱（20 世纪 80 年代）

（二）20 世纪 90 年代

20 世纪 90 年代，中国基础教育学术领域中的知识聚合中心度为 0.42，生词度为 65.30，学术知识团簇总共聚类为七大区块。从具体的知识团簇区块网络来看，结果如图 9－37 所示。

区块一的核心知识概念主要包括：上海、中小学、企业、企业管理、农村、教育实验、教育工作者、教育者、教育行政组织、教育行政部门、财政管理、青年。

区块二的核心知识概念主要包括：中学生、中小学生、小学生。

区块三的核心知识概念主要包括：儿童、北美洲、美国。

区块四的核心知识概念主要包括：中华人民共和国、人类、功能、受教育者、市场经济、思想体系、思想政治教育、政治、生产力、社会主义、经济、经济体制。

区块五的核心知识概念主要包括：中学、中等专业学校、中等学校、义务教育、分科教学法、学科、小学、必修课、教学内容、教学大纲、教学方法、数学、日本、语文教学。

区块六的核心知识概念主要包括：主体性、教学方式、教学过程、班级授课制、素质教育、课堂教学。

区块七的核心知识概念主要包括：思维形式、概念。

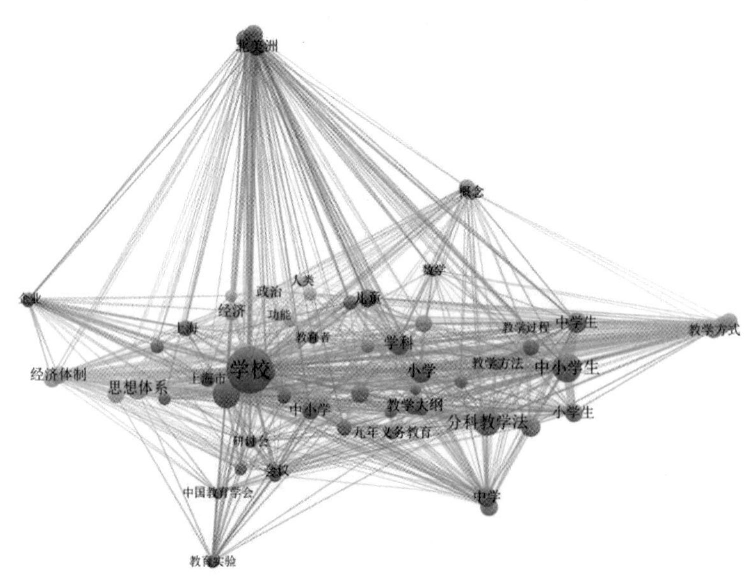

图 9-37　中国基础教育学术研究的知识图谱（20 世纪 90 年代）

（三）21 世纪头十年

21 世纪头十年，中国基础教育学术领域中的知识聚合中心度为 0.42，生词度为 70.40，学术知识团簇总共聚类为六大区块。从具体的知识团簇区块网络来看，结果如图 9-38 所示。

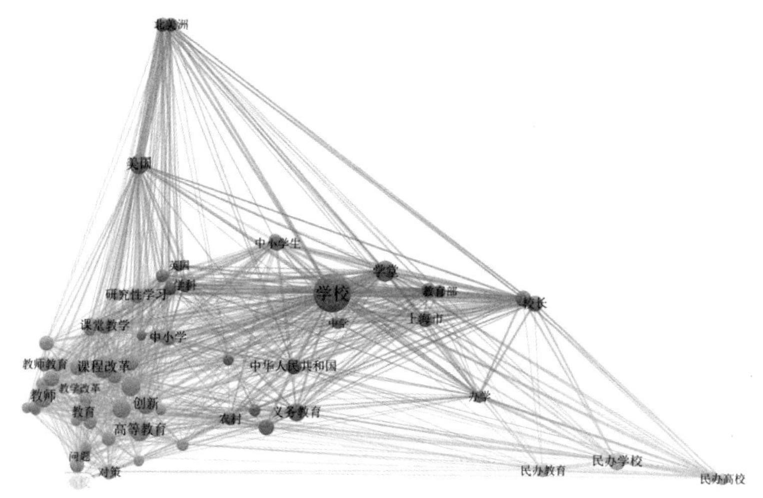

图9－38　中国基础教育学术研究的知识图谱（21世纪头十年）

区块一的核心知识概念主要包括：上海、中学、办学、学校、学科、小学、教育工作者、校长、职业教育。

区块二的核心知识概念主要包括：北美洲、日本、美国、英国、课程标准。

区块三的核心知识概念主要包括：中华人民共和国、农村、教育公平、教育行政组织、教育部、高等职业教育。

区块四的核心知识概念主要包括：民办大学、民办学校、民办教育、民办高校。

区块五的核心知识概念主要包括：中学生、中小学生。

区块六的核心知识概念主要包括：中小学、主体性、儿童、全球化、农村教育、创新、反思、发展、基础教育、大学、大学生、学生、德育、改革、教学、教学改革、教学模式、教师、教师专业发展、教师教育、教育学、教育改革、教育研究、新课程、研究性学习、科学发展观、素质教育、语文教学、课堂教学、课程、课程改革、道德教育、高校、高等教育。

（四）21世纪第二个十年

21世纪第二个十年，中国基础教育学术领域中的知识聚合中心度下滑为0.32，生词度为73.84，学术知识团簇总共聚类为六大区块。从具体的知识团簇区块网络来看，结果如图9－39所示。

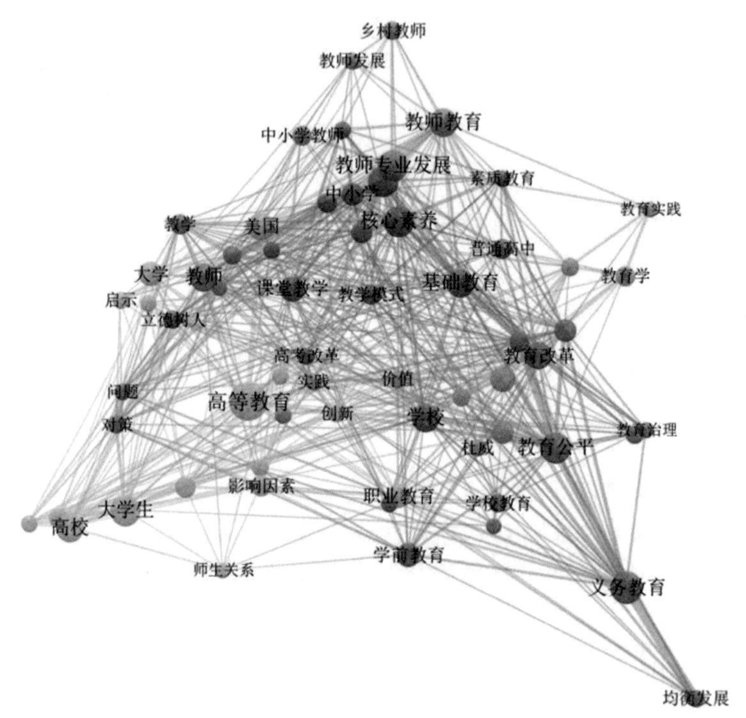

图9－39　中国基础教育学术研究的知识图谱（21世纪第二个十年）

区块一的核心知识概念主要包括：义务教育、公民教育、均衡发展、学前教育、学校教育、教育公平、教育改革、教育政策、教育治理、教育现代化、教育质量、高考改革。

区块二的核心知识概念主要包括：对策、教学、教师、课程、问题。

区块三的核心知识概念主要包括：中小学、儿童、基础教育、学校、教学改革、教学模式、教科书、普通高中、有效教学、核心素养、素质教育、立德树人、课堂教学、课程改革、课程标准。

区块四的核心知识概念主要包括：人才培养、价值取向、创业教育、创新、大学、大学生、师生关系、思想政治教育、美国、职业教育、高校、高等教育、高职院校。

区块五的核心知识概念主要包括：中小学教师、乡村教师、教师专业发展、教师发展、教师教育、高校教师。

区块六的核心知识概念主要包括：价值、实证研究、实践、教育、教育学、教育实践、教育研究、杜威、道德教育。

第九节　中国特殊教育学术研究的知识图谱分析

一　总体的学术研究知识图谱分析

对中国特殊教育学术研究的知识单元的聚类与生词度进行分析，结果如表9－9所示。

表9－9　中国特殊教育学术研究的知识单元聚类与生词度及各年代比较

	中心度 Q	知识聚类团簇数 NC	生词度
总体（1978—2020）	0.45	4	74.22
20 世纪 90 年代	0.34	4	83.80
21 世纪头十年	0.39	6	76.29
21 世纪第二个十年	0.44	5	75.22

总体而言，改革以来至今，中国特殊教育学术领域中的知识聚合中心度为0.45，生词度为74.22，学术知识团簇总共聚类为四大区块。

从变化趋势上看，自20世纪90年代以来至今，中国特殊教育的知识中心度持续加强，而生词度在不断下降。这说明，中国特殊教育领域的学术知识累积与聚合性较强，知识离散度较小，知识体系相对稳定。

从具体的知识团簇区块网络来看，结果如图9－40所示。

区块一的核心知识概念主要包括：全纳教育、培智学校、弱智儿

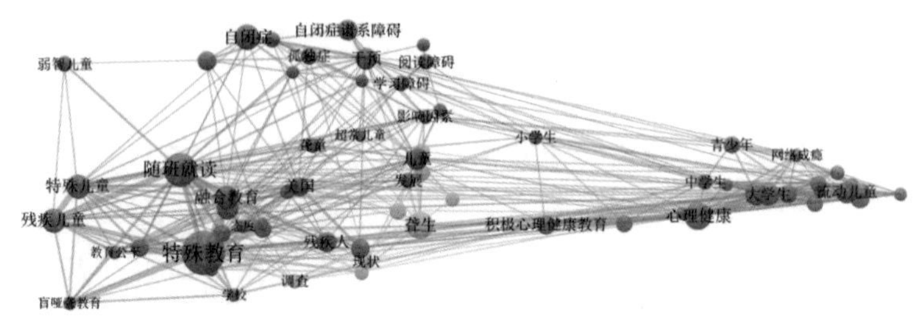

图 9－40　中国特殊教育学术研究的知识图谱（1978—2020）

童、态度、教师、教育公平、残疾人、残疾儿童、残疾学生、特殊儿童、特殊教育、特殊教育学校、特殊教育教师、盲聋哑教育、美国、融合教育、课程、随班就读。

区块二的核心知识概念主要包括：中介作用、中学生、主观幸福感、初中生、大学生、孤独感、小学生、应对方式、心理健康、心理韧性、抑郁、流动儿童、焦虑、留守儿童、社会支持、积极心理健康教育、积极心理品质、网络成瘾、自尊、调节作用、青少年。

区块三的核心知识概念主要包括：个案研究、儿童、发展、发展性阅读障碍、孤独症、学习障碍、工作记忆、干预、心理理论、聋童、自闭症、自闭症谱系障碍、评估、自闭症儿童、超常儿童、阅读障碍。

区块四的核心知识概念主要包括：学习困难、对策、手语、聋人、聋校、聋生、调查。

二　不同年代的学术研究知识图谱分析

（一）20 世纪 90 年代

20 世纪 90 年代，中国特殊教育学术领域中的知识聚合中心度为 0.34，生词度为 83.80，学术知识团簇总共聚类为四大区块。从具体的知识团簇区块网络来看，结果如图 9－41 所示。

区块一的核心知识概念主要包括：听力残疾、少年、弱智儿童、普校、智力落后儿童、正常儿童、残疾儿童、特殊教育学校、特教、

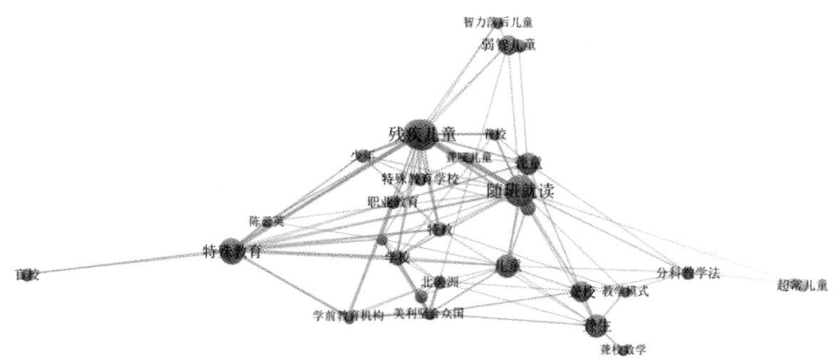

图 9 – 41　中国特殊教育学术研究的知识图谱（20 世纪 90 年代）

特殊儿童、聋哑儿童、聋童、随班就读。

区块二的核心知识概念主要包括：学前教育机构、幼儿教育机构、特殊教育、盲人学校、盲校、陈云英。

区块三的核心知识概念主要包括：儿童、全纳教育、分科教学法、北美洲、教学模式、学校、残疾学生、美国、聋校、聋校数学、聋生、职业教育。

区块四的核心知识概念主要包括：实验班、超常儿童。

（二）21 世纪头十年

21 世纪头十年，中国特殊教育学术领域中的知识聚合中心度为 0. 39，生词度为 76. 29，学术知识团簇总共聚类为六大区块。从具体的知识团簇区块网络来看，结果如图 9 – 42 所示。

区块一的核心知识概念主要包括：全纳教育、发展、教育公平、残疾儿童、特殊儿童、特殊教育、特殊教育学校、特殊教育教师、特殊需要、美国、融合教育、随班就读、高等特殊教育。

区块二的核心知识概念主要包括：初中生、大学生、应对方式、心理健康、心理健康教育、智力落后儿童、盲校、社会支持、聋人大学生、聋校、聋生、调查。

区块三的核心知识概念主要包括：培智学校、家长、态度、教师、智力落后儿童、特殊学校、课程。

区块四的核心知识概念主要包括：个案研究、儿童、孤独症、弱

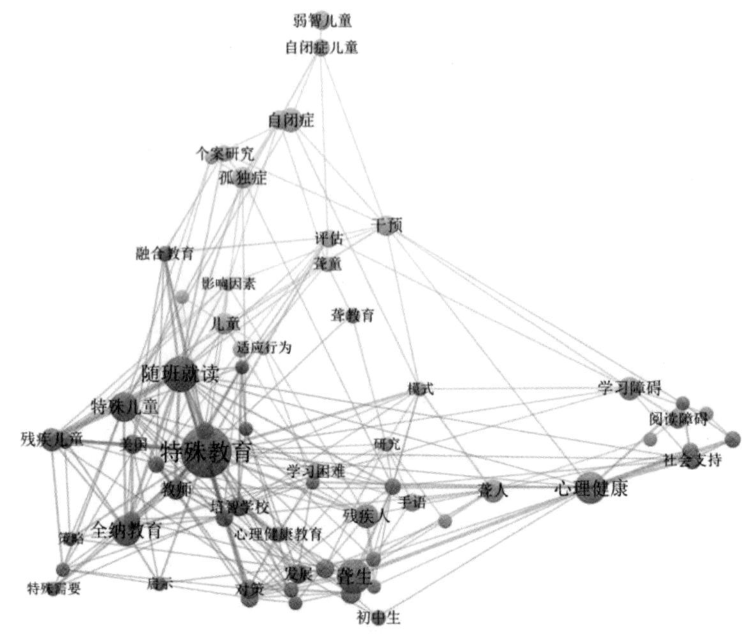

图 9－42　中国特殊教育学术研究的知识图谱（21 世纪头十年）

智儿童、心理理论、早期干预、智力落后、智力障碍、聋童、自闭症、自闭症儿童、评估、适应行为。

区块五的核心知识概念主要包括：残疾人、残疾学生、高等教育。

区块六的核心知识概念主要包括：中国手语、学习困难、学习障碍、小学生、工作记忆、手语、聋人、聋教育、阅读障碍。

（三）21 世纪第二个十年

21 世纪第二个十年，中国特殊教育学术领域中的知识聚合中心度为 0.44，生词度为 75.22，学术知识团簇总共聚类为五大区块。从具体的知识团簇区块网络来看，结果如图 9－43 所示。

区块一的核心知识概念主要包括：中小学生、初中生、学校、幸福、积极健康心理教育、积极心理品质。

区块二的核心知识概念主要包括：全纳教育、医教结合、培智学

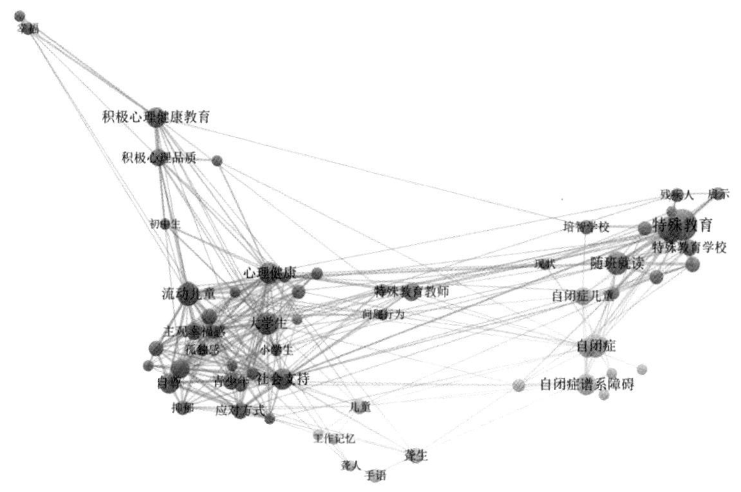

图 9-43　中国特殊教育学术研究的知识图谱（21 世纪第二个十年）

校、教师、残疾人、残疾儿童、特殊儿童、特殊教育、特殊教育学校、美国、融合教育、随班就读。

区块三的核心知识概念主要包括：中介作用、中介效应、中学生、主观幸福感、同伴关系、大学生、孤独感、学业成绩、学习投入、学校适应、小学生、应对方式、心理健康、心理弹性、心理韧性、抑郁、流动儿童、焦虑、留守儿童、社会支持、社会适应、网络成瘾、自尊、调节作用、问题行为、青少年。

区块四的核心知识概念主要包括：儿童、发展性阅读障碍、听障儿童、孤独症、学习困难、工作记忆、干预、手语、心理理论、眼动、聋人、聋生、自闭症、自闭症儿童、自闭症谱系障碍。

区块五的核心知识概念主要包括：心理资本、特殊教育教师、职业倦怠。

第十节　中国教师教育学术研究的知识图谱分析

一　总体的学术研究知识图谱分析

对中国教师教育学术研究的知识单元的聚类与生词度进行分析，结果如表9－10所示。总体而言，改革以来至今，中国教师教育学术领域中的知识聚合中心度为0.37，生词度为76.39，学术知识团簇总共聚类为六大区块。

表9－10　中国教师教育学术研究的知识单元聚类与生词度及各年代比较

	中心度Q	知识聚类团簇数NC	生词度
总体（1978—2020）	0.37	6	76.39
20世纪80年代	0.43	7	83.14
20世纪90年代	0.37	8	77.11
21世纪头十年	0.38	5	81.28
21世纪第二个十年	0.42	6	82.60

从变化趋势上看，中国教师教育的知识中心度有持续提升的态势，而生词度在不断上升。这说明，中国教师教育领域的学术知识累积逐渐趋于稳定，正在形成相对稳定的知识体系。

从具体的知识团簇区块网络来看，结果如图9－44所示。

区块一的核心知识概念主要包括：中学、中学教师、中等学校、培养目标、学科、华东师范大学、师生关系、师范大学、教学改革、教育改革、高师学生、高师教育、高师院校、高等师范学院、高等师范教育、高等师范院校。

区块二的核心知识概念主要包括：北京师范大学、北美洲、学堂、学校、师专教育、教师队伍建设、日本、校长、美国。

区块三的核心知识概念主要包括：大学教师、市场经济、思想体系、社会主义、经济体制。

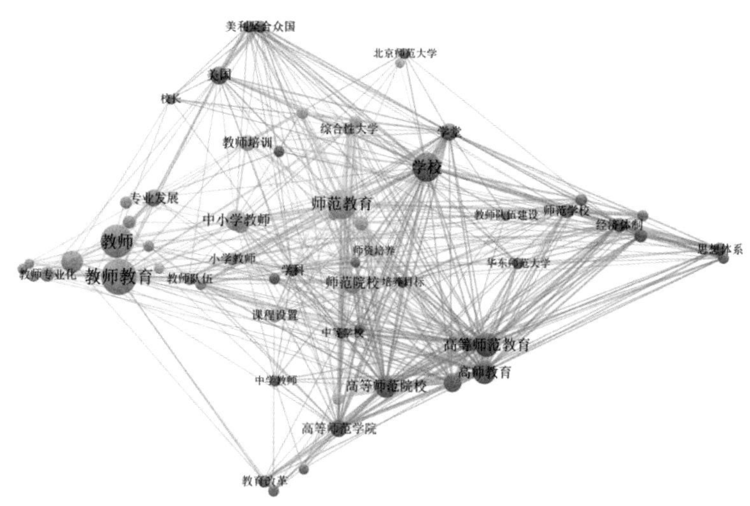

图 9－44　中国教师教育学术研究的知识图谱（1978—2020）

区块四的核心知识概念主要包括：中小学教师、师范性、师范教育、师范生、师范院校、师资培养、师资培训、必修课、教师培训、概念、继续教育、综合性大学、课程设置。

区块五的核心知识概念主要包括：师范专科学校、师范学校。

区块六的核心知识概念主要包括：专业发展、中小学、乡村教师、免费师范生、农村教师、反思、小学教师、师资队伍、教师、教师专业化、教师专业发展、教师教育、教师文化、教师队伍、课程改革、高校教师。

二　不同年代的学术研究知识图谱分析

（一）20 世纪 80 年代

20 世纪 80 年代，中国教师教育学术领域中的知识聚合中心度为 0. 43，生词度为 83. 14 学术知识团簇总共聚类为七大区块。从具体的知识团簇区块网络来看，结果如图 9－45 所示。

区块一的核心知识概念主要包括：专业课程、学历、师范大学、师范院校、师范教育体系、教学方法、综合性大学、苏联、课程体系、高等师范教育。

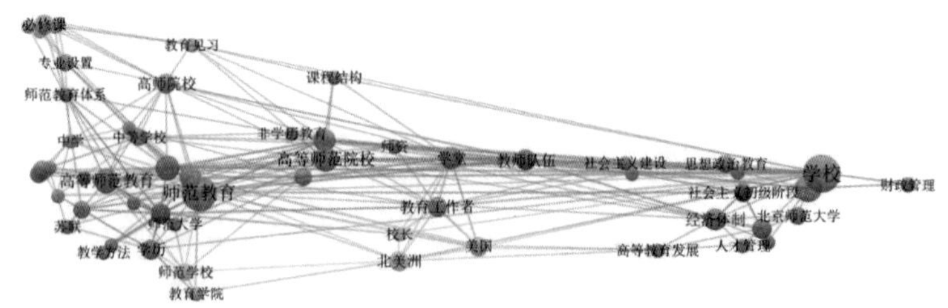

图 9－45　中国教师教育学术研究的知识图谱（20 世纪 80 年代）

区块二的核心知识概念主要包括：学堂、学校、师资、思想政治教育、投资、教育工作者、教育理论体系、社会主义商品经济、社会主义建设、课程结构、财政管理、资产阶级自由化思潮、财政管理、非学历教育、高等师范院校。

区块三的核心知识概念主要包括：人才管理、北京师范大学、商品经济、思想体系、社会主义初级阶段、社会主义社会、经济体制、高等教育发展。

区块四的核心知识概念主要包括：北美洲、师范学校、教师进修学校、教育学院、校长、美国。

区块五的核心知识概念主要包括：专业设置、中学、中等学校、农村、初等教育、师范教育、师范院校、证书、高等师范院校。

区块六的核心知识概念主要包括：专业课、四年制、基础课、师范生、必修课、教育见习。

区块七的核心知识概念主要包括：主导作用、人类、教学过程、教材教法、教育者、认识过程。

（二）20 世纪 90 年代

20 世纪 90 年代，中国教师教育学术领域中的知识聚合中心度为 0.37，生词度为 77.11，学术知识团簇总共聚类为八大区块。从具体的知识团簇区块网络来看，结果如图 9－46 所示。

区块一的核心知识概念主要包括：中学、中等学校、师范大学、地位、教学内容、教学改革、教育改革、高师教育、高师院校、华东师范大学。

区块二的核心知识概念主要包括：办学、北京师范大学、学堂、学校、师专教育、师资队伍、师资队伍建设、经济。

区块三的核心知识概念主要包括：市场经济、思想体系、生产方式、社会主义、社会主义市场经济体制、经济体制。

区块四的核心知识概念主要包括：初中教师、培养目标、师范专科学校、师范学校、课程结构。

区块五的核心知识概念主要包括：北美洲、美国。

区块六的核心知识概念主要包括：中华人民共和国、中小学教师、中等专业学校、师范性、师范教育、师范生、师范院校、师资培训、教学制度、教学方法、综合性大学。

区块七的核心知识概念主要包括：人类、对象、思维形式、教学技能、教学论、方法论、概念、社会科学、辩证唯物主义。

区块八的核心知识概念主要包括：中学教师、学科、必修课、教学法、课程设置、高师学生。

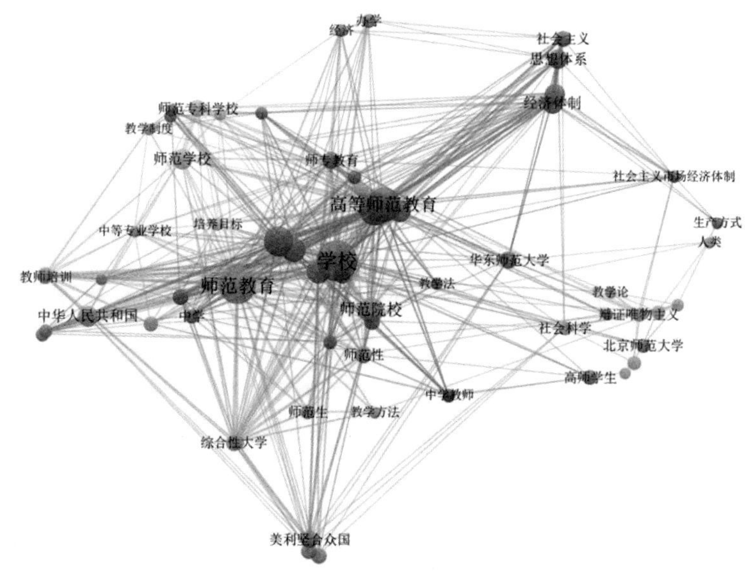

图9－46　中国教师教育学术研究的知识图谱（20世纪90年代）

（三）21 世纪头十年

21 世纪头十年，中国教师教育学术领域中的知识聚合中心度为 0.38，生词度为 81.28，学术知识团簇总共聚类为五大区块。从具体的知识团簇区块网络来看，结果如图 9－47 所示。

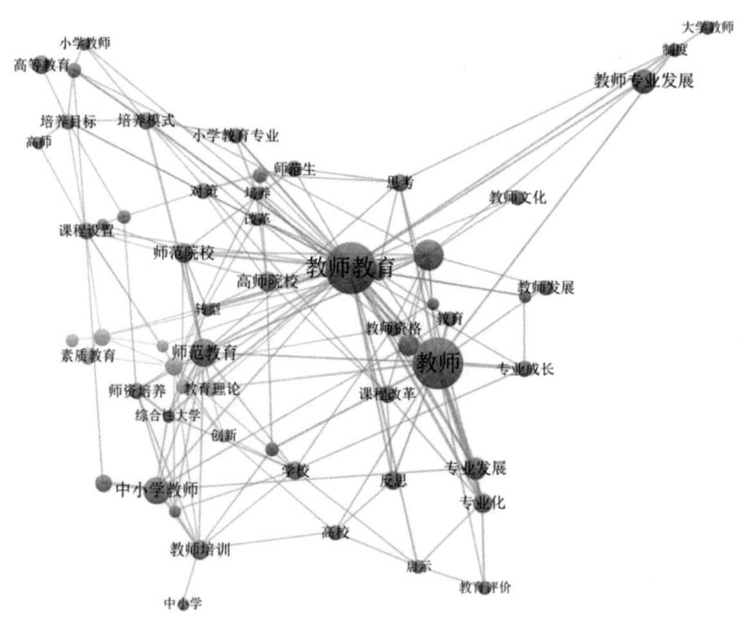

图 9－47　中国教师教育学术研究的知识图谱（21 世纪头十年）

区块一的核心知识概念主要包括：专业化、专业发展、专业成长、培训、小学教育专业、教师发展、教育学、教育改革、教育评价、高校。

区块二的核心知识概念主要包括：中小学、中小学教师、学校、师范教育、师资培养、师资培训、继续教育、综合性大学。

区块三的核心知识概念主要包括：制度、反思、大学教师、师范生、师范院校、改革、教师专业化、教师专业发展、教师教育、教师文化、教师资格、美国、课程改革、转型、高校教师。

区块四的核心知识概念主要包括：创新、师范大学、教学改革、教育理论、教育硕士、素质教育、课程、高等师范院校。

区块五的核心知识概念主要包括：培养模式、培养目标、对策、小学教师、小学教育、教学模式、课程设置、高等师范教育、高等教育。

（四）21 世纪第二个十年

21 世纪第二个十年，中国教师教育学术领域中的知识聚合中心度为 0.42，生词度为 82.60，学术知识团簇总共聚类为六大区块。从具体的知识团簇区块网络来看，结果如图 9－48 所示。

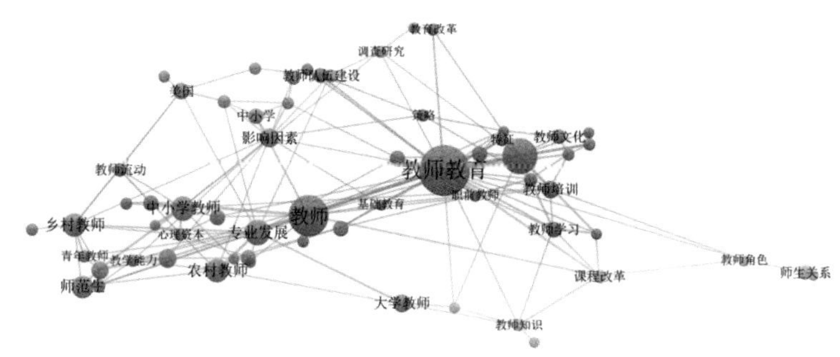

图 9－48　中国教师教育学术研究的知识图谱（21 世纪第二个十年）

区块一的核心知识概念主要包括：内涵、基础教育、实践性知识、小学教师、教师专业发展、教师培养、教师培训、教师学习、教师教育、教师教育者、教师文化、教师队伍建设、教师领导、教育改革、知识图谱、职前教师、路径。

区块二的核心知识概念主要包括：专业发展、中小学教师、乡村教师、免费师范生、农村教师、大学教师、实证研究、工作投入、师范生、幼儿园、幼儿教师、心理资本、教学能力、教育实习、职业认同、青年教师。

区块三的核心知识概念主要包括：义务教育、教师工资、教师流动、校长、课堂教学。

区块四的核心知识概念主要包括：大学、师生关系、教学实践、教师知识、教师角色、课程实施、课程改革。

区块五的核心知识概念主要包括：中小学、工作满意度、教师教育课程、教师质量、新教师、美国、高校教师。

区块六的核心知识概念主要包括：中学校长、特岗教师、调查研究。

第十一节　本章小结

本章综合运用 Pajek 软件、VOSviewer 软件，以学术论文中的关键词为分析细胞，对中国教育学术研究中及其各个子领域、各个年代的知识图谱及其知识聚合状况进行了全面的分析。

总体而言，改革开放以来至今，中国教育学术领域中的知识聚合中心度为 0.40，生词度为 64.58，学术知识团簇总共聚类为八大区块。区块一的核心知识概念主要包括：企业、企业管理、农村、办学、学堂、学校、必修课、教育工作者、校长、民办学校、经济、经费、财政管理。

区块二的核心知识概念主要包括：北美洲、美国。从国家的网络节点大小来看，我国在教育学术领域中最主要研究的是美国教育，其后是日本教育和英国教育。

区块三的核心知识概念主要包括：市场经济、思想体系、思想政治工作、思想政治教育、政治、社会主义、经济体制、青年。

区块四的核心知识概念主要包括：中华人民共和国、学习者、成人高等学校、教育行政组织、教育部、远程教学、远程教育。

区块五的核心知识概念主要包括：教学方式、班级授课制、课堂教学。

区块六的核心知识概念主要包括：博士生、学科、研究生、研究生教育、质量。

区块七的核心知识概念主要包括：中学、中学生、中小学生、中等学校、儿童、分科教学法、小学、幼儿园、教学法、概念。

区块八的核心知识概念主要包括：义务教育、人才培养、信息技术、创新、发展、基础教育、大学、大学生、学科建设、就业、改革、教师专业发展、教师教育、教育信息化、教育公平、日本、研究型大学、课程设置、英国、道德教育等等。

从趋势来看，进入新世纪后，中心度趋于降低，这在一定程度上说明，中国教育学术研究的知识领域在进入新世纪后，急剧分化，各个子领域的分化既是事实，也属必要。另外，对近十年来的中国教育学术研究的知识中心度进行比较排序，结果如表9－11所示。

表9－11　**中国教育学术研究的知识单元聚类与生词度比较（近十年）**

不同领域	中心度Q	知识聚类团簇数NC	生词度	近年来的Q值趋势
总　体	0.35	5	70.38	下滑
教育经济	0.56	7	82.36	上升
学前教育	0.50	5	78.57	上升
特殊教育	0.44	5	75.22	上升
教师教育	0.42	6	82.60	上升
高等教育	0.34	6	70.67	稳定
基础教育	0.32	6	73.84	下滑
比较教育	0.24	5	77.43	下滑
电化教育	0.22	5	73.06	下滑
研究生教育	0.21	6	75.87	下滑

可以看到，知识中心度较高且趋于上升态势的子领域共有四个，分别为教育经济、学前教育、特殊教育、教师教育。知识中心度中等且趋于稳定持平的子领域共有一个，即高等教育。知识中心度较低且趋于下滑态势的子领域共有四个，分别为综合类（基础教育为主）、比较教育、电化教育、研究生教育。

参考文献

一　中文

（一）著作

陈立新：《信息计量学——理论探索与案例研究》，科学技术文献出版社 2017 年版。

［美］Ying Ding、Ronald Rousseau、Dietmar Wolfram：《学术影响力的测评：方法与实践》，窦永香、于琦译，武汉大学出版社 2017 年版。

（二）论文

安静、赵志纯：《教育实证研究中的数字游戏现象省思——兼论理论关怀及其基点性与归宿性》，《当代教育科学》2020 年第 10 期。

侯怀银、时益之：《中国教育学元研究的探索：历程、进展和趋势》，《中国教育学刊》2019 年第 12 期。

华东师范大学：《教育实证研究华东师范大学行动宣言》，《华东师范大学学报》（教育科学版）2017 年第 3 期。

李金昌：《大数据与统计新思维》，《统计研究》2014 年第 1 期。

彭知辉：《关于元研究的探索与思考》，《图书馆》2016 年第 11 期。

王平：《参考文献引用原则的探讨》，《编辑学报》2004 年第 1 期。

熊泽泉、段宇锋：《论文早期下载量可否预测后期被引量？——以图书情报领域期刊为例》，《图书情报知识》2018 年第 4 期。

袁振国：《科学问题与教育学知识增长》，《教育研究》2019 年第

4 期。

张道民：《元研究与反思方法及其在软科学研究中的地位和作用》，《中国软科学》1991 年第 3 期。

张军、慕慧鸽：《中德国立科研机构高被引论文核心作者特征状况研究》，《情报杂志》2016 年第 2 期。

赵志纯、安静：《中国实证范式的缘起、本土特征及其之于教育研究的意义——兼论中西实证范式脉络的异同》，《全球教育展望》2018 年第 8 期。

赵志纯、何齐宗、安静、陈富：《中国高等教育学术研究的演变与发展趋势（1980—2019）：基于对六个 CSSCI 高等教育源刊的大数据分析》，《高等教育研究》2020 年第 4 期。

钟伟金、李佳、杨兴菊：《共词分析法研究（三）——共词聚类分析法的原理与特点》，《情报杂志》2008 年第 7 期。

钟文娟：《〈教育与经济〉1985—2009 年核心作者测定与分析》，《教育与经济》2011 年第 1 期。

（三）其他

教育部：《教育部关于加强新时代教育科学研究工作的意见》（教政法〔2019〕16 号），2019 年 10 月 30 日，http：//blog. sina. com. cn/s/blog_ 4bff4c09010147pw. html，2021 年 12 月 12 日。

二　英文

Duy J. , Vaughan L. , “Can Electronic Journal Usage Data Replace Citation Data as a Measure of Journal Use? An Empirical Examination”, *The Journal of Academic Librarianship*, Vol. 32, No. 5, September 2006.

Naudé F. , “Comparing Downloads, Men Deley Readership and Google Scholar Citations as Indicators of Article Performance”, *The Electronic Journal of Information Systems in Developing Countries*, Vol. 78, No. 1, March 2017.

Nevenka Pravdi, Vesna Oluic-Vukovic, “Dual Approach to Multiple Authorship in the Study of Collaboration/Scientific Output Relationship", *Scientometrics*, *Vol.* 10, No. 5 -6, May 1986.

OECD, *Frascati Manual* 2015: *Guidelines for Collecting and Reporting Data on Research and Experimental Development*, *The Measurement of Scientific*, *Technological and Innovation Activities*, Paris: OECD Publishing, 2015.

Samuel Enoch Stumpf, James Fieser, *Socrates to Sartre and Beyond*: *A History of Philosophy* 8*th*, New York: McGraw Hill, 2007.

Solla Price, Donald Beaver, "Collaboration in an Invisible College", *American Psychologist*, Vol. 21, No. 11, October 1966.

Sooho Lee, Barry Bozeman, "The Impact of Research Collaboration on Scientific Productivity", *Social Studies of Science*, Vol. 35, No. 5, June 2005.

S. M. Lawani, "Some Bibliometric Correlates of Quality in Scientific Research", *Scientometrics*, Vol. 9, No. 1 -2, January 1986.

后　记

本人一直对教育研究方法有着较为浓厚的兴趣，对中国教育学术研究的发展状况也一直较为关注。在这种兴趣与关注的驱动之下，对中国改革开放以来的教育学术研究进行相对全面的定量化回顾，是本人长期的一个心愿。如今，这个心愿即将付梓实现，抚今追昔，总算对自己或多或少地有了一个交代。

作为课题项目的成果，本书是研究团队整体智慧的结晶。本人在研究中主要负责课题项目的整体规划与实施，以及全书的整体统稿。各章的具体执笔人如下：赵志纯（第一章、第二章、第三章）、安静（第四章、第五章、第六章）、伏衡一（第七章）、王肇怡（第八章）、陈昌（第九章）。

窃以为，这个世界上没有一件事情的做成是容易的。哪怕一个小小成果的问世，背后必定凝结着多方的辛劳与付出。首先，我要感谢我的恩师王嘉毅教授，正是他的点滴浇灌，深深影响着我如何做人、做事、做学问。还要感谢我学术上的启蒙恩师吕国光教授，是他使我从大学时代起，就立下了以学术为业的志向。

感谢我的供职单位——江西师范大学教育学院在出版经费方面的大力资助。还要特别感谢教育学原理方向的研究生王培琳，她在书稿的整体格式修改方面做了大量细致的工作。另外，本人的两位研究生——教育学原理方向的陈昌、王肇怡，他们不仅执笔了各自的章节，还帮我分担了很多校对与格式调整工作，在此一并致以谢意。

当然，诚如人无完人，书也无“完书”。由于时间精力以及水平所限，文中难免存在不足与问题，敬请各位读者批评指正！

赵志纯

2022 年 10 月 20 日